음식강산

❸ 고기 굽는 화롯가에 이야기꽃이 핀다

박정배

한길사

❸ 고기 굽는 화롯가에 이야기꽃이 핀다

지은이 박정배
펴낸이 김언호

펴낸곳 (주)도서출판 한길사
등록 1976년 12월 24일 제74호
주소 413-120 경기도 파주시 광인사길 37
홈페이지 www.hangilsa.co.kr
전자우편 hangilsa@hangilsa.co.kr
전화 031-955-2000~3 **팩스** 031-955-2005

부사장 박관순 **총괄이사** 김서영 **관리이사** 곽명호
영업이사 이경호 **경영담당이사** 김관영 **기획위원** 유재화
편집 백은숙 김지연 안민재 노유연 김지희 이지은 김광연 이주영
마케팅 윤민영 **관리** 이중환 김선희 문주상 이희문 원선아
디자인 창포 **출력 및 인쇄** 예림인쇄 **제본** 한영제책사

초판 제1쇄 2015년 5월 15일
초판 제2쇄 2015년 6월 10일

값 18,000원
ISBN 978-89-356-6938-7 04900
ISBN 978-89-356-6257-9 (세트)

• 잘못 만들어진 책은 구입하신 서점에서 바꿔드립니다.

• 이 도서의 국립중앙도서관 출판시도서목록(CIP)은 서지정보유통지원시스템 홈페이지(seoji.nl.go.kr)와
  국가자료공동목록시스템(www.nl.go.kr/kolisnet)에서 이용하실 수 있습니다.
  (CIP제어번호: CIP2015012974)

밥상에 음식이 널려 있지만

구운 고기보다 더 좋은 건 없어라.

● 이응희 『옥담시집』玉潭詩集

메밀꽃 필 무렵
나는 제주도로 간다

"유채꽃이 제주의 봄을 노랗게 물들인다면
메밀꽃은 제주의 초가을을 하얗게 뒤덮는다.
메밀꽃을 품은 듯 하얀 속살을
검고 단단한 껍질로 감춘 채
늦가을에 수확하는 메밀은
껍질을 벗기면 뽀얀 속살을 드러낸다.
살점은 적지만 깊고 그윽한 맛을 지닌
꿩과 구수한 메밀의 조화는
또 다른 맛의 세계를 보여준다."

제주도 겨울 음식의 진수 꿩메밀국수

겨울 제주는 스산하다. 제주 버스터미널에서 동문시장으로 가는 짧은 시간에 흐린 하늘에서 빗방울이 떨어지는가 싶더니 이내 눈으로 바뀐다. 여우 같은 눈이 내렸다 그쳤다를 반복한다.

제주에서 가장 작은 시장의 좁은 골목에 '골목식당'이 있다. 겨울에 제맛을 내는 꿩메밀국수가 이 집의 간판 메뉴다. 현지인과 외지인이 뻔질나게 드나드는 집이지만 테이블은 여섯 개뿐인 작고 수수한 식당이다. 꿩으로 우려낸 진하고 고소한 국물과 메밀로 만든 투박한 면을 숟가락으로 퍼먹는 이 집의 꿩메밀국수는 제주도 겨울 음식의 진수를 보여준다. 이 집의 메밀국수는 맛이 없는 맛이다. 건건하고 심심하고 무심하다. 세상을 뜨겁게 달구는 조미료 논쟁이 끼어들 여지도 없다. 투박한 면발이 걸쭉한 몸국 같은 국물과 어울려 따뜻한 국수 한 그릇이 된다. 메밀국수 사이로 간간이 보이는 꿩고기와 무채가 극명한 질감의 대조를 이룬다. 고명으로 올린 김에서 나는 향은 설날에 먹는 떡국을 떠올리게 한다.

논이 거의 없고 밭이 중심을 이루는 제주도에서는 오랫동안 감자·보리·조·메밀이 주식이었다. 제주도의 메밀 생산량은 전국 최고다. 꿩메밀국수 같은 음식은 물론 메밀전병과 메밀범벅, 제주 전통 순대인 수애에도 메밀은 빠지지 않는다. 태풍이 잦고 바람이 많은 제주에서는 여름 태풍이 지나간 후 8월 말경에 메밀을 심고 10월이면 수확을 시작한다. 유채꽃이 제주의 봄을 노랗게 물들인다면 메밀꽃은 제주의 초가을을 하얗게 뒤덮는다. 메밀꽃을 품은 듯 하얀 속살을 검고 단단한 껍질로 감춘 채 늦가을에 수확하는 메밀은 껍질을 벗기면 뽀얀 속살을 드러낸다. 이 가을걷이 메밀과 가을에서 초봄까

테이블에 여섯 개뿐인 '골목식당'의 간판 메뉴는 겨울에 제맛을 내는 꿩메밀국수다.

지만 제맛이 나는 꿩고기가 만나야 제대로 된 제주의 꿩메밀국수를
만들 수 있다.

　1980년대 제주도 관광 붐이 일어나면서 꿩고기는 제주의 새로운
특산품으로 등장한다. 제주는 꿩 사육지로도 좋은 조건을 갖춘 곳이
다. 그런데 이 사육 꿩도 더우면 제맛을 내지 못한다. 그래서 대개 제
주의 꿩 전문점들은 가을 이후에 본격적인 영업을 시작한다. 꿩의
가슴살과 다릿살은 얇게 저며 샤브샤브로 먹고 뼈에 붙은 살과 다른
부위는 육수로 끓여 국수와 함께 내놓는 것이 꿩메밀국수의 일반적

인 조리법이다.

깊고 그윽한 맛을 지닌 꿩과 구수한 메밀의 조화

토종닭 마을로 유명한 교래리에는 맛 좋은 닭고기 전문점이 많다. '교래손칼국수'는 칼국수로 유명한 집이다. 이 집에서 가장 맛있는 꿩메밀국수는 겨울에만 먹을 수 있다. 봄·여름·가을에는 토종닭칼국수와 바지락칼국수를 판다. 꿩 대신 닭이란 말은 이 집을 두고 하는 말이다. 살점은 적지만 깊고 그윽한 맛을 지닌 꿩과 구수한 메밀의 조화는 차가운 메밀냉면이나 막국수와는 또 다른 맛의 세계를 보여준다.

제주시 이도 2동에 있는 '비자림꿩메밀손칼국수'도 꿩요리로 유명하다. 1981년에 개업한 뒤 메밀 산지 주변인 비자림에서 오랫동안 장사하다 몇 년 전에 제주시로 자리를 옮겼다. 몇십 년 전만 해도 제주의 중산간中山間 지역은 메밀의 주산지이자 소비처였다. 이 식당은 야생 꿩을 잡는 것이 불법이기 전인 2000년대 중반까지도 야생 꿩을 요리로 사용했다. 꿩뼈로 우려낸 이 집의 육수는 맑고 곱다. 하얀 메밀은 순하고 달다. 순하고 고운 것들이 만나 만들어진 국수 한 그릇은 강하고 거칠고 센 양념으로 범벅된 대도시의 국수와는 본질부터 다르다. 제주에서 메밀은 산모가 해산하기 위해 먹는 약이자 감기 걸린 사람들의 보양식이었다. 제주의 메밀 문화는 강원도와 다르게 겉메밀을 거의 사용하지 않는다. 겨울 꿩과 메밀로 만든 따스한 음식을 먹으며 제주 사람들은 거세고 추운 겨울을 버티며 살아왔다. 지금도 꿩메밀국수 한 그릇은 추운 겨울 제주를 찾는 외지인의 속을 채워주고 따뜻한 평안을 준다.

샤브샤브 전성시대

요즘 제주도에는 육고기를 샤브샤브로 먹는 문화가 넓게 퍼져 있다. 꿩고기 샤브샤브에서 시작된 음식 문화다. 1970년대 말, 박정희 대통령이 제주를 찾았을 때 꿩고기를 좋아하는 대통령을 위해 꿩 샤브샤브를 만들었다고 한다. 다른 기원설도 있다. 제주의 40대 이상 사람들에게는 겨울철 꿩을 잡던 추억이 있다. 겨울이면 눈밭에 빠져 잘 움직이지 못하는 꿩을 잡아 차가운 눈 위에 던져두면 꿩은 냉동 상태가 된다. 언 꿩을 칼로 얇게 저며 뜨거운 국물에 데쳐 먹었다. 이렇게 먹는 방식은 『증보산림경제』1766에 나오는 '동치회방'凍雉膾方과 비슷하다. 동치회방은 겨울철에 꿩을 잡아 빙설氷雪 위에 얼려서 칼로 얇게 저민 후 강초장과 곁들여 먹는 회였다.

비자림꿩메밀손칼국수 식당에서는 꿩 샤브샤브를 시키면 가슴살과 다릿살이 섞인 고기가 나온다. 살굿빛이 도는 얇은 꿩고기를 끓는 국물에 넣으면 이내 하얀색으로 변한다. 꿩고기 기름기 없는 담백하고 고소한 맛이 난다. 꿩을 다 먹고 그 국물에 숭덩숭덩 썰어낸 메밀면을 넣어 먹는다. 메밀면은 꿩고기와 색과 맛이 같다. 단순하고 소박한 먹거리들이다. 닭으로 유명한 교래리에는 닭고기를 샤브샤브로 먹는 '성민식당'이 유명하고 최근에는 일본 규슈 가고시마의 흑돼지 샤브샤브를 모방한 제주 흑돼지 샤브샤브를 요리하는 집도 제법 있다.

제주 사람들은 순대에도 메밀을 넣어 먹는다

표선면 가시리는 똥돼지로 유명한 곳이었다. 대표적인 중산간 지역인 가시리는 "제주 산마장山馬場 중 규모가 가장 컸던 녹산장鹿山場

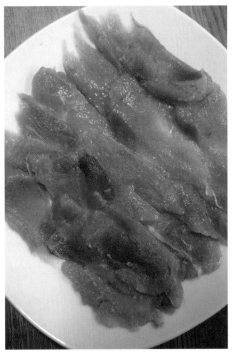

담백하고 고소한 꿩고기 샤브샤브를 먹고 난 뒤
그 국물에 숭덩숭덩 썰어낸 메밀면을 넣어 먹는다.

이 있던 곳이자, 조선 시대 최고로 좋은 말을 사육했던 갑마장甲馬場
이 있던 마을이다." 위생문제 때문에 제주 똥돼지는 사라졌지만 돼
지고기 문화는 더 발전했다.

표선면에서 가시리로 가는 버스는 가뭄에 콩 나듯 귀하다. 표선면
에서 성읍까지 버스로 가서 다시 가시리로 가는 택시를 탔다. 택시
기사는 가시리의 사거리 식당을 강력하게 추천한다. 내 취재 리스트
에 '가시식당'으로 이름을 올린 곳이다. 택시가 사거리에 서자 가시
식당 간판이 보인다. 택시기사가 추천한 식당이라 처음에는 가시식

당을 기사식당으로 착각했다. 가시식당은 1960년대 초반에 가시정 육점으로 시작했다. 초창기에는 가게 앞 나무에 재래돼지를 매달아 털을 뽑고 불로 껍질을 태운 후 근고기로 팔았다. 생각보다 넓은 실내에 사람들이 가득하다. 육지의 고깃집들은 혼자 오는 손님은 안 받는 경우도 꽤 있지만 제주에서는 그런 경험을 한 적이 없다.

식당 한쪽에 앉아 가시식당의 대표 메뉴인 두루치기 2인분과 수애 반 접시를 시킨다. 수애는 수웨 또는 돗수웨라고도 부른다. 수애는 잔배설소창수애, 은배설대창수애, 창도름막창수애로 구분하는데 예전에는 두껍고 지방이 많은 창도름수애를 최고로 쳤다. 수애 한 점을 집어 먹는다. 선지와 메밀이 섞인 수애는 진한 갈색의 겨울 대지 같다. 그 사이사이에 휘날리는 진눈깨비 같은 밥알이 고르게 박혀 있다. 짠맛이 빠진 푸아그라 같고 단맛이 사라진 초콜릿 같은 걸쭉한 식감 뒤에 고소한 단맛이 배어나온다. 제주 시내에 있는 육지식 순대를 파는 유명한 순대전문점의 순대와는 비교도 안 될 정도로 맛있고 세련됐지만 돼지 냄새가 살짝 난다. 돼지피로 만든 순대는 냄새를 잡기가 매우 어렵다. 대부분의 순대에 들어가는 피는 돼지피가 아닌 소피다. 제주 토박이들은 육지 사람처럼 돼지 냄새에 그다지 민감하지 않다. 바닷가 사람들이 생선을 먹을 때 비린내에 둔감한 것과 같은 이유다.

두루치기는 혼자 와도 2인분을 주문하는 것이 기본이다. 좌를 봐도 우를 봐도 식탁에는 수애와 두루치기가 이란성 쌍둥이처럼 나란히 자리를 차지하고 있다. 두루치기는 돼지고기와 야채를 섞어 먹는 제주의 대중적인 고기 문화다. 가시리와 서귀포는 두루치기의 중심지다. 철판 위에 포일을 씌우고 그 위에 돼지목살을 올려놓는다. 생

'가시식당'의 대표 메뉴인 수애와 두루치기는
이란성 쌍둥이처럼 나란히 자리를 차지하고 있다.

고기를 자른 탓에 목살의 표면이 불규칙하고 거칠다. 고춧가루 같은 양념 때문에 붉은 살이 더욱 붉게 보인다. 고기가 익으면 함께 나온 파절이·콩나물·무채·김치를 올려 살짝 볶는다.

고기가 거의 익을 무렵 몸국과 밥이 나온다. 제주에서 두루치기는 술안주가 아니라 밥반찬이다. 서울의 제육볶음과 비슷하고 국물 없는 김치찌개와도 흡사한 음식이다. 두루치기에 딸려 나온 이 집의 몸국은 사실 이 집의 간판 음식이다. 제주에서 맛으로 유명한 식당치고 몸국을 내지 않는 집이 없고 맛이 없으면 제대로 된 식당으로 인정받지 못한다. '배지근하다'라는 제주도 사투리가 있다. 감칠맛과 비슷한 뜻으로 제대로 된 몸국을 먹으면 이 말이 자연스럽게 튀어나온다. 걸쭉한 몸모자반에서 나는 바다의 맛과 돼지 내장에서 나는 육고기의 깊은 맛이 작은 국 한 그릇에 담겨 있다. 진한 몸국이라야 진짜 몸국이다. 관광객을 위한 연한 몸국은 진짜 몸국의 변종일 뿐이다. 몸국은 몰망국으로도 부른다.

제주의 경조사는 대개 3일 동안 치른다. 첫날은 경조사를 준비하는 사람들의 날이다. 경조사는 돼지를 잡는 것에서 시작된다. 예닐곱 마리를 잡는 것이 기본이었다. 잡은 돼지를 커다란 솥에 넣고 끓인다. 몸국은 그 진한 국물에 돼지 내장과 메밀 등을 넣고 끓여낸 음식이다. 메밀은 구수한 맛을 내기도 하고 걸쭉하게도 만드는 두 가지 효과가 있다. 몸국은 잔칫날에도 먹지만 잔치를 준비하는 사람들을 위한 예비 음식이자 노동 음식이다. 둘째 날에는 준비한 음식으로 손님을 맞고 마지막 날에 비로소 경조사가 거행된다. 탄력 있는 돼지고기와 달달한 야채의 결합으로 만든 두루치기 한 점과 몸국 한 그릇이 스산하고 흐린 날씨로 움츠러들었던 몸을 달아오르게 한다.

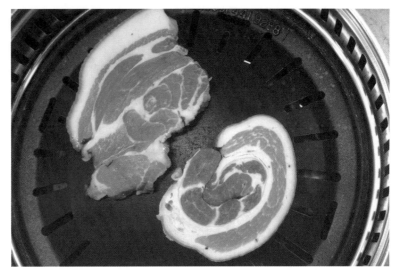

미식가 사이에서 명성이 자자한 '나목도식당'의 삼겹살.

3년 전 가시식당 근처에 둥지를 튼 로컬 푸드 요리사 박소연 씨는 몸이 아플 때 이 몸국 한 그릇을 먹으면 몸이 좋아진다고 했다.

탄력감에서 드러나는 제주 돼지의 저력

가시식당 근처에 있는 '나목도식당'도 미식가 사이에서 명성이 자자하다. 식당 모습이 영화 「가위손」에 나오는 집 같다. 오후 2시, 사람들이 거의 없다. 이 집을 유명하게 만든 돼지갈비는 오전에 모두 팔렸다. 머리와 내장만 제거한 돼지를 사와 직접 손질해서 파는 이곳의 갈비는 양이 적다. 돼지를 잡는 날이 아니면 먹기 힘들다. 갈비 다음으로 인기가 높은 삼겹살을 시키면 둥글게 만 냉동 삼겹살 두 점과 목살 한 점이 나온다. 냉장 보관된 목살의 탄력감은 제주 돼지의 저력을 보여준다. 제주 돼지의 특징은 탄력감에 있다.

나목도에서 목살과 삼겹살을 구워 먹고 버스정류장에서 어슬렁거리다 귤을 지키고 있는 할아버지 세 분과 마주했다. 제주도에서는 12월 중순에도 귤을 수확한다. 껍질에 벌레가 남긴 자국이 있는 귤은 상품가치가 떨어진다. 이런 귤은 귤 주스 같은 가공용으로 팔려 나간다. 주황색 표면에 검버섯 같은 검은 자국이 나 있지만 먹는 데는 지장 없다. 껍질을 까보면 보들보들한 고운 속살을 간직하고 있다. 얇은 껍질 속에서 더위를 단맛으로 바꾼 귤이 고기로 더부룩해진 속을 시원하게 한다. 제주 자연이 주는 천연의 디저트다.

제주에서 시작된 전국적인 맛집 '돈사돈'

제주 토박이 후배와 '돈사돈'을 찾았다. 제주 돼지고기에 '근고기'란 마케팅을 더해 전국적으로 유명해진 식당이다. 근고기는 고기를 근600g 단위로 팔기 때문에 붙여진 말이다. 오후 7시, 커다란 식당 주변에 사람들이 줄을 서서 기다린다. 그 틈에 끼어 기다리다 자리를 잡고 흑돼지 근고기 한 근을 시킨다. 목살 400g과 삼겹살 200g이 두툼하게 썰려 나온다. 불판 안에 제주 고기 문화에 빠지지 않는 멜젓 멸치젓의 제주말이 올려진다. 고추와 마늘이 멜젓과 섞인다. 멜젓은 제주 밥상에 빠지지 않는 기본 소스다. '촐레'라는 제주말은 좁은 의미로 멜젓을 의미하고 넓은 의미로 반찬을 지칭한다.

얇게 썬 육지의 삼겹살보다 두툼한 제주의 삼겹살은 기름지다. 목살의 담백함과 고소함이 삼겹살을 넘어선다. 목살은 두툼하지만 탄력 있게 썹힌다. 조금 과장하면 잘 익은 깍두기의 식감과 비슷하다.

40대 후반인 후배는 불에 달군 슬레이트에 두툼한 고기를 얹어 왕소금만 뿌려 먹던 학창시절 추억을 떠올렸다. 돈사돈이 근고기로 전

고기로 더부룩해진 속을 시원하게 달래주는 귤은
제주 자연이 주는 천연의 디저트다.

제주 돼지고기에 근고기라는 마케팅을 더해 유명해진 '돈사돈'.

국적인 맛집이 되었지만 근고기 음식 문화를 돈사돈이 만들어낸 것
은 아니다. 1980년대 중앙로에는 10여 개의 근고깃집들이 있었다.
저렴한 가격에 두툼한 고기를 싸게 먹을 수 있었기에 당시 청년기를
보낸 40~50대들에게 중앙동 근고깃집에 대한 추억은 아련하다. 중
앙동이 개발되면서 식당이 많이 사라졌다. 돈사돈의 반찬은 다른 고
깃집에 비하면 야박하다. 툴툴거리는 육지 촌놈에게 제주 토박이의
강의가 이어진다. 제주의 반찬은 어디나 단출하다. 먹을 것이 귀했기
때문이다. 전국 어디에도 김치가 나오지 않는 식당이 없지만 돈사돈
에는 김치가 없다. 제주는 한반도에서 김장 문화가 없는 유일한 곳이
다. 혹독한 추위가 없기에 김장도 필요 없었다. 김장과 더불어 고추
장이나 고춧가루 문화도 거의 없다. 고춧가루가 많이 들어간 매콤하

고 빨간 음식은 육지 영향이라는 게 제주 토박이들의 공통 의견이다.

제주는 타도의 돼지나 돼지고기는 들어오지 못하게 철저하게 봉쇄되어 있다. 가격도 육지보다 훨씬 비싸다. 제주 돼지는 일반 돼지가 82%, 흑돼지가 18% 정도다. 가격은 흑돼지가 일반 돼지에 비해 20% 정도 더 비싸다. 식당에서는 가격 차이가 조금 더 난다. 제주 재래 흑돼지는 맛은 좋지만 성장기간이 길고 몸집이 작아서 상업성이 현저히 떨어진다. 식당에서는 거의 먹을 수 없다. 최근 재래 흑돼지와 랜드레이스를 교접한 '난축맛돈'을 사육하고 있다. 2015년부터 본격적으로 이 돼지를 출하할 계획이다. 일반 제주 돼지도 맛있다. 제주 돼지가 육지 돼지보다 비싸고 맛있는 이유는 제주의 화산 암반수를 먹고 자라기 때문이다. 탄력 있는 고기는 제주 돼지를 명품으로 만들었다.

제주 유일의 도축장

버스를 타고 중산간을 지날 무렵 오락가락 하던 눈발이 거세진다. 산에는 제법 많은 눈이 쌓여 있다. 제주에 하나뿐인 도축장이 있는 애월읍 어음리로 가는 버스는 없다. 산음에 내려 전화를 걸고 10분이 지날 무렵 축협에서 차를 가지고 마중 나왔다. 제주의 돼지 · 소 · 말은 전부 제주축협 축산물 공판장에서 도축되고 경매된다. 도축장 주변에는 커다란 식당이 몇 군데 있다. 오랫동안 한림 옹포리에 있던 공판장과 도축장은 1993년에 지금의 자리로 옮겨왔다. 제주에는 현재 80만 마리의 돼지가 있다. 하루에 평균 3,300마리의 돼지와 21마리의 소, 3~4마리 정도의 말이 도축된다. 닭은 세화와 화북의 닭 전용 도축장에서 별도로 도축한다.

제주도의 재래 돼지는 흑색 소형종20~50㎏이었다. 1960년 제주 한림읍 금악리에 있는 성이시돌 목장에서 외국산 돼지버크셔·요크셔·듀록가 수입되었고 1984년 제주도에서 전국소년체전이 열릴 때쯤 재래식 돼지가 거의 사라진다. 재래식 돼지가 급격하게 사라지자 1986년부터 제주도 축산 진흥원에서 보존 사업을 시작해 멸종을 면했다. 제주 돼지의 80% 이상을 차지하는 종은 듀록, 버크셔, 랜드레이스를 교잡해 만든 LYD삼원교잡종이다. 대한민국의 비육돈은 대부분 이 돼지를 사용하지만 환경과 사육 기술에 따라 맛에서는 큰 차이가 난다. 한국인이 좋아하는 삼겹살은 지방을 만들어내는 사료와 근육을 만들어내는 사료를 차례로 먹이는 '교차 사료' 방식을 도입해서 만든다.

제주 돼지 중에서도 가장 비싸고 인기가 많은 흑돼지는 일반 돼지보다 졸깃한 식감이 더 강하다. 흑돼지는 가격이 비싼 탓에 등급에 신중을 기한다. 현재 사용되고 있는 제주 흑돼지는 재래 흑돼지가 아니다. 제주 재래 흑돼지와 햄프셔, 버크셔, 재래교잡종 및 개량종이 두루 사용된다. 흑돼지는 모색몸색 전체가 흑색인 것을 기준으로 한다. 몸 전체가 검고 머리와 귀만 흰색인 경우나 사지 말단다리 끝 부분이 흰 띠로 되어 있는 경우에도 흑돼지로 인정한다. 다만 햄프셔의 경우 어깨띠의 너비가 몸 전체의 3분의 1 이상인 것과 사지네 다리의 흰 털이 비절경골 아래쪽 부위 이상으로 올라간 것도 흑돼지로 판정된다. 흑돼지로 판정되면 전지앞다리, 후지뒷다리, 배, 목 부위에 '제주 흑'이라는 청색 인장을 찍는다. 돼지껍데기에 털이 있는 것으로 흑돼지 여부를 판단하는 것은 불가능하고 비현실적인 방법이다. 백돼지로 판정받거나 흑돼지와 유사한 갈색 돼지도 검은 털이 있기 때문이다.

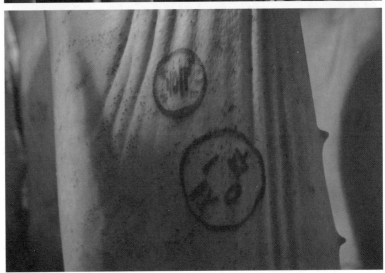

제주 흑돼지로 판정되면 '제주 흑'이라는 청색 인장을 찍는다.

제주 한림으로 가는 길. 바람이 청아하다.

도축이 끝난 돼지는 머리와 내장을 제거하고 나서 하루가 지난 다음 경매로 반출된다. 부위별로 정형된 정육 이전 상태의 고기를 이분도체라 부른다. 축협 관계자를 따라 도축이 끝난 이분도체 숙성실에 들어갔다. 몸에 '제주 흑'자가 선명한 흑돼지들이 프랜시스 베이컨의 그림처럼 기괴한 모습으로 걸려 있다. 매끈한 몸보다 몸에 주름이 있고 처진 것을 더 상품上品으로 취급한다. 지방이 살 속으로 스며든 것들의 특징이다. 매일 시세가 다르지만 백돼지는 kg당 4,000원대 후반에 가격이 형성되고 흑돼지는 그보다 1,000원 정도가 더 비싸다. 중국 관광객과 올레길 열풍으로 제주의 관광 비수기는 없어졌지만 그래도 여름이 제철이다. 제주를 찾는 사람들은 회와 흑돼지는 한 번은 먹고 가기 때문에 여름 흑돼지는 겨울보다 비싸다.

날것을 좋아하는 제주 사람은 돼지도 날로 먹어왔다. 돼지간은 물론이고 돼지 목덜미 부위를 얇게 썰어 먹었다는 것이 제주 토박이 축협 관계자들의 설명이다. 쫄깃쫄깃한 식감이 가장 기억에 남는다고 한다. 요즘은 120kg 정도의 돼지를 도축한다. 머리와 내장 털을 제거하면 80kg 정도가 나온다. 축협 관계자들은 60kg 정도 나오던 옛날 돼지의 맛을 지금 돼지가 따라가지 못한다고 한다. 소도 돼지도 옛것과 지금 것은 종種이 다르고 먹이가 달랐다. 옛것이 질기기는 했지만 맛은 더 깊었다.

명품 돼지 사육의 달인을 만나다

제주에는 돼지의 달인이 있다. 한림과 멀지 않은 곳에서 석림농장을 운영하는 김남태 씨다. 2013년 7월에 등급제가 사라졌지만 돼지

에도 육질등급이 있었다. 기준은 소와 같이 마블링이다. 1⁺가 최고
등급이다. 김남태 씨는 축산물품질평가원에서 2012년, 2013년 2년
연속으로 한돈韓豚 부분 대상을 받았다. 육질 1등급 이상 출현율이
전국 평균 출현율62.5%보다 24.9%가 넘는 90.4%를 받은 명품 돼지
사육의 달인이다. 축사에서 일하는 날은 절대로 사람을 만나지 않고
농장 출입은 더더욱 하지 않는다.

짧은 해가 넘어간 지 한참 지난 6시 30분에 그를 '보영반점'에서
만났다. 보영반점은 '만강홍'과 더불어 제주 토박이들이 사랑하는
한림의 중화식당이다. 1968년에 문을 연 보영반점은 쟁반짜장과 간
짬뽕으로 유명하다. 면발에 짬뽕꾸미와 소스가 나오는 특이한 음식
이다.

김남태 씨와 함께 '칠일칠사뼈해장국'에서 두 번째 저녁을 먹었
다. 12년 전에 시작한 이 식당은 일대에서 가장 유명한 뼈해장국집
이다. 저녁 7시면 문을 닫는 식당에 마지막 손님으로 앉아 제주 돼지
로 만든 뼈해장국을 먹는다. 담백한 국물, 졸깃한 살은 좋은 재료가
음식의 기본임을 알려준다. 밥과 국과 김치 모두 맛있다. 가게 안에
배달통이 27개다.

뼈해장국을 먹으면서 자연스럽게 '돼지' 이야기가 나왔다. 김남태
씨는 일반적인 돼지에 대해 먼저 말을 꺼냈다. 제대로 나이를 먹지
않은 어린 돼지들의 몸집만 키워 도축하는 탓에 돼지고기 맛이 변했
다. 부드럽지만 깊이가 없다. 돼지 몸에 가득한 비계는 나이가 들면
서 자연스럽게 몸속으로 녹아들어 마블링이 된다. 문제는 키우는 시
간이다. 일수가 늘어나면 사료비가 증가한다. 출하가 가능한 일수가
되면 대부분의 농가는 빠르게 돼지를 출하한다. 김남태 씨도 6년 전

보영반점은 면발에 짬뽕꾸미와 소스가 나오는 간짬뽕으로 유명하다.(위)
음식의 기본은 좋은 재료임을 알려준 '칠일칠사뼈해장국'에는 배달통이 27개나 된다.(아래)

까지는 그렇게 돼지를 키워 출하했다. 32년 전인 22세에 양돈을 시작한 뒤 돼지가 좋아 일을 계속했지만 평범한 돼지만 생산하는 것에 회의가 생겼다. 때마침 생긴 등급제에 도전장을 냈다. 돼지 사육의 일대 전환이 이뤄졌다.

최고급 돼지를 키워 전국 제일의 돼지 사육가가 되겠다는 목표가 생기자 돼지를 보는 눈이 달라졌다. 무리 지어 기르는 돼지를 소처럼 개별 관리하기 시작했다. 제주의 일반 돼지는 150일을 길러 115~120kg이 되면 도축한다. 하지만 그는 한 달을 더 기른다. 돼지는 어릴 때는 근육을 키우는 데 주력하다 출하 전에 육질에 영향을 주는 사료를 공급한다. 그는 30일에서 45일 정도 비육사료를 먹여 목표체중 120kg이 되면 출하한다. 1개월을 더 길러도 몸무게는 비슷하다. 몸속에 기름기가 많이 박혔기 때문이다. 그가 기른 돼지는 도축해서 보면 비계가 훨씬 적다. 일반 돼지는 이분도체가 80kg 정도인 데 반해 그의 돼지는 90kg 정도 된다.

석림농장의 백돼지는 일반 백돼지는 물론 제주 흑돼지보다 비싼 가격으로 출하된다. 엉덩이와 족발에서까지 마블링이 발견되는 석림농장 돼지의 맛은 제주를 넘어 전국 최고라는 명예를 안겨주었다. 그가 생각하는 최고의 돼지 육질은 살이 단단해야 한다는 것이다. 돼지 종자는 LYD 종자를 사용한다는 점에서는 다른 농장과 같지만 기르는 방식에 따라 결과물은 큰 차이를 보인다. 삼원교배를 하는 이유는 돼지 종의 특성을 극대화하기 위한 것이다. 깊은 맛은 듀록에서, 살의 졸깃함은 랜드레이스, 크기는 요크셔 종의 특성인데 이것들을 결합해 만든 LYD는 가장 일반적인 사육 돼지로 사용된다.

일본에서는 20년 전부터 돼지를 양이 아닌 질로 먹는 문화가 정착

되었다. 전국에 수많은 명품 돼지가 속속 등장하고 있다. 한국에서는 남원 버크셔K가 명품 돼지의 성공사례로 꼽힌다. 돼지는 종자·사료·물로 맛과 품질이 결정된다. 그러나 김남태 씨의 예에서 보듯이 기술 못지않게 기르는 사람의 철학이 중요한 요소임을 알 수 있다.

돼지가 고사리를 만나면

제주 인구가 꾸준히 늘고 있다. 제주시는 공항이 들어서면서 생겨난 신제주가 중심이 되었다. 연동과 노형동 이마트 뒤쪽은 제주 사람이 가장 많이 찾는 곳이다. 이곳에는 전국적으로 유명한 '모이세해장국' 본점이 있다. 휴일 오후, 모이세해장국에는 이름처럼 정말 많은 사람이 모여든다. 얼큰한 선지와 내장, 매콤하고 시원한 국물에 날계란을 풀어먹는 해장국에 대한 대중의 지지는 변함없다. 모이세해장국 근처에는 작은 돼지족발인 아강발과 돼지국수로 유명한 '순화국수'가 있다.

길을 건너면 돼지육개장으로 유명한 해장국집 '가품해장국'도 있다. 돼지육개장이라는 이름 대신 제주육개장이라는 이름을 사용한다. 제주의 국물 문화는 토렴과는 거리가 멀다. 국물은 몹시 뜨겁다. 모이세해장국과 더불어 가품해장국의 제주육개장도 걸쭉한 국물이 용암처럼 보글보글 끓는 채 나온다. 얼핏 보면 색이나 모양새가 청국장처럼 보인다. 돼지를 육개장처럼 얇고 길게 썰어 넣고 고기맛이 나는 제주 고사리를 함께 넣은 육개장은 걸쭉하고 은근한 단맛이 난다. 뜨거운 것을 빼면 세련된 솜씨로 재단된 음식이다. 탁자에 날계란이 놓여 있는 것은 모이세해장국과 같다. 1970년대부터 시작된 날계란 문화는 제주에서도 건재하다.

색이나 모양새가
청국장처럼 보이는
'가품해장국'의 돼지육개장.

　　서문시장 주차장 앞에 있는 '우진해장국'도 돼지육개장으로 유명
하다. 우진해장국은 특히 토박이들이 많이 찾는다. 돼지육개장은 몸
국을 닮았다. 제주의 고사리는 크지만 속이 비어 다른 지역 고사리
보다 졸깃하면서도 잘 씹힌다. 돼지와 고사리의 만남, 제주 사람들은
자연의 산물을 섞어 새로운 음식을 만드는 솜씨가 탁월하다.

　　한국의 최고 번역자 김석희 선생이 말하는 '제주 육고기' 이야기
　　해장국 두 그릇을 비우고 근처 제주 그랜드호텔에서 『로마인 이야
기』의 번역자로 유명한 김석희 선생님을 만났다. 선생님은 제주 출

신으로 한국 번역문학계 최고수다. 애월에서 태어나 40년을 타지에서 생활하다 50대 후반에 다시 고향으로 돌아왔다. 제주 음식에 대한 이해와 성찰이 깊은 분이다.

외지인은 물론 현지인도 잘 모르는 돼지고기 식당에 자리를 잡았다. 삼겹살 구이를 시키자 제주에서는 드물게 남도 밥상처럼 다양하고 푸짐한 반찬이 나온다. 초벌되어 나온 삼겹살과 청국장을 놓고 제주 소주를 곁들였다. 선생님의 제주 음식에 대한 이야기는 구체적이고 객관적이었다. 육지 생활을 오래 한 선생님께서 다른 지역의 문화와 비교해서 많은 이야기를 들려주셨다. 이야기는 고깃집에서 멀지 않은 곳에서 막걸리를 먹으며 이어졌다. 제주 유일의 막걸리인 '제주막걸리'는 물맛이 좋은 제주도의 특성을 그대로 지녀 단맛이 거의 없고 시원하다.

제주 순대에 관한 이야기를 선생님이 정리해주셨다. 서문시장·동문시장·보성시장의 3대 순대거리는 서문시장이 상대적으로 쇠락하면서 동문시장과 보성시장의 2파전으로 좁혀졌다. 그러나 지금 동문시장과 보성시장의 순대는 육지식 순대들이다. 돼지는 제주 음식 문화의 시작점이자 종착점이다. 이야기를 하다보면 모든 음식은 결국 돼지고기 문제로 되돌아간다. 순대 이야기는 몸국을 거쳐 똥돼지로 거슬러 간다.

잔치를 준비하는 사람을 위해 몸국을 만들고 잔칫날에는 돼지편육 두 점, 수애 두 점, 마른 두부인 '둔비' 하나를 한 접시에 담은 '반'을 나누어 먹는다. 제주식 두부인 둔비는 콩가루로 만들기 때문에 비지가 없다. 재료를 아끼려는 제주인의 생활이 나은 결과물이다. 딱딱하고 고소하고 퍼석한 둔비는 지금은 잔칫상에서 거의 사라졌지만 상품으로 만들어져 팔리고 있다. '반'에 밥 한 그릇과 몸국 한 그릇을 합하면 완전한 음식 '한반'이 된다. 제주에서 돼지를 잡을 때는 '도감'이라는 돼지 전문가가 모든 것을 지휘한다. 도감과 별도로 순대를 잘 만드는 기술자들이 있었다. 메밀과 선지 내장의 비율에서 맛이 달라지기 때문에 순대 기술자들은 인기가 높았다고 한다. 타지와 달리 소창과 대창을 가리지 않고 순대 껍질로 사용한 것도 제주 순대의 특징이다.

제주 '새끼돼지회' 이야기도 선생님에게서 들었다. 기존 증언과 달리 생생하고 논리적이다. 제주에서는 돼지 추렴을 할 때 새끼를 품은 어미 돼지를 골라서 잡는 경우가 많았다. 오로지 몸속에 들어 있는 새끼를 먹기 위한 것이었다. 새끼돼지회는 미식 차원의 음식이 아니라 보신 음식이었다. 주로 새끼돼지회는 초가을에 남자들이 보신용으로 먹었다. 몸이 연한 새끼를 통으로 먹는 전라남도와 달리 새끼돼지회는 살을 잘게 잘라 양파·부추·고춧가루·빙초산·설탕 등을 넣어 물회로 먹었다.

풍성한 말의 성찬 속에서 막걸리 여섯 병을 비웠다. 이야기 말미에 제대로 된 제주 음식 이야기를 쓸 계획이 있다는 선생님의 이야기를 들었다. 외지인이 제주의 문화와 음식을 정리하는 사이 제주 토박이들은 그저 증언과 자료 제공자로만 남겨진 것에 대한 안타까움을 넘어서기 위한 계획이다. 선생님은 밤늦게 택시를 타고 애월로 가셨다. 난 또다시 홀로 남아 거리를 배회했다. 제주의 겨울 밤은 길다.

자박자박 두루치기 익는 소리가 난다

베이스캠프로 정한 허름한 모텔을 나와 시외버스터미널에서 서귀포로 가는 버스를 탄다. 한 시간이면 서귀포 중앙로에 도착한다. 제주의 두루치기 원조집 '용이식당'은 옛 시외버스터미널 뒤쪽에 있다. 제주의 식당은 외벽이 밝은 경우가 많다. 며칠 동안 가득했던 구름이 살짝 물러간 틈새로 비추는 햇빛에 용이식당의 하얀 외벽이 반짝거린다.

오전 10시 40분, 식당 안에는 혼자 온 사람이 많다. 1인분에 6,000원짜리 두루치기를 시키면 고추장으로 간을 한 냉동 목살이 불판에 올려진다. 얼음이 녹고 고기 익는 소리가 테이블마다 요란하게 난다. 비계 붙은 목살이 다 익으면 무생채·콩나물무침·파절이를 푸짐하게 고봉처럼 올려 섞고 된장국을 곁들여 밥을 먹는다. 냉동 목살이지만 맛이 좋다. 푸짐한 야채와 먹는 고기가 잘 넘어간다. 이 지역 토박이들은 냉동에 커다란 의미를 두지 않는다.

용이식당과 더불어 서귀포를 대표하는 두루치기 집으로 '동성식당'을 빼놓을 수 없다. 용이식당과는 다르게 냉장 목살을 판다. 두루치기를 시키면 넓고 움푹한 불판에 버섯·고추·마늘·고춧가루가 들어간 육수와 생돼지목살 대여섯 점이 오른다. 국물이 자박하게 끓어오른다. 육수 덕에 고기는 타지 않고 익는다. 김치찌개와 흡사하다. 국물이 완전히 졸면 고기가 익은 것이다. 여기에 다시 국물을 붓고 파채·콩나물·무생채를 얹어 익히면 두루치기가 완성된다. 이때쯤 제주 사람들의 기본 국인 배추된장국과 조밥이 나온다. 두루치기가 냉면같이 담백하고 개운하다. 두루치기는 제주에서 생긴 음식은 아니다. 제주식 두루치기의 원조집인 용이식당이 개업한 것도 40년을 넘지 않는다.

1962년 2월호 『여원』에는 두루치기가 안동의 지역 음식으로 나

서귀포 돼지 두루치기의 대표 주자 '용이식당'(왼쪽)과 '동성식당'.

온다. 안동에서는 두루치기를 술안주로 즐겨 먹었다. 안동의 두루치기는 쇠고기, 처녑, 간과 콩나물 등의 야채와 고추·후추 같은 매운 양념을 섞어 불 위에 얹어 국물을 조금 붓고 걸쭉하게 끓여 먹는 음식이었다. 두루치기는 안동을 중심으로 한 경상도 음식이었을 가능성이 높다.

두루치기는 경상도식으로 김치를 씻은 뒤 세겹살의 돼지고기를 제육하듯 넓적넓적하게 썰어 고추장·마늘·생강을 넣은 양

넣장과 함께 팬에 볶는다. 이때 찬밥 등을 넣어 함께 볶으면 김
치볶음밥이 된다.

• 『동아일보』 1972년 2월 4일

다른 자료를 봐도 두루치기는 경상도에서 묵은 김치를 먹는 하나
의 요리법으로 나온다. 2월 말이 되면서 김치는 묵은 맛이 나거나 시
어진다. 김치찌개, 김치볶음밥, 김치만두같이 묵은 김치를 요리하는
방법은 다양하고 많았다. 두루치기도 그중 하나로 보인다.

두부 두루치기로 유명한 대전의 두루치기 원조집인 '진로집'은
1969년에 문을 열었다. "음식을 데치고 볶는 것을 보고 손님이 '두
루치기'라는 이름을 붙인 뒤 이 말이 일반화됐다"고 한다. 두부 두루
치기는 대전에서 처음 시작했다. 두루치기란 말은 "한 가지 물건을
이리저리 둘러쓰는 일"을 가리킨다. "조개나 낙지 같은 것을 데쳐서
양념을 한 음식도 두루치기라고 한다."장승욱, 『도사리와 말모이, 우리말의 모
든 것』 전라도 두루치기는 "쇠고기, 내장 등을 재료로 하여 화려한 고
명을 얹어 만든다."『경향신문』 2003년 8월 28일 재료는 다르지만 공통점
은 있다. 단백질을 주재료로 하고 매콤한 양념과 야채를 얹어 볶아
먹는다는 것이다. 비빔밥처럼 재료를 양념과 섞어 먹는 한국인 음식
문화의 특질이 그대로 녹아 있다. 제주에서 돼지는 경조사 때나 먹
던 별식이었다. 제주도의 두루치기 문화는 1970년대 이후 돼지고기
가 외식으로 세상 밖으로 나오면서 만들어진 음식 문화임을 어렵지
않게 추정할 수 있다.

돔베는 음식 이름이 아니라
'도마'의 제주식 표현이다.
제주식 수육 돔베고기는
단단한 질감과 가득 찬 육즙이
인상적이다.

도마 위의 돼지 수육 '돔베고기'

　제주의 돼지고기 문화는 특별한 경우도 있지만 육지와 이름이 다른 경우가 많다. 갈비는 '접짝뼈'로, 수육은 '돔베고기'로 부른다. 최근 들어 서귀포의 '천짓골식당'은 돔베로 유명세를 탔다. 한 시간 전에 주문을 하고 가야 편하게 먹을 수 있다. 5시경에 전화를 해 이 집의 간판 메뉴인 '오겹살 돔베'를 주문했다. 가게 문은 6시에 연다. 6시 20분, 가게로 들어서니 넓은 가게에는 사람이 가득하다. 입구 한쪽에 내 예약자리가 있다. 도떼기시장 같은 식당에서 20여 분을 기다려 돔베고기를 받았다.

돔베는 음식 이름이 아니라 '도마'의 제주식 표현이다. 나무도마 위의 수육을 썰어먹는 방식에서 돔베고기라는 음식 이름이 붙었다. 돔베 위에 커다란 통오겹살이 모락모락 김을 내며 존재감을 드러낸다. 도마 끝에 있는 굵은 소금이 진주처럼 빛난다. 돔베에 오른 오겹살 안쪽에는 갈비뼈와 맞닿은 자국이 선명하다. 두툼한 돔베를 날렵한 솜씨로 손님 앞에서 썰어낸다. 고기 한 점을 소금에 찍어 먹는다. 단단한 질감과 가득 찬 육즙이 인상적이다.

이 집의 오겹돔베는 익힌 정도에 따라 맛의 질감이 달라진다. 예약할 때 부드럽게 먹을지 졸깃하게 먹을지 딴딴하게 먹을지를 말해야한다. 미리 말하지 않은 나 같은 사람에게는 약간 졸깃한 정도로 삶은 오겹수육을 준다. 기름기가 거의 없는 맑은 고기를 소금에 찍어먹거나 신김치에 말아 먹다보니 고기 한 덩어리가 금방 사라진다. 진한 몸국이 중간중간 고기맛을 정리해준다.

제주 사람은 비계를 버리지 않는다. 삼겹살은 돼지비계 부분을 제거한 것이다. 비계를 제거하지 않으면 오겹살이 된다. 오겹살은 제주에서 시작된 음식 문화다. 1980년대 이후 제주 오겹살이 육지에 상륙했다는 기사가 신문에 실렸다. 제주인에게 돼지는 냄새도 좀 나면서 비계도 같이 먹어야 하는 고기다.

행복한 저녁 밥상을 장식하는 제주 돼지고기

서귀포 중앙로에서 언덕을 따라 내려가면 바다가 보인다. 서귀포항과 가까워질수록 거리에는 모텔과 호텔이 가득하다. 서귀포항과 마주한 새섬에서 이름을 따온 '새섬갈비'는 모텔촌 근처에 있다. 넓은 가든형 식당에는 사람들로 가득하다. 족히 수백 명은 넘을 사람들 가운데 홀로 앉아 돼지갈비를 시켰다. 혼자 먹는 밥상에 익숙하지만 군중 속에서 먹는 갈비는 여전히 어색하다.

갈비 1인분을 시키면 양념갈비 한 대와 양념목살 두 점이 나온다. 질 좋고 탄력 있는 제주 돼지, 간이 잘 밴 양념, 저렴한 가격, 푸짐한 양, 특별하진 않지만 부족한 것도 없는 식당이다. 식당 안의 사람들은 행복한 저녁을 보내고 있었다. 새섬갈비 말고도 서귀포에는 맛있고 저렴한 돼지갈비 식당이 넘쳐난다. 제주에 사는 행복 중 하나가 전국에서 가장 안전하고 맛있는 돼지고기를 먹을 수 있다는 것이 아닐까.

말고기에 대한 편견을 깨다

말은 제주의 상징이다. 조랑말을 이용한 경마장도 있다. 말이 있으면 말고기가 있는 것은 당연하다. 그러나 제주 사람들조차 말고기를 냄새나고 질긴 고기로 인식해왔다. 말고기 문화는 대한민국의 육식 문화에서 가장 마이너에 속한다. 육식 문화가 우리보다 한참 떨어지는 일본에는 이자카야 어디를 가도 말고기회인 마파부시馬刺し를 판다. 붉은 살코기에 흰 마블링이 낀 모습이 벚꽃을 닮았다 하여 사쿠라니쿠桜肉라고도 부른다. 부드러운 맛은 일본인이 즐겨 먹는 참치회를 닮았다. 생선회는 자주 먹어도 육고기회는 잘 안 먹는다는 일본인이 즐겨 먹는 마파부시는 붉은색이 도는 참치 아카미 같은 맛이 난다. 부드럽고 은근한 감칠맛이 술안주로 제격이다.

일본인이 제주의 주요 관광객일 때 제주 말고기는 제법 팔렸다. 그러나 최근 제주의 주요 관광객이 된 중국인은 물고기건 육고기건 음식을 날로 먹는 것을 싫어한다. 제주의 말고기 문화는 이래저래 각광을 받지 못하고 있다. 과연 말고기는 냉대받을 만큼 맛이 없을까? 질기고 냄새가 날까? 말고기를 제대로 먹고 싶어졌다.

제주시에 있는 '제유몰가든'은 도축장에서 소개받은 집이다. 제주의 조랑말을 가장 많이 도축해 파는 집이다. 직접 말 농장을 운영한다. 말고기를 먹는 방법은 소처럼 다양하다. 하지만 말고기는 회로 먹는 것이 고기맛을 제대로 느낄 수 있는 방법이다.

일식 주방장 출신의 조리사가 날렵한 솜씨로 말고기 모둠회를 썰어낸다. 둥근 접시에 붉은 살꽃이 피었다. 둘둘 말린 아롱사태, 길쭉하게 잘린 다릿살, 넓찍하고 얇게 썬 안창살에 얇게 저민 차돌까지 부위도 다양하고 써는 법도 다양하다. 360kg이 넘는 조랑말 한 마리에 달랑 2~3kg만 나온다는 안창살은 부드럽다. 말은 대개 360kg짜리를 도축하는데 60% 정도가 지육枝肉으로 나온다. 매끈한 식감 뒤로 단맛이 난다. 쇠고기 육회보다 부드럽고 맛있다. 감칠맛이 나는 부드러운 다릿살과 씹히는 맛이 일품인 아롱사태, 갈기 쪽 근육인 차돌은 쫄깃하고 기름지다. 육회로 가장 많이 사용되는 다릿살은 뒷다리를 주로 사용한다. 앞다리는 근육이 많아 거의 사용하지 않는다. 말의 목은 소와 돼지에 비해 길다. 그 목에서 얻는 고기를 양짓살이라 부른다. 소의 양짓살이 뱃살인 것과는 다르다. 양짓살과 채끝 등심살을 불판에 구워 먹는다. 살점 끝에 붙은 두툼한 비계 부분은 두부처럼 부드럽다.

살코기는 쇠고기와 크게 다르지 않다. 부드럽고 고소하다. 제주에서 맛본 제주 말고기는 기대 이상이었다. 절대적인 기준에서 맛있다.

제주의 말고기는 세 가지로 나뉜다. 제주에서 나는 제주산마토종 조랑말와 제주마한라마 그리고 수입마더러브렛, Thoroughbred가 있다. 소로 비

쇠고기 육회보다 부드럽고 감칠맛 나는 제주 말고기는 기대 이상이었다.

교하자면 제주산마는 한우, 제주마는 육우, 수입마는 수입산 쇠고기로 보면 된다. 토종 조랑말은 15% 이내, 한라마는 80% 정도, 더러브렛은 10% 정도를 차지한다. 부위는 크게 목심·등심·채끝·안심·앞다리·갈비·양지·넓적다리·설도·사태로 나뉜다. 열 가지로 크게 나눈 부위는 다시 23개의 소분할로 나뉜다. 내가 먹은 것은 토종 조랑말이다. 다른 것과 직접 비교는 못했지만 토종 조랑말의 맛은 부드럽다.

제주의 말은 대개 경주마로 키워진다. 경기에 출전한 후 3~4년이 지나면 은퇴를 한다. 하지만 정작 경주에 나가는 말은 5% 정도에 지나지 않는다. 나머지는 경기에 나가지 못하는 경주마로 살다가 도축된다. 기준 키에 오버된 말이나 경주능력이 떨어진 말이다. 이런 말과 개별적으로 키운 말을 사서 10개월에서 1년 정도 비육을 시킨 후 도축한 것들이 말고기가 된다. 수놈〉거세〉암말 순으로 맛이 좋다.

제주도에서 말을 비육하기 시작한 것은 10년 정도로 짧다. 비육하지 않은 말은 근육량이 많아 고기가 질기다. 특히 풀을 먹고 자란 말은 수분이 많고 냄새가 난다. 비육용 말은 건초를 먹고 자란다. 몸에 마블링이 생기고 수분 대신 감칠맛이 생긴다. 소와 돼지의 비육에 사용된 기술이 말에도 적용된 것이다. 말도 마블링의 정도에 따라서 1$^+$등급, 1등급, 2등급으로 나뉜다. 마블링이 좋고 살이 연한 1$^+$등급의 고기는 한라마에서는 20% 정도밖에 안 나온다. 토종 조랑말은 마블링 발현율이 좋다.

말기름은 불포화지방이 많이 포함되어 있어 오랫동안 약재로 쓰였다. 말고기를 먹어온 역사는 꽤 오래됐지만 지금처럼 회와 구이로 먹는 문화는 최근에 생겼다. 1395년 7월 1일자 『조선왕조실록』에는 "제주의 풍속은 매년 섣달에 암말을 잡아서 포를 만들어 토산물로 바쳤다"는 기록이 있다. 말은 중요한 군용품이자 강력한 이동 수단이었고 중국에 보내는 가장 귀한 선물이었다. 제주에서 말은 소와 함께 중요한 '농기구'였다. 말고기는 이런 이유로 조선 시대부터 금기의 대상이 되었다. 그러나 자연사한 말이나 사고로 죽은 말을 먹었던 것은 너무나 당연했다. 제주에서 말고기는 육회로도 먹었지만 주로 국이나 탕으로 먹었다. 내장은 '검은 지름'이라 불렀는데 삶아서 먹었다. 생으로 먹는 말의 "간과 삶은 검은 지름이 먹고 싶어서 말을 훔친다"는 옛이야기도 전해진다.

최근 제주에는 50개의 말고기 전문식당이 들어설 정도로 인기를 얻고 있다. 2010년부터 2012년까지 도축된 말은 1년에 780마리 정도를 꾸준히 유지하고 있다. 여전히 말고기에 대한 부정적인 인식은 강하지만 한 번 먹어본 사람은 그것이 말고기 먹는 것을 방지하기 위해 일부러 만들어낸 말임을 금방 알 수 있다. 몽골과 중국, 일본에서는 우리나라처럼 말고기를 즐겨 먹지 않았다. 아시아인이 말고기를 좋아하지 않은 이유는 말은 고기로 먹기보다는 쓰일 곳이 많았기 때문이다. 하지만 유럽은 말고기를 즐긴다. 프랑스, 이탈리아 같은 미식의 나라에서는 말고기는 자주 먹는 고기 중의 하나다.

피란민들로 들썩인 동문시장의 육지형 순대

순대는 대한민국 시장의 필수 메뉴다. 저렴하고 손쉽게 먹을 수 있는 간편식이자 단백질 보충원이고 술 한잔 하기에 제격인 안주다. 제주를 대표하는 재래시장인 동문시장에는 전국적으로 유명한 순댓국집이 몇 군데 있다. '광명순대'는 외지인과 현지인에게 모두 사랑받는 순댓국집이다. 찹쌀로 만든 순대가 이 집의 간판 음식이다. 창도름막창순대도 메뉴에 적혀 있지만 팔지는 않는다. 순댓국 한 그릇을 시키면 뚝배기 한 그릇에 간이 밴 온갖 내장과 찹쌀 순대 몇 점이 넘칠 듯 담겨 나온다. 부드러운 껍질 속에 선지·찹쌀·야채·당면이 적당히 들어간 순대와 내장이 얼큰한 국물과 잘 어울린다.

현재 주인 진순복 씨는 해방 후 일본에서 제주도에 정착한 시어머니에게 가게를 물려받았다. 그 세월이 벌써 40년이다. 인터뷰 내내 진순복 씨는 자신의 일에 대해 열정적인 목소리로 이야기한다. 뒤를 이어받은 아들은 식당 한쪽에서 묵묵히 고기를 다듬는다.

광명순대는 제주의 전통 순대와는 다른 육지형 순대를 만든다. 제주에는 1945년 해방 이후 군인이 상주하기 시작했다. 한국전쟁을 거치면서 군인과 피란민이 몰려들었다. 피란민은 주로 호남 사람들이었다. 게다가 1970년대 초반 호남의 대기근 때 또 한차례 2만 명의 육지 사람이 몰려들었고 초등학교가 두 군데 새로 생겼다.

육지 사람들은 재래시장에서 장사로 생계를 이어갔다. 동문시장의 80%가 호남 사람이었다. 이들뿐만이 아니었다. 전라도에서 제주도의 소나 돼지, 말을 사러 오는 사람도 많았다. 시장은 번성했고 광명순대도 덩달아 들썩거렸다. 지금은 사라졌지만 당시에는 옛날 가마솥에 보리쌀과 좁쌀을 섞어 지은 누룽지를 말려 순대 속에 넣어 판 적도 있었다고 한다. 광명식당은 육지형 순대와 국밥으로 유명해진 식당이다. 자체적으로 순대를 만들고 내장을 다듬는 순대 전문점이 거의 사라진 상황에서 광명식당의 순대와 내장은 토박이들에게도 소중한 공간이다.

현지인이 주로 이용하는 광명순대 옆의 '또와식당'은 외관과 실내

아래 왼쪽은 육지형 순대로 유명한 '광명식당',
오른쪽은 '또와식당'의 순댓국밥.
순대는 평범한 사람들의 속을 채워주는 실용의 음식이다.

가 소박하고 음식도 투박해 여느 순댓국집의 모습과 별반 다르지 않다. 순대는 평범한 사람들의 속을 채워주는 실용의 음식이다. 늦은 오후 때를 놓쳐 허기진 사내들 몇이 거친 순댓국으로 속을 채우고 술 몇 잔으로 취기를 담는다. 오후가 빠르게 흐른다.

보성시장의 소창 순대와 서문시장 순대공장들

동문시장에서 길을 따라 20여 분 걸었다. 작은 상가 건물 안에 들어선 보성시장의 1층은 온통 순댓집뿐이다. 미로 같은 작은 골목마다 소창으로 만든 갈색의 순대가 저녁이면 밀려들 사람들을 위해 대기하고 있다.

한가한 시간인데 손님이 들어찬 순댓집이 두 군데 있다. 나이든 현지인에게 열렬한 지지를 받고 있는 '현경식당'과 허영만의 『식객』에 등장하면서 젊은이들이 부쩍 늘어난 '감초식당'이다. 감초식당과 현경식당의 순대 맛은 시장 안의 다른 순댓집과 크게 다르지 않다. 소창에 당면·멥쌀·선지가 파가 중심이 된 야채와 한 몸처럼 섞여 있다. 제주식 시장 순대의 공통 소스인 고춧가루 넣은 새우젓과 돼지 국물에 얼갈이배추를 넣은 배춧국이 나오는 것도 비슷하다.

제주의 서문시장은 관광객이 거의 이용하지 않는 작은 시장이다. 이곳에는 제주 전역 식당에 순대를 공급하는 소형 순대 제조업체가 몇 군데 있다. 제주에서 가장 오래된 순댓집인 '할머니순대집'은 일제강점기부터 영업을 한 곳이다. 길 앞쪽에는 그다음으로 역사가 오래된 '할머니몽실순대'가 있다. 순대를 사갈 수는 있지만 앉아서 먹을 수 있는 공간은 없는 것이 아쉬웠다.

할머니몽실순대의 순대는 선지·멥쌀·양배추와 함께 당면을 넣는다. 방금 만들어낸 것임을 감안하더라도 할머니몽실순대의 내장과 순대는 냄새가 없고 오히려 기품이 느껴진다. 할머니몽실순대의 여동생은 용진교 부근에서 이 순대와 내장을 파는 '하나로국밥'을 운영한다. 서문시장식 순대를 맛볼 수 있는 공간이다.

제주의 순대는 다양하고 맛의 편차도 상당하다. 잔칫날 음식과 외식 순대는 좀 다르다. 수애는 전통 방식의 순대이자 잔칫날 먹던 음식이었다. 육지형 순대를 중심으로 한 외식의 순대와는 근본이 다른 탓에 맛과 모양, 기능이 다르다.

제주를 떠나며

제주를 떠나는 날 모슬포항에서 해물로 식사를 했다. 겨울이면 모슬포항은 방어로 흥청거린다. 배와 식당은 몰려드는 사람들로 쉴 틈이 없다. 바람 많기로 유명한 제주에서도 가장 거센 바람과 파도로 유명한 모슬포항에 가보면 정작 거리에서 사람을 만나기는 어렵다.

그러나 유명한 식당에 들어서면 사정은 완전히 달라진다. 각종 자연산 어물 찜과 회로 현지인에게 인기를 얻고 있는 '부두식당'에 들어서면 도떼기시장이 따로 없다. 부두식당은 생선찜으로 명성이 자자하지만 겨울에는 방어회를 찾는 사람이 많다. 기름기 때문에 부드러운 회의 대명사가 된 방어는 외지인이 많이 먹고, 방어보다 기름기가 적고 참치 맛이 나는 부시리는 토박이들이 즐겨 찾는다.

방어는 4kg 이상이 되어야 제맛이 나는 대방어로 취급한다. 그러나 부위별 맛과 기름기를 제대로 느끼려면 10kg이 넘는 특대방어라야 한다. 가격은 비싸지만 부드럽고 깊은 맛은 졸깃한 생선회를 즐기는 한국인에게는 특별한 미각 체험을 할 수 있는 기회다. 제주도 북쪽 바다의 생선과 남쪽 바다의 생선은 맛과 질에서 상당한 차이가 난다. 거센 해류가 흐르는 남쪽 바다의 생선은 살이 맛있고 감칠맛이 난다. 모슬포항은 그 중심지다.

부두식당에서 수협 공판장 방향으로 걷다보면 '만선식당'이 나온다. 한때 서울에서 유행했던 제주도 산고등어회의 본고장이다. 살아 있는 고등어라도 같은 고등어가 아니다. 겨울 모슬포 주변에서 잡은 고등어를 수족관이 아닌 바다 가두리에 가둬놓고 하루나 이틀 전에 수족관으로 옮겨온 것만을 사용한다. 수족관에 이틀 이상 머문 고등어는 몸에서 기름지고 졸깃한 맛이 적게 난다. 좁은 공간에서 스트레스를 받기 때문이다. 서울에서 맛보는 고등어회와 이곳에서 먹는 고등어회는 같은 생선이라고 할 수 없다. 기름기와 깊은 맛의 정도가 하늘과 땅만큼 다르다.

오랜만에 생선회를 먹고 한림 재래시장을 찾았다. 한림 토박이들은 시장의 작은 족발 가게에서 아강발을 사다 즐겨 먹는다. 돼지발의 맨 끝부분을 육지에서는 아기돼지족발, 새끼족발이라 부르지만 제주에서는 아강발이라 부른다. 제주에서의 마지막 음식은 살코기는 없이 껍질만 붙은 작은 아강발이었다. 썩어도 준치인 것처럼 작아도 제주 돼지답게 3,000원짜리 아강발의 껍질은 졸깃하고 경쾌하게 씹힌다. 직접 삶은 것이다. 작은 가게에 사람들이 제법 들락거린다. 같은 음식이라도 이름에 따라, 재료에 따라, 공간에 따라 음식 맛이 다르다.

소를 먹는
아홉 가지 방법

"셰프가 음식의 전 과정을 완벽하게
통제할 수 있는 식당. 재료를 구입하는
것에서부터 요리에 서비스 접대까지
자신이 할 수 있는 범위 내에서 자신이
가장 잘할 수 있는 요리를 만들어내는 식당.
거기에 손님과의 교감이 더해진 곳.
이런 곳이 완벽한 식당이다."

우설, 기분 좋은 식감의 음식

과음한 다음 날 일요일 내내 집에서 빈둥거리다 저녁 8시경 박찬일 셰프에게 문자를 받았다.

"한 시간 뒤면 청량리역에 도착하는데 잠깐 보죠."

경춘선과 영동선의 출발역이자 종착역인 청량리역은 몇 년 전에 현대화됐지만 뒷골목은 여전히 거친 느낌이다. 영주가 고향인 박 셰프와 9시경 깔끔한 청량리역을 나와 뒷골목으로 들어선다. 어두운 뒷골목 한쪽에서는 '588홍등가'가 화사한 분홍색 등을 밝히고 여전히 영업 중이다.

홍등가 입구에 수육으로 유명한 '청량리옥'이 있다. 주소가 청량리동 588번지다. '해장국·설농탕·청량리옥'이라는 네온사인 간판이 번쩍거린다. 1960년대 유행하던 박스형 낡은 건물 1층에 자리한 청량리옥은 24시간 영업을 한다. 40년이 넘은 노포老鋪다. 일요일 늦은 시간이지만 등산복 차림의 중년 남녀 10여 명이 와자하게 떠들며 소주와 수육을 즐기고 있다. 오래된 의자에 자리를 잡고 혀 밑 수육 한 접시를 시켰다. 이 집은 해장국과 설렁탕이 간판 메뉴지만 지라, 머릿고기, 혀 밑 수육으로 더 유명하다. 이름은 혀 밑이지만 소의 혀와 혀 밑 부위가 골고루 섞여 나온다. 양은으로 감싼 나무탁자에서는 SF영화의 메탈감이 느껴진다. 그 위에 놓인 우설牛舌 수육은 그로테스크한 분위기를 연출한다.

얇게 썬 우설 수육은 질감의 음식이다. 혀의 뿌리 쪽은 두껍지만 부드럽다. 안쪽 부위는 주로 구워 먹고 앞 부위나 밑 부위는 수육이나 탕으로 먹는다. 콜라겐 함량은 높지만 결착력이 낮아 살캉살캉 씹힌다. 잘 삶아진 수육은 고소하면서 부드럽고 담담하다. 소주 안주

청량리역 홍등가 입구에
수육으로 유명한
'청량리옥'은 40년이 넘은
노포다.

로 이만한 음식이 없다. 옆자리 사람들이 떠나고 새로운 손님이 오
가는 사이 소주 몇 병과 수육 두 접시를 비웠다. 고향과 고향의 음식,
가족 이야기 같은 일상의 일과 추억의 이야기들이 오가는 사이 시간
은 훌쩍 지나버렸다. 설렁탕 4인분을 포장한 박 셰프와 헤어져 집으
로 돌아오는 길에 다시 문자가 왔다.

　"나, 포장한 설렁탕 청량리옥에 두고 왔어."

　우설은 추억하고 싶은 친구의 맛이다.

단단한 껍질 속 부드러운 감칠맛

우설은 강력한 힘을 지녔다. 옛날에 변비 걸린 사람들이 소에게 밑을 핥게 하다가 고환이 날아간 경우도 있었다. 단단한 껍질과 부드러움을 동시에 지닌 우설은 무섭고 강렬한 최강의 부위다. 그런데 오래전부터 귀한 부위였던 우설 요리 문화는 현대에 와서는 그다지 화려하게 꽃피우지 못했다.

1970년대 강남이 본격적으로 개발되기 전, 상계동 일대는 벌판이 많아 겨울에는 스케이트장으로 이용되었다. 장위동은 강북에서도 북쪽 끝의 중심지였다. 어린 시절, 버스 타기를 좋아했던 나는 32번 버스를 타고 장위동 종점까지 가는 날이 많았다. 오랜만에 찾은 장위동은 크게 변하지 않았다. '진진'의 왕육성 셰프와 함께 장위동의 고기 명가 '태성집'에 갔다. 화교조리협회장을 지낸 중화요리 대가 왕육성 셰프는 청춘 시절 2년을 장위동에서 살았다.

돌곶이역에서 내려 태성집으로 가는 골목에는 오래된 집들과 구불구불한 골목들이 여전하다. 대로변 뒤 상가 2층 건물에 태성집이 있다. 태성 사골탕이라는 네온사인 간판이 정육점 같기도 하고 모텔 같기도 하다. 1층과 2층을 전부 사용할 정도로 태성집은 일대에서 유명한 고깃집이다. 1970~80년대 유행하던 타일 바닥과 하얀 내벽, 오래된 나무탁자들이 이 집의 역사를 말해준다. 이 집의 고기는 정평이 나 있다. 1980년대 초 창업주의 친구분이 고기 정형에 관계한 덕에 좋은 고기를 받아서 식당을 시작했다. 간판 메뉴는 안창살이다. 그러나 오늘 이 집을 찾은 이유는 우설구이 때문이다.

우설은 양도 적지만 한국인에게 구이로는 익숙지 않은 부위다. 대개는 수육으로 많이 먹는다. 고기 문화가 늦게 시작된 일본에서는

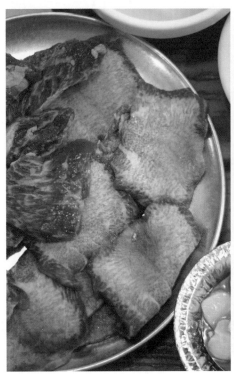

우설은 살짝 익혀야지 과하게 익히면 우설 특유의 졸깃한 식감은 이내 질겨진다.

우설구이인 규탄牛タン구이를 열렬히 사랑한다. 규는 소를 의미하고
탄은 혀를 의미하는 영어 'tongue'에서 따온 말이다. 일본 동북부 센
다이仙台에 주둔한 미군기지에서 흘러나온 우설을 먹으면서 시작된
문화다.

우설 180g 36,000원, 안창 180g 37,000원. 가격이 생각보다 비
싸다. 검붉은 숯불에 황동 석쇠가 올려 나오고 그 옆으로 붉은 우설
과 안창살 1인분이 나온다. 우설을 먼저 굽는다. 우설은 살짝만 익혀
먹어야 한다. 과하게 익히면 우설 특유의 졸깃한 식감은 이내 질겨

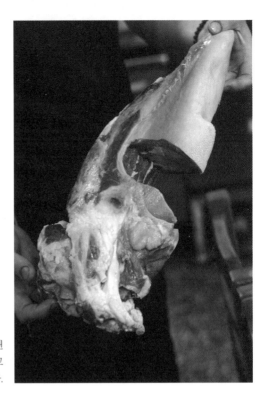

우설은 요철 모양으로 잘라낸
400g 정도만 구이로 먹고
나머지는 탕으로 먹는다.

진다. 앞을 익히고 난 후 뒤집어 앞을 익힌 시간의 반 정도 익혀 먹는
것이 생구이 고기를 먹는 기본 원칙이다.

우설을 씹는다. 우설 특유의 기분 좋은 식감이 감지되는 순간 부드
러운 질감 속에서 감칠맛과 지방이 만드는 부드러움이 동시에 느껴
진다. 우설 중에서 구이로 먹기 가장 좋은 입안 끝 쪽 부위이기 때문
이다. 주인이 우설을 들고 나온다. 우설과 우설을 받치고 있는 섯밑
이 함께 붙어 있다. 전체는 2.4kg 정도 되지만 우설은 1.2~1.5kg이
고 나머지는 우설을 받치고 있는 근육인 섯밑이다. 우설은 혀끝으로
오면서 질감이 강해지고 안으로 가면서 부드러워진다. 콜라겐 함량

은 높지만 결착력이 낮아 매우 연하다.

주인이 들고 나온 우설 덩어리 끝부분이 요철 모양으로 절단되어 있다. 우리가 먹은 우설을 잘라낸 부위다. 이 부위 400g 정도만을 구이용으로 판다. 나머지 우설과 섯밑은 탕에 사용된다. 구이에 사용되는 적은 부위를 생각하면 180g의 가격이 비싼 게 아니다. 88서울올림픽을 전후로 일본인은 한국에서 우설 다듬는 법과 구이법을 많이 배워갔다고 한다. 이 집에도 일본인이 자주 들락거렸다고 한다.

우설은 '쇠서'로도 부른다. 소 혀 밑바닥을 칭하는 단어는 섯밑, 혀밑, 쇠서받침, 혀뿌리, 혀 날이 있다. 섯밑은 『훈민정음 해례본』[1446]에 등장할 정도로 오래된 단어다. 1924년에 발간된 『조선무쌍신식요리제법』朝鮮無雙新式料理製法「쇠머리편육」에는 "쇠머리는 열두 가지 맛이 잇다 하고, 서혀는 연하고 구수하야 맛이 상등최고 좋고이요 (…) 섯밑술치 또한 조코"라는 구절이 나온다. 왕육성 셰프는 중국 요리에 우설은 빠지지 않는 재료라고 한다. 한국은 주로 수육과 구이로 먹지만 중식에서는 주로 튀겨 먹는다. 우설은 삶아서 벗겨야만 하는 단단한 껍질이 있는데 그 속에 부드러운 고기를 간직하고 있다. 우설보다 더 부드러운 안창을 먹는다. 마블링이 가득한 기름 맛의 하얀 고기와는 비교할 수 없는 감칠맛이 깊게 우러난다.

중화요리 대가와 우설과 안창살을 먹었다. 음식에 대한 이야기들이 소금처럼 간을 맞춘다. 선배와 먹은 우설은 때 묻은 중년의 인생 속에 감춰진 소년 시절의 감성 같은 맛이 났다.

친근하고 다양한 소머리국밥

하얀 창호지가닥이 면옥麵屋의 기표旗標였다면 소머리는 국밥집의 상징이었다. 설렁탕집이건 국밥집이건 소머리를 내다 걸었다. 세종·문종·세조 등 세 왕 시대에 걸쳐 의관醫官을 지낸 전순의全循義가 지은 현존하는 가장 오래된 조리서인 『산가요록』山家要錄, 1459년경에는 '팽우두'烹牛頭, 즉 소머리 삶는 조리법이 나온다.

> 앵두 잎을 소 입안에 채우거나 또 찧어서 소머리에 바르면 쉽게 익는다. 또 쪄도 쉽게 익으니 말할 수 없이 좋다.

설렁탕과 곰탕과 소머리국밥은 19세기까지만 해도 거의 같은 음식이었다. 시간이 지나면서 설렁탕과 곰탕이 분리되더니 어느 날부터 소머리국밥이 등장했다. 설렁탕은 소의 가죽을 제외한 온갖 부위를 모두 넣고 끓여 먹는 일종의 쇠고기 잡탕이다.

소머리국밥의 브랜드를 선점한 곳은 곤지암이다. 중부고속도로는 물론 영동고속도로를 이용할 때 대개 곤지암을 지나가기 때문에 서울 사람치고 곤지암을 모르는 사람은 없다. 자가용을 타고 수백 번은 더 들락거린 곤지암을 대중교통을 타고 가는 것은 쉽지 않다. 강남역에서 500-1번이나 500-2번 좌석버스가 곤지암으로 간다. 버스를 타고 한 시간 반이 넘어서 곤지암 소머리국밥 마을 입구에 도착한다. 버스정류장 앞에 '배연정소머리국밥'이 있다. 온 길을 거슬러 5분을 걸으면 곤지암천변 앞 사거리에 '원조최미자소머리국밥'이 나온다. 길을 떠나거나 돌아오는 사람들은 차를 몰고 곤지암에서 소머리국밥 한 그릇으로 허기를 채운다.

오후 1시 30분, 때늦은 시간이지만 허기진 사람들이 몰고 온 차가 식당 앞에 가득하다. 입구에서 대기표를 나눠준다. 홀로 온 사람은 홀로 온 사람끼리 따로 모여 가족인 양 친구인 양 따로 또 같이 밥을 먹는다. 비슷한 연배 아저씨와 합석하고 자리에 앉아 소머리국밥 한 그릇을 시킨다. 오픈된 커다란 주방에서는 조리사들이 분주하게 움직인다. 꽤 넓은 가게 벽에는 유명 인사의 사진이 병풍처럼 빼곡하다. 주문하자마자 소머리국밥이 나온다. 기름기를 완전히 걷어내지 않아 바디감이 제법 느껴지는 국물이지만 부담스럽지 않다. 육향이 달콤하게 올라온다. 부드러운 머릿고기와 쫄깃한 우설이 머릿고기의 다양함을 보여준다. 한 그릇을 뚝딱 먹고 자리를 비운다. 입구에는 여전히 사람이 많다.

이 집의 영업시간은 아침 6시부터 저녁 8시 30분까지다. 1981년부터 포장마차로 영업을 시작한 후 그 인기는 지금까지 꺾인 적이 없다. 혐오스런 소머리 모양 때문에 서울의 중심지에서 소머리를 내세운 음식이 자취를 감춘 것이 오히려 곤지암에는 득이 됐다. 소머리에 파·마늘·양파·후추·계피·감초·인삼을 넣어 지금의 구수한 소머리국밥을 개발하는 데 3년이 걸렸다.

1990년대 초까지만 해도 곤지암에는 두 집에서만 소머리국밥을 팔았지만 그 후 차량이 증가하면서 가게가 하나둘씩 늘어나기 시작했다. 곤지암 사거리에 있는 '구일가든'도 1992년에 영업을 시작했다. 구일가든 입구에는 '진짜 소머리국밥'이라는 간판이 붙어 있다. '원조' '태조' '시조'에 이은 '진짜'들의 전쟁이다. 구일가든은 확실히 원조최미자소머리국밥과는 다르다. 구수한 맛이 나는 하얗고 탁한 국물은 가볍다. 소의 머리 부위 살은 물론 혀와 혀 밑까지 포함하는 소머리국밥은 다양한 맛을 가진 음식이다. 뼈와 살코기의 콜라겐 같은 다양한 식감을 동시에 내는 소머리국밥은 친근하고 다양한 초

맛을 개발하는 데 3년이 걸린 소머리국밥은 곤지암의 대표 음식이다.

등학교 동창생 같은 맛이 난다.

인생의 고마운 친구 선지해장국

나는 선지가 무서웠다. 40년이 넘도록 살고 있는 서울의 안암동에서 선지를 처음 봤다. 초등학교 입학 전후의 기억이다. 양은과 나무로 만든 물지게같이 생긴 통이 열리면 붉은 선지가 모습을 드러냈다. 물컹거리는 붉은 액체는 공포 그 자체였다. 어머니는 그 선지로 해장국을 끓였다. 붉은색은 짙은 갈색으로 변해 있었다. 공포스러운 외관 때문에 선지해장국을 먹었던 적은 없다. 여름이면 안암동 동네 뒷산 지금 고려대학교 이공대와 고려대학교 안암병원 자리에서 개를 잡았다. 어린 내게 그 모습은 공포의 극한이었다. 기름기가 둥둥 떠다니는 닭고기 국물과 오돌토돌한 껍질이 있는 닭도 싫기는 마찬가지였다. 어린 시절 즐겨 먹던 해산물에 익숙해진 입맛에 이런 혐오가 더해져 나는 대학생이 되기 전까지 육고기를 거의 먹지 못했다.

식성은 술 때문에 바뀌게 되었다. 교회 선배를 따라 청계천 주변의 돼지곱창 집들을 들락거리다 술을 배웠다. 냄새 나는 곱창을 술 없이 먹기는 힘들었다. 술에 취한 날에는 대학 친구들과 자주 청진동 해장국 골목을 어울려 다녔다. 선지 맛인지 국물 맛인지는 모르지만 '청진옥'의 선지해장국은 맛있었다. 밤늦게 해장국을 먹으러 갔다가 아침 버스가 다닐 때까지 술을 먹은 난장의 추억도 몇 번 있었다. 그때쯤 무서운 선지는 고마운 친구가 되었다. 맑은 국물, 보드라운 선지, 쫄깃한 양, 해장국이면서 동시에 술국인 청진옥의 해장국은 지금까지도 내가 가장 많이 먹은 음식에 속한다.

선지에 눈을 뜨자 새로운 것들이 보였다. 지금까지 살고 있는 보문시장 앞에는 40년이 훨씬 넘은 선지해장국집이 두 군데 있었다. 사회생활을 하면서 과음한 다음 날 보문시장 앞 선지해장국은 음식이 아니라 약이었다. 이름이 기억나지 않는 진짜 원조집은 1990년대 후반에 먼저 문을 닫았고 원조집 이후에 내 속을 든든하게 해장시켜 주던 '원조해장국'집도 2000년대 말에 사라졌다.

뚝배기에 담긴 탁한 국물에는 선지와 양이 수북하게 들어 있었다. 국물은 탁했지만 청진동 선지해장국과 비슷한 맑고 진한 고기맛이 났다. 해장국에 딸려 나오는 날계란을 뚝배기 모서리에 쳐서 깨뜨려

1937년에 개업하여 힐링의 음식으로 자리 잡은 청진옥의 선지해장국.

해장국 속에 넣고 파를 듬뿍 넣으면 이 집에서 먹는 나만의 선지해장국이 완성되었다. 개운하고 시원한 국물 덕에 후줄근한 선술집 모습의 가게 구조는 문제가 되지 않았다. 술이 늘면서 밤늦게 이 집 해장국에 술을 먹고 하루를 마감하는 날도 많아졌다. 보문시장 개천변이 정비되면서 이 집도 함께 사라졌다.

1930년대 나무꾼들의 음식

과음한 다음 날 집을 나서면 사라진 해장국집들이 헤어진 애인처럼 그리워진다. 서울의 개발 광풍은 오래된 것들에 대한 전쟁같이 진행되었다. 뉴타운을 건설하면서 그리운 것들이 비명 소리도 못 지르고 사라져갔다. 보문동 해장국이 없어질 때와 거의 비슷한 시기인

맑은 선짓국을 대표하는 청진옥의 선짓국은
양에서 나는 육수 덕에 깊은 단맛이 난다.

2008년 피맛골과 그 주변이 처참하게 밀려나고 맛집이 뿔뿔이 흩어졌다. 청진옥은 근처 대형 빌딩 1층에 자리 잡았다. 고마운 건 그때나 지금이나 맛이 변하지 않았다는 것이다.

1937년에 문을 연 후 솥의 불을 꺼트린 적이 없을 정도로 맛을 고수한다. 커다란 솥에서 끓여낸 육수에 소금을 넣고 간을 맞춘다. 맑은 선짓국을 대표하는 청진옥의 선짓국은 양에서 나는 육수 덕에 깊은 단맛도 난다. 선지는 물을 섞지 않고 막걸리로 발효시킨 찰선지를 사용한다. 사골국물에 이 찰선지를 넣고 나면 그다음은 양·우거지·콩나물 같은 해장을 위한 재료가 총출동한다. 맑고 개운한 국물과 잘 삶은 재료들이 뚝배기에 담겨 나온다. 청진동 선지해장국은 1930년대에는 주로 나무꾼들이 먹었다. 땔감을 연료로 쓰던 시절 청진동 주변에는 땔감시장이 있었다. 청진옥의 창업주 고 최동선 씨는 땔감시장 주변에 천막을 치고 해장국을 팔았다. 잠시 '평화관' 간판을 달았지만 한국전쟁 직후 청진옥으로 이름을 바꿨다. 지금의 자리로 옮겨오기 전 청진옥 덕에 주변에는 서너 개의 해장국 식당이 들어섰다.

선지는 피를 뜻하는 만주어 '셍지'에서 온 말이다. 선짓국은 우혈탕牛血湯으로 불렸다. 『시의전서』是議全書, 1877년 추정에는 선지에 젓국·파·생강을 넣어 찐 '선지물조치'가 나오고 『조선무쌍신식요리제법』에는 '선지전유어'란 독특한 요리와 함께 '선지피찌개'가 등장할 정도로 선지는 일제강점기까지만 해도 다양한 요리로 먹었다. "사람이 구차하면 지자之字를 가진 세 가지 식품, 즉 비지·선지·우거지가 값이 싸서 먹지만 이 세 가지를 업신여기지 말고 잘 만들기만 하면 음식같지 않지만 맛이 좋다"라고 했을 만큼 선지는 가격이 싼 식재료였다. 콩과 김장 찌끼와 소의 부산물로 만든 음식들은 지금까지도 살아남아 가장 한국적인 음식이 되었다. 365일 24시간, 청진옥의 꺼지지 않는 가마솥 덕에 그곳을 찾는 사람들은 슬픔을 위로받고 기쁨을 나누었다. 선지는 다시 몸속에서 피가 되었다. 선지해장국은 힐링의 음식이다.

양肝은 왕이 사랑한 최고의 내장 식재료

집에서 걸으면 10분 거리에 '개성옥'이 있다. 개성옥 주변으로 해장국으로 유명한 '어머니대성집'도 있어 한때 이곳을 자주 들락거렸다. 개성 출신의 부모를 둔 실향민 2세 최한경이라는 대학친구는 개성옥을 좋아했다. 실향민들은 고향의 음식을 찾아 떠돌아다닌다. 이 친구는 서울의 개성 관련 식당을 모르는 곳이 없다. 그 친구가 가장 좋아한 곳이 개성옥이다. 한옥을 개조한 식당은 정감이 간다. 난 한옥을 좋아한 어머니 덕에 거의 평생을 한옥에서 살았다. 학생 시절 아파트에 살기를 원했지만 어머니의 뜻을 꺾을 수 없었다. 그런데 나이가 들다보니 한옥이 좋아지고 편해졌다.

개성옥에 들어서면 오래되고 편안한 구들장과 나무탁자들이 가지런하다. 이름답게 개성 음식을 골고루 잘한다. 개성 명물인 편수와 개성조랭이떡국, 개성식 순대도 유명하지만 이 집의 갑은 역시 양무침이다. 양무침과 함께 이 집의 전채에 해당하는 오이소박이를 시킨다. 백김치처럼 담근 오이는 시원하고 개운하다. 담백하고 고급스러운 개성 음식의 특징을 고스란히 간직한 소우주다. 시원하고 시큼한 맛은 식욕을 자극한다. 저녁에는 밥보다 술을 좋아하는 나에게 식욕食慾은 주욕酒慾을 의미한다. 시원한 소주 한잔에 더 시원하고 아삭거리는 식감마저 좋은 오이소박이는 전채와 반주로서 프랑스의 와

인과 전채의 결합에 결코 뒤지지 않는다. 이어 나온 양무침은 잘 삶은 양에 후추나 소금 간만 살짝 했다. 하얀 양의 모습이 온전히 드러난다. 오이·대파·양파·풋고추·붉은 고추를 양과 같은 크기로 썰어서 깨를 넣어 살짝 무쳐 재료 맛에 충실한 음식이다. 양은 삶으면 적당한 탄력과 질감이 교차한다. 육고기지만 육고기 맛을 연상시키지 않는 담백한 맛이다. 평양냉면처럼 심심하고 깊은 맛이 난다.

씹으면 씹을수록 고소한 맛이 우러나는 양을 먹다 보면 왜 양이 조선 시대부터 왕가에서 가장 사랑받는 쇠고기 부위인지를 쉽게 알 수 있다. 「소 내장육을 이용한 음식에 관한 고찰」손정우, 2003이라는 논문을 보면 조선 시대 고문헌에 내장을 이용한 음식 중 양은 36종류가 등장해 최고의 내장 식재료로 쓰였음을 알 수 있다. 양은 많이 먹기도 했지만 오래전부터 먹던 부위였다. 『고려사』1451 「최안도」전에는 마계량馬系良이라는 사람이 우두牛肚, 양를 즐겨 먹은 탓에 "말이 소를 먹는다"라고 비웃었다는 기록이 있다. 『산가요록』에는 꿀이나 탁주를 넣고 삶은 '팽烹양'이나 솥 안에 참기름을 조금 넣고 쪄낸 양찜인 '증蒸양', 양으로 만든 식혜인 '양해醢' 등 양으로 만든 다양한 조리법이 등장한다.

오래전부터 가장 즐겨 먹었던 소의 내장 부위답게 양을 전문으로 하는 오래된 식당은 주변에 많다. 청계천 주변 다동에는 50년이 훌쩍 넘은 '부민옥'이 있다. 메뉴는 선술집 안주처럼 다양하지만 간판 메뉴는 양무침이다. 두툼하게 썰어 잘 삶은 양과 버섯, 양파 등이 무쳐져 나온다. 이 집의 양무침은 양이 가진 씹히는 질감을 부드러운 식감으로 바꾸어버린 질감의 변화를 보여준다. 양무침과 함께 나오는 선짓국은 단맛과 매운맛이 은근하게 난다. 술꾼들의 천국이 따로 없다. 친한 대학교 동기 중에 북한 실향민 출신이 많았다. 그들은 해산물은 거의 먹지 않고 육고기를 즐겨 먹었다.

평양 출신의 어머니와 함경남도 북청 출신 아버지를 둔 실향민 2세인 친구네 집은 꽤 잘살았다. 대학 1학년 때 가본 필동 친구네 집은 영화 세트장 같았다. 스무살의 대학 신입생, 5월, 노을 지는 늦은 오후, 잔디가 깔린 야외 정원, 친구의 멋진 어머니, 시원한 맥주, 차가운 소주, 숯불에 구워 먹는 돼지불고기의 맛을 잊기는 어려웠다.

바닷가 출신인 내가 해산물을 먹고 자란 것처럼 그들은 돼지고기와 쇠고기 내장을 먹어왔다. 부드럽게 쪄서 무쳐먹는 양은 오랫동안 먹어온 방식이지만 양구이도 포기하기 어려운 맛이다. 익으면 식감은 단단해지지만 양 특유의 조직감과 고소함은 더욱 강해지기 때문이다. 실향민 친구들은 1990년대 합정동과 홍대 앞에 둥지를 틀고 사업을 했다. 비교적 비싼 양구이를 마음 놓고 먹을 수 있었던 것은 순전히 그 친구들 덕분이었다.

합정역에서 상암동 방면으로 가는 대로변에 있는 '합정동원조황소곱창구이'집은 우리들의 단골집 중 하나였다. 양을 시키면 두툼한 특양양깃머리과 상대적으로 얇지만 고소한 맛이 일품인 양이 나왔다. 육고기 마니아 중에 양을 싫어하는 사람을 본 적이 없다. 고소한 감칠맛과 졸깃하면서도 결대로 씹히는 부드러움이 더해진 양은 고기 씹는 맛을 제대로 즐길 수 있는 음식이기 때문이다. 양은 고기 씹는 맛과 부드러움을 동시에 지닌 대위법對位法 같은 조화의 맛이다.

소구레는 고기에 대한 집념의 맛

현풍은 곰탕 마을이다. '원조현풍박소선할매곰탕' 덕에 유명해졌

'부민옥'의 양찜(왼쪽)과 양곰탕.
고기 씹는 맛과 부드러움을 동시에 지닌 양은 대위법 같은 조화의 맛이다.

지만 현풍은 작은 마을이다. 현풍할매곰탕을 먹고 주변을 어슬렁거리다 현풍백년도깨비시장을 만났다. 시장은 제법 규모를 갖추고 있다. 1918년에 개장한 시장의 역사도 살갑고 고맙다. 시장 주변으로 먹거리가 가득하다. 특히 소구레국밥이 눈에 띄게 많다. 보통 수구레라 부르는 소 껍질에 붙은 지방질을 여기서는 소구레라 부른다. 구레가 소가죽 가운데를 일컫는 말임을 감안하면 소 껍질 안쪽에 붙은 지방질을 지칭하는 말로 적합해 보인다. 소가죽 중에서 가장 얇은 뱃가죽 부분이 많이 쓰이는데 특히 수소의 고환 쪽이 가장 부드러운 것으로 알려져 있다.

현풍할매곰탕을 한 그릇 먹었지만 그냥 지나칠 수 없다. 30년이 넘은 이 시장의 터줏대감 격인 '신현대식당'은 베트남집으로 불린다. 베트남 신부가 한국인 시어머니와 가게를 지키고 있다. 국 한 그릇을 시킨다. 붉은 국물에 졸깃한 소구레가 가득 담겨 나온다. 소구레는 졸깃한 비계 같은 식감이 나지만 씹을 때마다 고소한 맛이 난다. 기름진 맛을 보완하기 위해 소뼈를 곤 육수에 파·고추·마늘 같은 매운 양념을 듬뿍 넣어 매콤하고 칼칼한 맛이 동시에 난다. 밥 한 그릇 곁들여도 좋고 소주 한잔 먹기에도 좋은 양수겸장兩手兼將의 음식이다. 경상도식 쇠고기 국밥을 기반으로 소박하고 투박한 식재료가 결합된 시장 국밥이다. 쇠고기에 대한 한국인의 집요한 탐색의 결과물이다.

눈물 나는 국밥 한 그릇

찰리 채플린은 무성영화 「황금광시대」The Gold Rush, 1925에서 자신의 구두를 풀어 삶아 먹는다. 이 장면은 한국에서 현실이 되었다. 서

소구레는
밥 한 그릇 곁들여도 좋고
소주 한잔 먹기에도 좋은
양수겸장의 국밥이다.

울역 앞이나 동대문시장 노점에서 군화용 가죽의 폐품을 쇠고기 식
용으로 팔았다는 기사가 있다.

미국 및 호주 등지에서 군화제조용으로 수입된 쇠가죽에 붙
어 있던 고기가 시중에 흘러나와 서울역 앞, 동대문시장 등 노점
상에서 튀김·볶음 등으로 시판되어온 사실이 밝혀졌다. 서울시
부정식품 단속반은 14일 하오 서울 종암동을 급습 군화제조용
수입 가죽에서 뜯어낸 고기를 압수하고 검찰에 고발했다. 또 단
속반은 이 고기가 족편 원료와 설렁탕 고기로도 쓰인다는 정보

에 따라 조사를 확대했다. 흔히 수구레라고 불리는 이 고기는 도살 과정이 기계화된 미국이나 호주 등지에서 고기가 많이 붙은 가죽을 황산·유산 등으로 화학 처리해 수출하기 때문에 개조차 먹지 않을 정도로 인체에 해로워 위장·간장·신경 계통에 큰 장애를 준다는 것이다. (…) 노점상들은 이 고기를 잘게 썰어 기름에 튀긴 뒤 600g을 5인분 정도로 나누어 50원꼴로 막걸리꾼들에게 술안주로 팔아왔다고 한다. 단속반에 의하면 우리나라에서 도살되는 소의 가죽엔 거의 살점이 붙어 있지 않으나 수구레는 우지 원료로 쓰이는 것으로 군화제조용 가죽에서 뜯어낸 고기가 시중에 식용으로 나돌기 시작한 것은 3~4년 전 군화용 피혁이 미군 등지에서 수입되면서부터라고 한다. 식품 단속반은 군화제조용 쇠가죽에서 뜯어낸 고기로 튀김 등을 만들어 파는 노점상이 시중에 약 100군데나 있고 이를 먹는 사람은 하루 거의 6,000명에 달할 것으로 보고 고기의 공급처를 색출키로 했다.

• 『경향신문』 1969년 7월 15일

물론 채플린의 영화처럼 옛날이야기지만 역설적으로 한국인의 고기에 대한 깊은 이해와 활용을 볼 수 있는 슬픈 역사의 한 대목이다. 소구레는 한국인의 고기에 대한 집념의 맛이다.

재료의 질과 맛의 질이 일치하는 곱창·대창·막창

교대역 주변에는 1980년대 중반에 형성된 교대 곱창거리가 있다. 교대 건너편 대로변은 저녁이면 강남의 한복판이라고는 믿기지 않을 곱창의 만찬이 펼쳐진다. 처음 보는 사람들은 호기심에, 술을 좀 먹는 사람들은 조건반사 때문에 이 집들을 지나치기 힘들다. 강남과 서초 주변에는 비싸고 맛있는 내장 전문점이 즐비하다.

강남의 내장 명가들은 좋은 곱창을 비싸게 판다. 내장은 재료의 질과 맛의 질이 일치하는 가장 극단적인 음식이다. 좋은 내장을 확보한 식당이 거의 모든 고급 손님들을 가져가는 냉정한 승자 독식의 구조가 이뤄지는 전쟁터다. 강북에는 오래전부터 명성이 자자한 '양미옥'이 버티고 있다. 강남에는 '오발탄' '곰바위' 같은 명가들이 있다. 서울에는 내장의 서열화가 극명하게 엇갈려 있지만 이것은 아직 전국적인 현상은 아니다.

부산은 주머니 가벼운 내장 마니아들의 숨겨진 성지다. 서울 사람들은 부산하면 회를 떠올린다. 하지만 거대도시 부산 사람들도 회만 먹고 살지는 않는다. 육고기도 즐겨 먹는다. 양념대창으로 유명한 '오두막집'은 기름진 내장의 끝을 보여준다. 부산 자갈치시장에는 갓 잡은 어물들이 펄떡인다. 시장에 기대어 사는 사람들을 위한 온갖 식당도 촘촘히 박혀 있다. 영도다리로 가는 길에는 곰장어 골목이 형성돼 있고 그 입구에는 고등어 정식집들도 있다. 고래고기를 파는 집도 제법 많다.

부산에는 육고기 내장을 파는 양곱창집도 많다. 어부와 상인을 대상으로 시작한 양곱창은 이제 자갈치시장을 대표하는 음식이 되었다. 자갈치시장의 양곱창집들은 수십 개의 작은 식당이 한 공간에 모여 있다. 커다란 가게가 몇 군데 있으니 그 안으로 수십 개의 작은 양곱창집이 들어선 셈이다. 1960년대부터 시작된 소 내장 전문점들은 대개 '양곱창'이라는 메뉴를 판다. 지금처럼 타운이 만들어진 것은 20년 전부터다. 양羊의 곱창이 아닌 소의 위인 양䑋과 곱창은 물론 대창 같은 내장을 모두 판다.

가장 오래된 '백화양곱창'에 들어서면 작은 가게들이 옹기종기 모여 있다. 스탠드바를 연상시키는 공간에 자리를 잡고 앉으면 주인 한 분이 손님 앞에서 주문을 받고 내장을 구워준다. 자신들이 감당할 수 있을 만큼의 손님만을 받고 그 손님들과 소통하면서 만들어내는 백화양곱창의 내장 요리들은 질이 좋고 저렴하다. 작은 테이블마다 독립된 주인이 운영하기에 재료와 요리 솜씨에 따라 테이블마다 맛이 조금씩 다르다. 연탄불에 구워내는 것도 자갈치시장 양곱창집의 공통된 특징이다. 내장을 다 먹은 뒤에는 밥을 볶아먹는 것이 이곳의 후식 문화다. 곰장어와 양곱창 같은 독특한 음식 문화 덕에 자갈치시장 아지매들과 그들이 키운 억센 부산 사나이들이 먹고 살아왔다.

백화양곱창 맨 끝에 위치한 '9번할머니집'에 오랜 친구와 함께 자리를 잡고 앉았다. 가게 안으로 들어서면 하나의 가게는 아주머니 한 분을 중심으로 빙 둘러 탁자가 놓여 있다. 사람들은 아주머니 주변에 모여 앉아 내장을 구워 먹고 술을 곁들인다. 주문을 하면 손님 탁자 뒤편에 놓인 아이스박스에서 쇠고기 내장을 꺼내 바로 불판에 올려 굽는다. 진하고 강한 쇠고기 내장 내음이 실내에 가득하고 사람들의 얼굴에는 술 때문에 붉은 자국이 남는다. 가격은 서울의 대형 양곱창 전문점과 비교할 수 없을 정도로 싸다. 밥도둑보다 위험한 술도둑들이 익어간다. 취기가 오르지 않고 이곳을 나오기는 불가능하다.

완벽한 식당이 있다면 나는 이곳을 주저 없이 꼽을 수 있다. 셰프가 음식의 전 과정을 완벽하게 통제할 수 있는 식당. 재료를 구입하

밥도둑보다 술도둑의 마음을 훔친 '9번할머니집'의 양곱창.

는 것에서부터 요리에 서비스 접대까지 자신이 할 수 있는 범위 내에서 자신이 가장 잘할 수 있는 요리를 만들어내는 식당. 거기에 손님과의 교감이 더해진 곳이 부산의 양곱창집이다. 재료가 곧 요리인 양곱창은 선비 같은 정직한 맛이 난다.

우족과 사골은 보양의 상징

짐승의 다리는 맛의 정점이었다. 곰발바닥이나 낙타발바닥은 한족과 만주족의 요리가 종합선물세트처럼 구성된 '만한전석'滿漢全席

에도 등장하는 최고급 연회요리다. 다리에는 살과 껍질이 동시에 존재한다. 젤라틴 성분으로 구성된 껍질은 졸깃하고 탄력 있다. 안에 붙어 있는 살코기도 다른 부위에 비해 나쁘게 말하면 질기고, 좋게 말하면 탄력 있다. 조리 솜씨에 따라 음식의 질이 확연하게 달라지는 탓에 제대로 하는 집이 별로 없다. '다리'하면 우리는 돼지족발을 연상하지만 소의 다리도 돼지족발과 크게 다르지 않다. 돼지족발이 정형상 살코기가 많이 붙어 있어 다양한 요리로 가능하지만 소의 다리는 살코기가 있는 부분까지 최대한 떼어낸 탓에 살코기가 거의 없다. 그나마 박薄한 껍데기 속 사골은 귀한 취급을 받아온 탓에 소다리를 이용한 전문 식당은 별로 없는 편이다. 우족은 도가니탕 전문점과의 경쟁에서도 밀려난 B급 음식이 되었지만 맛은 결코 뒤지지 않는다.

을지로 3가의 '문화옥'은 1952년부터 영업을 시작한 서울의 노포다. 1957년에 지금의 자리에 터를 잡았다. 문화옥은 묘한 식당이다. 설렁탕과 족탕을 파는 식당으로 맛과 간이 모두 세지 않다. 덤덤하고 순수한 맛으로 MSG와 고춧가루·마늘·설탕·후추같이 강한 것들이 득세한 탕의 세계에서 살아남았다. 독한 것들에 길들여진 혀는 문화옥의 하늘거리는 순수함에 익숙해지기 쉽지 않지만 가끔은 파란 하늘처럼 그리워지는 맛이다. 족탕은 하얗다. 졸깃한 껍질은 씹는 즐거움을 선사한다. 오랫동안 우족과 사골은 보양의 상징이었다. 문화옥의 우족에도 버섯·인삼·밤·대추 같은 보양식에 빠지지 않는 식재료가 들어간다. 그래서 우족은 삼계탕처럼 보양식으로 많이 먹는다. 쇠고기는 오래전부터 보양의 상징이었다. 상중喪中에는 왕도 육고기를 먹지 않았지만 몸이 아픈 경우에는 예외였다. 돌아가신 부

모 앞에서 고기 먹는 불효를 저지를 수 없다는 왕과 고기를 먹이고
자 했던 신하들의 논쟁은 『조선왕조실록』에 자주 등장한다.

족탕은 숙련된 장인의 깊고 세련된 맛

노인들에게 전철 요금이 무료가 되면서 천안과 온양온천역에는
노인들이 몰려들었다. 7월의 어느 날 시원한 전철을 타고 한 시간 반
정도를 달려 온양온천역에 내렸다. 역을 나서자 역 앞 광장에 노인
이 가득하다. 대한민국에서 가장 오래된 온천이 있는 곳답게 온양온
천역 주변에는 온천이 몰려 있다. 규모가 큰 온천인 신천탕 옆에는
'일신족탕'이 있다. 신천탕에서 온천욕을 마친 사람들은 일신족탕에
들러 족탕 한 그릇을 비우는 경우가 많다. 34년 전에 온양에서 처음
족탕을 시작한 이 식당은 최근에 공사를 해 실내가 깨끗하고 시원하
다. 대개의 손님이 노인분들이다.

메뉴는 도가니탕·꼬리곰탕·설렁탕·족안주 같은 보양식이다. 족
탕은 소의 다리 껍질과 도가니의 살 부분이 붙은 부위가 함께 나온
다. 손님이 보는 앞에서 족을 통째로 숭덩숭덩 잘라준다. 보드랍고 매
끄러운 껍질과 식초로 간을 한 시큼하고 가벼운 국물이 비교적 잘 어
울린다. 살이 붙은 도가니도 살짝 곁들여 있다. 족탕을 먹어보면 왜
이렇게 편안하고 매끄러운 식감을 내는 소 족탕이 대중적인 음식이
안 됐을까 하는 의문이 든다. 온양에는 족탕을 파는 집이 제법 있다.

온양에서 버스로 30분 거리에 있는 청양에는 일신족탕보다 오래
된 족탕의 명가가 있다. 청양시외버스터미널은 시외버스터미널이라
는 단어가 주는 오래된 풍경을 고스란히 간직하고 있다. 주변 풍경
과 활기찬 사람들의 모습 덕에 영화세트장 같은 고적한 분위기가 아

'한밭식당'의 족탕은
깊고 세련된 맛이 난다.

니라 영화 속으로 들어온 기분이 든다. 터미널 뒤편에 식당이 늘어
서 있다. 30년은 훌쩍 넘은 듯 인테리어가 오랜된 식당이지만 '한밭
식당'은 깨끗하고 기품이 있다.

오후 3시 50분, 넓은 홀에 홀로 앉아 족탕을 시킨다. 1978년 서울
에서 내려와 가게문을 연 후 오늘에 이르기까지 음식 맛은 여전히 변
함이 없다. 일신족탕처럼 통으로 끓인 소족이 나오지만 이곳에서는
따로 자르지 않는다. 기름기를 다 제거하지 않은 걸쭉한 국물은 진한
고기 국물을 선호하던 시대의 산물이다. 우족과 양지, 도가니가 들어
간 고깃국에 얼큰한 청양고추가 곁들여진다. 느끼함이 얼큰함과 만

나면서 국물은 순식간에 가벼워진다. 청양고추의 알싸한 힘이 느껴진다. 뜨거운 국물을 먹을 때 땀을 거의 흘리지 않는데도 국물의 매운맛 때문에 이마에 땀이 살짝 밴다. 족탕은 숙련된 장인이 만들어낸 깊고 세련된 맛이 난다.

꼬리곰탕은 인내의 맛이다

삼계탕·오공계탕지네탕·보신탕·사골탕·족탕·꼬리곰탕·도가니탕·우랑탕·흑염소탕·뱀탕 같은 음식은 여름철 보양식이다. 소의 다리·꼬리·도가니처럼 살코기·연골·뼈가 같이 있는 부위는 진하고 걸쭉한 국물을 만들 수 있는 천혜의 부위였다. 사람들은 이런 부위들을 푹 곤 음식을 보양식의 상징으로 생각했다. 여름에도 쉴 수 없는 시장 상인들에게 몸보신 음식은 선택이 아니라 필수였다.

남대문시장은 갈치·통닭·족발 같은 먹거리 골목이 즐비하고 사람도 많다. 시장 상인들을 대상으로 시작한 음식 장사는 국내 미식가와 해외 관광객까지 가세해 사람들이 넘쳐난다. '남대문시장=저렴한 음식'이라고 생각하면 대개는 맞지만 반드시 그렇지만은 않다. 남대문시장에서 가장 비싼 메뉴로 방치찜이 있다.

'은호식당'은 남대문의 평범한 식당처럼 보인다. 그러나 방치찜과 꼬리곰탕 덕에 비범한 식당이 되었다. 방치찜과 꼬리는 한국에서는 꼬리 부위로 정형된다. 엉덩이 골반인 방치는 그래서 꼬리반골이라 부른다. 순수한 꼬리는 꼬리 또는 알꼬리로 부른다. 방치 부위에 살코기가 전혀 없는 것은 아니지만 그리 많지는 않다. 찾는 사람이 별로 없어 은호식당에서도 하루 전에 주문해야 방치찜을 맛볼 수 있다.

방치찜은 둥그런 뼈 주위를 얇은 살코기가 둘러싸고 있어 제법 먹을 것이 있다. 살코기가 비교적 많아 탕을 끓이면 설렁탕과 곰탕 중간 정도의 밀도 있는 국물이 된다. 은호식당의 방치찜은 달달한 맛이 난다. 은호식당은 1930년부터 해장국이나 국밥을 노점에서 팔다가 가게를 얻고 나서 '평화옥'이라고 이름붙였다. 1970년대에는 '은성옥'으로 이름을 바꿨다. 당시 유행하기 시작한 꼬리곰탕이 인기를 얻으면서 유명해졌다. 1985년 남대문시장 가스폭발 사고 이후 다시 가게를 열면서 지금의 은호식당이라는 상호를 사용했다. 빙허각憑虛閣 이씨李氏가 쓴 『규합총서』閨閤叢書, 1809에는 '쇠꼬리찜'牛尾蒸方이 나온다.

살찐 쇠꼬리를 뿌리의 살째 무르게 삶아 잘게 찢어 쇠약가리잘고 짧은 갈비뼈 부분와 부아허파 삶은 것과 함께 기름장·후추·깨소금에 주물러 끓여 먹었다.

일제강점기에도 쇠꼬리찜과 비슷한 요리가 등장한다.

쇠꼬리를 살찐 걸로 서너 개를 삶아 털을 글고 서너 치씩 길게 잘으고 쇠 압족전족 두어깨를 삶아 털을 글고 쪼개여 조각을 내어 꼬리와 함께 솟테 너코 물을 붓고 은근히 끌어 반쯤 물으거든 장, 기름, 파 흰 것 썬것, 생강 다진 것, 호초가루, 깨소금 등을 모도 치고 다시 고아 뼈가 버서지게 물으거든 퍼서 먹습니다. 여긔다가 다시 무를 너코 한테 끌어 먹어도 조흡니다.
　•『동아일보』1931년 9월 30일

'은호식당'의 방치찜(왼쪽)과 수육.
방치찜은 둥그런 뼈 주위를 얇은 살코기가 둘러싸고 있어 제법 먹을 것이 있다.

꼬리곰탕을 힘의 상징처럼 여겼기에 특히 운동선수들이 즐겨 먹었다. 1955년 10월 18일자 『경향신문』에는 파리에 간 한국 유도 선수들에게 꼬리곰탕을 대접한 이야기가 나온다. 이후에도 꼬리곰탕은 운동선수들의 최고의 보양식으로 신문 지면을 장식한다. 1970년대에 접어들어 비교적 저렴하던 소뼈가 건강식품으로 인식되면서 수요가 급증하고 가격이 급등한다. 소의 다리뼈인 사골四骨은 설렁탕이나 곰탕의 재료로도 사용됐지만 이때를 계기로 고급 부위 음식으로 본격적으로 분화된다. 소의 네 다리를 의미하던 사골은 돈 깨나 있는 사람들의 건강 보양식이었다.

도가니탕·꼬리곰탕·족탕은 교질·콘드로이틴·하이알우로니테이스가 농후한 문자 그대로 정력을 생겨나게 하고生精, 골수를 보충해주고補髓, 근육을 강하게 하며强筋, 뼈를 굳세게健骨 하는 효력이 있을 성싶은 여름의 스태미너식이다.

• 『경향신문』 1974년 8월 7일

1970년대 이후 사골과 꼬리에 대한 수요가 폭증하자 1990년대 초반부터 꼬리곰탕을 시작으로 양곰탕, 사골국물을 통조림화한 제품이 미국과 아르헨티나에서 수입되기 시작한다. 그러나 2000년대 들어서면서 사골과 꼬리곰탕의 전성기는 한풀 꺾였다. 사실 뼈에서 나온 국물은 생각했던 만큼 영양분이 풍부한 것도 아니다. 하지만 여전히 사람들은 뼈와 뼈에 붙은 연골을 먹는다. 강하고 질긴 것들을 오랫동안 삶아내야 하는 꼬리곰탕과 수육의 맛은 강한 것을 부드러운 것으로 만들어 먹는 인내의 맛이다.

마당 깊은 집의 도가니와 스지

2000년대 중반 뉴타운이라는 광풍이 서울을 휩쓸었다. 옛것, 낡은 것, 좁은 것은 나쁜 것이었고 새롭고 번듯하고 높은 것은 좋은 것인 세상이었다. 서울의 수많은 골목과 추억과 공간이 광풍에 휩싸여 사라졌다. 거의 모든 가게가 사라지고 공사가 진행 중인 전쟁터 같은 돈의문 뉴타운 공사 현장에서 2014년 4월까지 자리를 지켰던

'대성집'은 걸어서 5분 거리에 새로 둥지를 틀었다. 1990년대 초 일본 방송 코디네이션 자격으로 이 집을 처음 찾았다. 도가니탕과 수육의 맛은 일본인들도 좋아했다. 그 뒤로 대성집은 내 단골 순례지가 되었다. 소주가 한없이 당기는 비 오는 날이나 끈적끈적한 고기 내음이 그리우면 친구건 후배건 직장 동료건 가리지 않고 불러내 이 집을 찾았다. 입구가 낮고 좁은 한옥이었지만 내부는 마당 깊은 집을 연상시킬 정도로 넓었다. 구불구불한 구조는 한옥 네 채를 연결한 탓이었다. 입구에는 도가니를 끓이는 가마솥이 세 개 있었다. 도가니뼈, 도가니살, 힘줄스지을 각각 장작불에 끓인다.

도가니는 소 뒷다리의 무릎과 무릎 사이의 연골과 주변을 둘러싼 도가니살을 지칭한다. 그렇기에 도가니는 살코기와 연골이 함께 붙어 있다. 살코기가 없는 하얀 연골만으로 이뤄진 것은 도가니가 아니라 주변에 있는 소의 힘줄인 '스지'すじ,筋다. 스지는 일본에서는 오뎅 집에서 주로 먹는다. 스지라는 단어는 1990년대 중반부터 한국의 신문기사에 등장했다. 우리말로는 힘줄, 힘줄고기, 쇠다리힘줄 또는 홀떼기라고 부른다. 『몽어유해』蒙語類解, 1768에는 힘줄이 심줄로 적혀 있다.

새로 옮긴 식당 구석에 자리를 잡고 도가니 수육 한 접시를 시킨다. 소의 연골과 약간의 살코기가 붙어 있는 도가니를 푹 삶아낸 도가니 수육은 졸깃하고 부드럽고 맑고 진한 이중삼중의 맛이 난다. 너무 끓여 물컹거리거나 모자라게 익혀 강한 식감이 나는 도가니나 힘줄과는 비교하기 힘들 정도로 적당한 선을 지키고 있는 살코기와 힘줄이 식감과 감칠맛을 교대로 뿜어낸다. 젤라틴은 입속에 달라붙어 기름칠을 한다. 생마늘을 고추장에 무쳐낸 알싸한 반찬을 먹거나

'대성집'의 도가니 수육.
살코기와 연골이 함께 붙어 있는 것은 도가니이고 연골만 있는 것은 스지다.

소주 한잔을 곁들이지 않으면 이내 느끼해진다. 젤라틴이 녹아든 도가니탕은 물성이 느껴진다.

일제강점기에 나무꾼, 물지게꾼, 팥죽 장수들이 국밥을 사먹던 작은 식당에서 출발한 창업주는 1968년부터 종업원으로 일하던 남원 출신의 이춘희 씨에게 1970년대 후반 가게를 넘긴다. 대성집의 명성과 규모는 지금 주인이 만든 것이다. 도가니탕이 본격적으로 대중 외식으로 자리 잡는 시기는 1970년대 중반부터다.

생도가니를 하루 세 번 삶아내기 때문에 도가니는 단맛이 날 정도로 신선하다. 걸쭉한 국물은 도가니로만 끓인 순수한 결과물이다. 도가니나 힘줄을 파는 집은 제법 있지만 대성집과 비교할 수 있는 집을 아직 찾아내지 못했다. 새로 자리를 옮긴 대성집을 찾았을 때 가장 반가웠던 것은 주방에서 풍기는 냄새에 변함이 없었던 것이다. 일하던 아주머니들도 그대로고 가격도 같다. 맛은 보나마나다.

30대의 젊은 미식가들도 이 집의 도가니수육에 빙그레 미소 짓는다. 투박하지만 맛있는 음식은 나이와 시대를 뛰어넘는 힘이 있다. 소의 무릎 관절인 도가니와 힘줄로 만든 이 집의 도가니탕과 수육은 인고한 것들만이 내는 깊고 순수한 맛이 난다.

고기에 대한
자신감의 결정체

"봄날의 붉은 황토 같은 선홍빛 육회에
초록의 미나리와 대파가
새순처럼 선명하게 피어난다.
아지랑이 피듯 참기름 냄새가 퍼져 나온다.
부드러운 고기에서 단맛이 배어 나온다.
맛있다는 말이 '달다'라는
뜻이 있음을 실감한다."

날로 먹는 쇠고기는 달콤한 맛이다

내장은 육고기의 종착역이다. 한국인은 내장도 날로 먹는다. 내장 요리가 발달한 유럽인도, 세계에서 가장 다양한 재료와 요리를 즐기는 중국인도 내장을 날것으로 먹지는 않는다. 사천 비행장을 자주 들락거리는 친구에게서 전화가 왔다.

"외국인을 몇 명 데리고 왔는데 진주 맛집 좀 소개해줘."

난 일초의 망설임도 없이 '천황식당'의 비빔밥을 추천했다. 그런데 다음 날 만난 친구의 표정이 좀 떨떠름하다. 외국인들이 천황식당 비빔밥 위에 올라간 쇠고기 육회를 보고 기겁했다는 것이다. 레비-스트로스 같은 문화학자는 먹는 것을 날것, 요리된 것, 썩은 것으로 분류했다. 그에 따르면 날것은 원시인이나 먹던 비문화적인 음식의 대표 격이었다.

원래 소의 살은 기름기보다 붉은 살코기가 더 많았다. 엉덩이와 그 주변의 살은 기름기가 없고 붉다. 숙성시키면 깊은 맛이 나고 갓 잡은 고기를 먹으면 부드럽고 달콤한 맛이 난다. 쇠고기를 날로 먹는 문화가 가장 발달한 곳은 대구로 육고기의 다양성에서 전국 최고를 자부한다.

한 올 한 올 세심하게 힘줄을 제거한 순수한 살코기

'장원식당'은 유명세에 비해 규모가 작다. 세 개의 테이블, 그와 비슷한 규모의 온돌방이 전부다. 여름이면 가게 앞으로 몇 개의 테이블이 야외에 놓인다. 예약 없이 이 집에서 고기를 먹을 수 있는 날은 운수 좋은 날이다. 좌석이 적은 탓에 제약도 많다. 혼자 오거나 여럿이라도 여자만 오면 입장할 수 없다. 상대적으로 술을 덜 마시는 까닭이다. 좁은 공간에서 장사를 하기 위한 궁여지책이다. 고기가 들어오지 않는 주말에는 문을 열지 않고 저녁 9시 30분이 지나면 고기가 남아 있어도 손님을 받지 않으며 심지어 카드 결제도 안 된다. 이런 쇠심줄 같은 주인의 고집이 이 작은 식당을 지켜오고 유명하게 만들었다. 세 개의 테이블 중에서 가장 안쪽 테이블에 앉아 대구에 사는 오랜 친구를 불러내 28,000원 하는 뭉티기 한 접시를 시켰다.

뭉티기가 나오기 전 선발대처럼 등골과 지라, 천엽과 생간이 김치와 나물들과 함께 나온다. 신선한 내장과 잘 버무린 반찬에 소주와 맥주를 몇 잔 곁들인다. 술꾼들에게 간단한 술과 고기 내장은 완벽한 전채 역할을 한다. 옆 테이블에 손님들이 자리를 잡자 작은 실내는 금세 소란해진다. 그 테이블과 맞붙은 작은 주방에서 주인 아주머니는 연신 고기를 다듬고 있다. 선홍색의 함박살에서 가느다랗고 질긴 힘줄을 제거하는 것이 가장 큰 일이다. 고기의 힘줄을 한 올 한 올 세심하게 제거해야 뭉텅뭉텅 썰어낸 순수한 살코기만의 맛을 느낄 수 있다. 중간에 뭔가 걸리면 쫄깃거리는 식감은 반감된다. 요리 같지도 않아 보이는 단순한 일이지만 뭉티기 집 중에서도 명가가 탄생하는 건 바로 좋은 고기를 골라내는 능력과 숙성 과정, 그리고 단순하고 지루한 힘줄 제거작업을 거치느냐에 따라 갈린다.

하얀 접시 위에 선홍색 뭉티기가 나온다. 그 옆으로 오늘날 대구 뭉티기를 만든 참기름에 마늘과 고춧가루를 섞어 만든 양념장이 방자처럼 딸려 나온다. 검붉은 고기 표면에 힘줄을 제거하느라 남은 잔 칼자국이 영광의 상처처럼 새겨져 있다. 기름기가 거의 없는 소 뒷다리 부분의 함박살이나 소뒷다리 안쪽 살인 처지갯살로 만드는

쇠심줄 같은 주인의 고집으로 맛을 지켜온 대구 '장원식당'의 뭉티기.
선홍색의 함박살에서 가느다랗고 질긴 힘줄을 제거하는 것이 가장 큰 일이다.

뭉티기는 소를 잡은 뒤 몇 시간 안에 받아와서 만든다. 검붉은 색은 시간이 지나면 점차 엷어지고 사후경직에 의해 조직이 단단해진다. 그래서 하루 정도 지난 것들은 양념을 한 뒤 육회로 만들어 판다. 육회는 양념생고기라고도 한다. 경상도에서는 갓 잡은 쇠고기를 생고기라 부르고 하루 이상 지난 고기를 양념과 함께 먹는 것을 육회라 부른다. 소는 사후경직 후 다시 경직이 풀리면서 단백질이 분해될 때 감칠맛이 나는 성분인 이노신산이 발생하면서 맛이 좋아진다. 보름 전후의 쇠고기가 가장 맛있다는 것이 최근의 연구인데 이런 감칠맛을 최대한 끌어내기 위해 요즘은 30일에서 최대 120일까지 숙성시키는 드라이에이징Dryaging 같은 건조 숙성법이 유행처럼 번지고 있다.

하지만 뭉티기는 사후경직이 이루어지기 전의 소를 먹는 것이다. 뭉티기살은 찹쌀떡처럼 졸깃해서 접시를 거꾸로 뒤집어도 떨어지지 않지만 씹으면 살캉거리며 살점이 잘 씹힌다. 양념장 없이 먹으면 식감만 살아 있는 고깃덩어리다. 양념장에 뭉티기 한 점을 떼어 찍어 먹어보면 고소한 참기름에 시원하고 단 마늘과 매운맛보다는 단맛이 더 나는 굵은 고춧가루가 더해져 씹을 때마다 약간의 단맛이 난다. 쓴 소주 맛을 다스리는데 이만한 안주가 없다. 소주에 고기 한 점 먹고 이 집의 명물 안주 무국을 한 모금 마시면 이 집이 왜 술꾼들의 안식처가 되었는지를 몸이 먼저 안다. 쇠고기와 파·콩나물·두부·무를 넣고 소금으로 간을 한 쇠고기 무국의 균형감도 좋은 편이다.

손님들은 이것을 '뭉티기'라 불렀다

뭉티기는 대구 사람들의 육고기에 대한 깊은 이해를 보여준다. 뭉

대구 '너구리식당'.
'뭉텅 썰어낸 고기'라는 뜻의
뭉티기는 대구에서 탄생했고
대구에서만 제대로 먹을 수 있다.

텅뭉텅 썰어낸 쇠고기 생고기를 말하는 뭉티기는 대구에서 탄생했고 여전히 대구에서만 제대로 먹을 수 있다. '너구리식당'이 원조이지만 최근에는 '백합구이' '왕거미식당' '장원식당' 등이 더 인기를 얻고 있다. 뭉티기집은 단순한 생고깃집이 아니다. 전주의 막걸리집처럼 생고기는 물론 다양한 음식을 먹을 수 있는 술집이다. 너구리식당은 향촌동에서 1950년대 후반에 시작했다. 처음부터 뭉티기를 팔지는 않았다. 구이나 술안주를 팔던 실비식당이었다. 1960년대 중반쯤에 손님의 권유로 생고기를 시작했다. 정육점을 돌면서 고기에 대한 이야기를 듣고 시행착오를 거듭한 끝에 소 뒷다리 안쪽 허벅지살인 처지갯살이 생고기로 가장 어울리는 부위임을 알아냈다. 처음에는 지금보다 두껍게 썰어냈다. 손님들은 이것을 보고 '뭉티기'뭉텅 썰어낸 고기라 불렀다. 여기에 참기름·마늘·빻은 고춧가루·조선간장을 섞어낸 소스가 만들어지면서 뭉티기가 완성되었다. 처지갯살은 맛이 좋고 반짝여 보기에도 좋지만 힘줄이 많아 손질을 많이 해야 하는 단점도 있다. 힘줄이 상대적으로 적은 함박살을 많이 쓰는 이유는 손질을 거의 안 해도 되기 때문이다.

쇠고기 육회를 먹는 법

1931년 5월 23일 『동아일보』 「쇠고기 회치는 법」에는 육회는 물론 소의 각종 부위를 회로 먹는 방법이 자세히 나와 있다.

우둔회牛臀膾

쇠고기 중 횟감으로는 우둔이 제일 달고 연합니다. 것껍질은 벳기고 얇게 저미는데·생쇠생철로 맨든 칼로 썰어야 고기가 참착부터서착 붙어서 잘 썰립니다. 물에 담근 쇠는 밋글어저서미끌어져서 잘 썰리지가 안습니다.

고기는 썰 때에는 속에 잇는 심줄도 말정히 골라내여 고기결을 가루 잘게 썰어 담어 그냥 먹거나 가진 양염장·깨·마늘·파·호초가루·기피가루을 하야 먹기도 합니다. 우둔 중에도 암소볼기가 더욱 조흡니다.

콩팟회牛臀膾

콩팟콩팥을 껍질 벳기는 길로 곳썰 때곧장 썰 때 심줄은 말끔 빼고말끔하게 빼내고 잘게 썰기도 하고 넙적하게 썰기도 합니다. 이것을 겨자에나 소금소금기름에 호초가루를 치고 버무려서 찍어 먹습니다. 이것을 넘우너무 과하게 먹으면 쇠똥내가 나기는 하나 고소한 맛으로는 내장 중에 제일입니다.

양회

소의 양은 고기 파는 데서 방망이로 두드려 크게 맨드러 팝니다.

양의 안팟안과 밖 껍질을 벳기고 (긴머리양깃머리는 껍질을 아니 벳기여도 무방합니다) 잘게 썰어 소금기름에 먹습니다.

양의 벌의 집봉와 蜂窩 하는 것을 굵게 썰어 먹기는 하나 이것은 이가 성하고 위가 실한 사람이 먹을 것으로 로인이나 아이는 생심도 말 것마음도 먹지 말 것입니다.

천엽회

• 천엽은 여러 번 정히 씨서야 똥내가 업서집니다. 만일 것허물이 밀려 버서지는 것밀려 벗어지는 것은 상한 것으로 횟감으로는 더욱 부적당합니다.

천엽을 잘게 썬 후에 헌겁형겊으로 싸고 단단이 짜서 그대로 먹거나 기름과 소금과 호초가루에 주물러 먹거나 합니다.

• 천엽을 여러 오리가늘고 긴 조각을 세는 단위를 맨들어 실백 한 개씩 싸서 도로루 말아서 고초장 혹은 소금에 찍어 먹습니다.

간회

간은 소의 여러 내장 중에 그중 연한 것입니다. 그중에도 겻간 방간 傍肝을 더운 김에 뜨거울 때 굵게 썰어 소금에 조금 찍어 입을 꼭 담고 먹으면 매우 고소합니다. 눈 어둔데 더욱이 아이들 밤눈 어둔데 조타고 합니다.

등꼴회脊髓膾

등꼴을 껍질 벳기고 썻지 말고 토막쳐서 짜귀거나 혹은 통으로 하야 식성대로 고초장이나 소금에 먹습니다.

육회로 전국적인 명성을 얻은 영천 편대장 육회

대구에서 기차로 30분을 가면 영천역이 나온다. 영천은 대구 약령시, 안동장과 더불어 경상도 3대 장으로 꼽힐 만큼 유명한 장이 서는 곳이었다. 영천의 우시장은 유명했다. 영천시장에는 곰탕골목이 형성되어 있다. 역에서 대로를 따라 20여 분 걸으면 영천시외버스터미널이 나온다. 터미널 뒤쪽으로 가면 오래된 건물에 현대식 '편대장 영화식당'이라는 간판이 약간은 어색하게 걸려 있다. 쇠고기 생고기를 양념과 버무려 내는 육회 하나로 전국적인 명성을 얻은 집이다. 입구에 들어서면 오른쪽으로 카운터와 고기 진열장이 있고 왼쪽으로는 생고기를 써는 간이주방이 있다. 두툼한 엉덩이살을 아주머니 한 분이 커다란 칼로 날렵하게 썰어낸다. 좁은 통로를 따라 작은 방이 빼곡하게 들어서 있다. 오후 2시 50분, 밥때가 아닌데도 방마다 사람들이 차 있다.

옆자리의 가족들은 육회 비빔밥을 시킨다. 나는 육회 한 접시를 시

영천 '편대장영화식당'.
맛있다는 말에 '달다'라는 뜻이 있음을 영천의 편대장 육회를 맛보면 느낄 수 있다.

켰다. 봄날의 붉은 황토 같은 선홍빛 육회에 초록의 미나리와 대파
가 새순처럼 선명하게 피어난다. 아름답고 우아하다. 접시에서 아지
랑이 피듯 참기름 냄새가 퍼져 나온다. 한 입 넣으면 부드러운 고기
에서 단맛이 깊게 배어 나온다. 참기름·깨·마늘·설탕이 만들어낸
깔끔한 단맛이다. 냉동처리를 안 한 고기는 차가움이 거의 느껴지지
않는다. 보통 육회에 많이 쓰이는 날계란도 고기 본연의 맛을 위해
넣지 않는다. 미나리는 향과 함께 시원함을 더해준다. 파는 개운함을
뒷맛으로 남긴다. 이 집의 과하지 않은 단맛의 육회 한 접시를 먹다
보면 맛있다는 말에 '달다'라는 뜻이 있음을 실감할 수 있다. 반찬으
로 나온 파와 봄동 무침도 한결같이 달면서 신선하다. 옆자리의 가
족들 입에서 맛있다는 말이 연신 터져 나온다.

봉계에는 거대한 불고기 식당들이 군 막사처럼 길게 도열해 있다.

입구의 냉장고에 보관되어 있는 고기마다 색이 다르다. 덩어리 고기는 검붉은 색인데 길쭉하게 썰어놓은 고기는 봄날 연분홍 치마 같은 선분홍색이다. 도축장에서 가져온 고기는 처음에는 검붉지만 시간이 지나면서 색이 밝아지고 식감은 부드러워지며 맛은 깊어진다.

얇게 저민 육회와 비교할 수 없는 봉계의 깍두기 육회

부산에서 대중교통을 이용해 봉계로 가는 길은 멀다. 부산 해운대에서 고속버스를 타고 울산에 내려 울산 시외버스터미널에서 언양으로 가는 버스로 갈아탄 뒤 다시 봉계로 가는 버스를 타야 한다. 봉계를 떠나올 때 안 사실이지만 봉계는 경주에서 들어가는 것이 가장 빠르고 교통편도 많다. 봉계 정류장에 내리면 거대한 불고기 식당들이 군 막사처럼 길게 도열해 있다.

봉계 불고기촌을 탄생시킨 원조집인 '만복래식당'은 식당의 대열에서 뚝 떨어진 논밭 한가운데 있다. 1978년 장사를 시작했지만 쇠고기를 팔기 시작한 것은 1984년경이었다. 그때부터 지금까지 소를 직접 기른다. 가게 입구에는 정육점 같은 풍경이 펼쳐진다. 창업자의 아들인 지금 사장은 그곳에서 직접 고기를 다듬는다. 아버지의 일을 이어 20년 이상 소를 키우고 직접 칼질을 하지만 이제 조금 칼질에 대해 알 것 같다고 겸손해한다. 취재를 끝내고 봉계에 대해 잘 알고 있는 중앙일보 권혁재 사진기자에게 들으니 대한민국에서 제일 좋은 축산학과를 나온 전문가 중의 전문가였다.

고기를 다듬는 옆에서 갈비와 생고기 강의를 듣는 중에 도축장에서 방금 잡은 소의 엉덩살과 아롱사태가 펄떡이는 채로 넘어왔다. 칼로 날렵하게 엉덩살을 깍둑 썰고 그 옆으로 아롱사태 생고기를 얇게 저며낸다. 엉덩살은 다른 생고기와 달리 고기향이 은근하게 나면서 인절미처럼 졸깃하다. 식당에서 거의 팔지 않는 아롱사태 생고기는 간을 한 듯 짭조름하고 거센 식감이 느껴진다. 대구의 뭉티기나 영천의 편대장 육회와는 다른 생고기의 기묘한 식감과 은근한 향이 난다.

만복래식당에서는 수소나 거세한 소는 냄새 때문에 사용하지 않고 암소만 취급한다. 만복래식당의 엉덩살 육회는 다른 지역과 달리 작고 두툼하게 썰어낸다. 그래서 깍두기 육회라고 부른다. 고기에 대한 자신감과 이해가 낳은 멋진 육회다. 얇게 저민 육회는 낼 수 없는 풍만한 식감이 깍두기 육회의 장점이다. 직접 담근 2년 된 고추장과 참기름을 섞은 장에 육회를 찍어 먹는다. 육회도 맛있지만 장도 빈틈이 없다. 육회 깍두기보다 인기 많은 양념불고기는 주문하면 그 자리에서 생고기를 썰어 양념을 해서 나온다.

초창기에 식당을 주로 이용하던 사람은 택시기사였다. 그들은 김이 모락모락 나는 깍두기 육회를 열광적으로 좋아했다. 원래 소는 법적으로 도축한 뒤 하루가 지난 다음 반출되지만 다릿살이나 함박살 같은 특수 부위는 당일에 출고가 가능하다. 전라도와 경상도의 생고기 문화 때문에 예외 규정이 생긴 것이다. 육회로 먹는 생고기는 소를 도축한 뒤 근육이 굳어지기 전도축 후 4~6시간의 고기를 냉동하거나 냉동하지 않은 채 유통할 수 있는 소의 앞다리와 엉덩살 등일부 부위다.

맑은 섬진강과 큰 일교차가 만들어내는 곡성 육회

강원도 정선과 전라남도 곡성은 재래시장 덕에 유명해진 곳들이다. 외진 곳에 있지만 기차 덕에 사람들의 왕래가 빈번한 것도 공통점이다. 인구 3만이 조금 넘는 곡성에는 1년에 400만 명이 넘는 관광객이 찾아든다. 전국 유일의 기차마을인 곡성 기차마을을 관광하고 곡성장에서 특산물을 사는 사람들이 대부분이다. 3일과 8일에 열리는 5일장에 토요장이 더해진 곡성장은 재래시장답게 지역의 식재료가 넘쳐난다. 읍내는 해발 350m이지만 산간은 700m가 넘는 곡성에는 섬진강 맑은 물이 흐르고 일교차가 커 작물이 다양하고 맛이 좋다. 일교차는 소를 사육하는 데도 영향을 미친다. 경북축산연구소가 있는 영주나 한우로 유명한 강원도 횡성 같은 곳도 일교차가 크다.

곡성에서 광주로 넘어가는 길목에 있는 옥과면의 '옥과한우촌'은 크고 넓다. 소를 키우던 주인이 십 몇 년 전에 시작한 식당은 곡성을

작고 두툼하게 썰어낸 '만복래식당'의 깍두기 육회는
고기에 대한 자신감과 이해가 낳은 멋진 육회다.

한우 암소만을 취급하는 '옥과한우촌'은 당일 잡은
암소의 엉덩살과 차돌박이를 생고기로 판다.

넘어 광주와 전라남도 일대에 소문이 자자하다. 한우 암소만을 취급하는 정육점 식당이다. 인기 때문에 금방 떨어져서 오전에만 먹을 수 있는 토시살이나 꽃등심이 가장 많이 팔리지만 한우를 날로 먹는 생고기도 인기가 많다. 당일 잡은 암소의 엉덩살과 기름기 많고 단단한 차돌박이를 생고기로 파는 것이 이 집의 특징이다. 참기름을 살짝 친 덕에 엉덩살은 차지고 고소하다. 얇고 길게 썬 차돌박이 생고기는 고소한 맛과 기름진 맛이 알맞게 난다. 생고기를 먹기에 부담스러운 사람들은 '생비'생고기 비빔밥나 '익비'익힌 고기를 얹은 비빔밥를 먹기도 한다.

종로 5가의 서울식 서민형 육회

종로 5가 광장시장에는 '자매육회'가 있다. 광장시장이 인기를 얻으면서 언제나 길게 줄서 있기 때문에 자매육회에서 육회를 먹는 일은 쉽지 않다. 저렴한 냉동 육회와 배를 같이 먹는 방식은 서울식 서민형 육회의 전형이다. 광장시장 건너편 백제약국 옆 골목은 고기 굽는 골목이다. 곱창집과 삼겹살집이 좁은 골목을 빼곡하게 채우고 있다. 주변에 가득한 작은 공장과 상가에서 일하는 노동자들의 단백질 공급원이다.

골목에서 손님이 가장 많은 곳은 '백제정육점'이다. 1980년대 초반에 영업을 시작한 백제정육점은 크고 넓다. 건너편 '백제식당'도 같은 집이다. 이 집의 인기 메뉴는 육회다. 2만 8,000원에 500g의 육회가 나온다. 두세 명이 먹기에 부족함이 없는 양이다. 촘촘히 잘린 냉동 육회와 더 잘게 잘린 배가 형제처럼 섞여 나온다. 약간의 설탕과 깨로 간이 되어 있다.

메뉴판을 보니 육회는 육우로 만들었다. 육우는 젖소인 홀슈타인 종의 수소다. 암컷은 젖소가 되고 우유를 생산하지 못하는 수컷은 고기 전용 소로 길러진다. 한국인은 한우에 대한 애정이 강하기 때문에 육우가 주목받지 못하지만 육우는 생각보다 연하고 담백하다. 한우는 마블링을 중심으로 등급이 매겨지기 때문에 30개월을 기르지만 육우는 20개월 정도만 기른다. 당연히 기름기가 적고 살은 부드럽다. 육우도 한우처럼 육질에 따라 1^{++}, 1$^+$, 1, 2, 3등급으로 나뉜다. 기본적으로 한우보다 감칠맛과 마블링은 떨어지지만 육질이 부드러워 육회로는 제격이다. 백제정육점의 육회는 거의 1^{++}의 육우를 육회의 재료로 사용한다.

냉동 육회를 먹으면 첫맛은 달고 시원하다. 그러나 시간이 가면서 얼음이 녹으면 육회의 감칠맛이 강해진다. 차가운 맛으로 먹는 일반 냉동 육회와는 차원이 다르다. 부위는 육회에 가장 많이 사용하는 엉덩살과 고소한 맛과 육고기 풍미가 강한 뒷다리 허벅지 안쪽 살인 꾸릿살을 섞어 사용한다. 육회를 최대 보름 정도 냉장 숙성시킨 후 내놓기 때문에 감칠맛이 강하다. 육회에 들어가는 배도 직접 재배한 것이다. 배의 연육고기를 부드럽게 하는작용 덕에 고기는 더욱 부드러워진다. 설탕과 배즙에서 나온 성분이 감칠맛을 더한다.

마블링을 좋아하는 미국·일본·한국의 쇠고기 문화는 최근 변화의 조짐을 보이고 있다. 원래 쇠고기는 붉은 살코기였다는 기본 전제와 숙성시키면 감칠맛이 증가된다는 과학적 사실들이 밝혀지면서 저렴한 부위였던 엉덩이 부근의 붉은 살들이 각광을 받기 시작한 것이다. 오랫동안 엉덩살 주위를 육회로 먹어온 한국인의 고기에 대한 예지를 엿볼 수 있다.

광장시장 '자매육회'와 '백제정육점'의 서민형 육회.
서울식 서민형 육회는 냉동 육회를 배나 야채, 양념과 날계란을 함께 섞는다.

불고기 전문점으로 알려진 '보건옥'은 정육점 식당이다. 입구에
있는 커다란 금속 냉장고 안에는 온갖 부위의 고기가 가득하다. 입
구에서 단골손님이나 친구들과 술 한잔하기 좋아하는 주인 아저씨
는 육회를 내오며 고기 자랑을 하신다. 보통 육회하면 배나 야채, 양
념과 날계란을 섞은 것을 지칭하고 생고기·날고기·육사시미는 아
무런 양념을 하지 않은 순수한 육회를 의미한다.

이 집에서 생고기를 파는 날은 고기가 들어온 날이다. 쇠고기 중에
서 감칠맛과 식감이 가장 좋은 꾸릿살만을 생고기로 판다. 좋은 고
기를 고르는 주인의 높은 안목 덕에 저렴한 가격으로 제대로 된 생

고기를 맛볼 수 있다. 서울의 저렴하고 유명한 육회 식당 두 곳이 모두 정육점 식당이다.

육회의 또 다른 변신, 육회비빔밥

경상북도의 끝자락 영주에서 시외버스를 타고 예천으로 간다. 경상북도의 내륙인 영주·안동·예천은 옛 모습이 많이 남아 있다. 낡은 시외버스 창문으로 아침 햇살이 얼굴을 내민다. 알록달록한 그림의 현란한 커튼이 햇살을 막아선다. 버스는 40여 분을 달려 예천에 도착했다. 시외버스터미널 앞 정류장인 안동통로 사거리에 내리니 길 건너에 '백수식당'과 '백수정육점'이라는 간판이 보인다. 안동과 영주 일대의 한우 명가들을 제치고 육회와 육회비빔밥의 최강자로 등극한 집이다.

오전 10시 50분, 육회 한 접시를 시키니 오후 3시나 되어야 먹을 수 있다는 대답이 돌아온다. 오전에 도축한 쇠고기는 오후가 돼야 식당에 도착한다. 도축이 없는 주말에는 당연히 육회를 먹을 수 없고 고기가 들어온 뒤에도 상태가 나쁘면 팔지 않고 육회비빔밥용으로 돌린다.

육회는 주로 대구식 뭉티기 육회로 판매한다. 어쩔 수 없이 육회비빔밥을 시켰다. 놋그릇에 담긴 육회비빔밥이 나온다. 종업원이 간장을 내려놓으며 심심하면 육회비빔밥에 넣어 비벼먹으라고 한다. 간장으로 간을 하는 육회비빔밥은 드물다. 놋그릇 안에는 잘게 썬 숙주나물, 숨을 뺀 부추, 고사리가 담겨 있고 그 위로 국수가닥처럼 길고 가늘게 썬 육회가 얹혀 있다. 밥을 넣고 젓가락으로 슬슬 저어 육회비빔밥을 만든다. 간장·참기름·설탕으로 기본 간이 되어 있는

예천 '백수식당'의
육회비빔밥은 각종 나물에
국수가닥처럼 길고 가늘게
썬 육회가 얹혀 나온다.

육회비빔밥은 고소한 단맛이 난다.

예천 한우의 우둔살과 홍두깻살을 냉장고에 보관했던 육회는 차
고 부드럽고 매끈하다. 달달한 냉면 같고 시원한 밀면 같다. 1980년
대 중반에 지금의 자리에서 영업을 시작한 뒤 변함없는 맛을 지키고
있는 집이다. 뿌리 깊은 나무처럼 예천에 자리 잡고 있지만 전국에
서 사람들이 몰려든다.

비빔밥은 들여다볼수록 신기한 음식이다. 단순해 보이지만 한국
밥상의 철학적·실체적 요소가 모두 들어 있는 음식이다. 비빔밥에
는 다양한 식재료가 들어가지만 그중에 고추장과 육회는 비빔밥을

남성들의 음식으로 만들었다. 비빔밥을 대표하는 도시로 전라도에 전주가 있다면 경상도에는 진주가 있다. 진주시장 근처에 있는 '천황식당'과 '제일식당'은 전주를 넘어 한국의 비빔밥 문화를 대표한다. 한국전쟁 이후에 지은 외관이 독특한 '천황식당'은 1927년에 시작한 노포 중의 노포다. 낡았지만 잘 닦인 탁자는 오래되었지만 매일 새롭게 태어나는 천황식당의 역사를 상징한다.

놋쇠 그릇에 비빔밥 한 그릇이 담겨 나온다. 삶거나 데친 고사리, 무채, 숙주나물 등의 나물과 쏙대기돌김 무침을 잘게 잘라놓고 그 위에 붉은 육회와 '엿꼬장'이라 불리는 독특한 고추장을 얹어놓았다. 밥에 국물 간이 약간 되어 있어 비비기 편하다. 잘게 자른 고명, 꾸미와 소스와 밥이 한 몸처럼 섞여 쉽게 넘어간다. 짠 김치와 깍두기는 건건한 맛을 돕는다. 육회비빔밥에는 빠지지 않는 맑은 선짓국도 오래된 음식의 기품을 보여준다. 육회와 고추장은 진주비빔밥을 화려하게 만들었다. 붉은 꽃 같은 모습은 화반花飯 그 자체다. 육회의 비린 맛을 잡기 위해 고추장을 넣었다는 주장도 있지만 확실치는 않다.

진주비빔밥의 육회와 고추장은 1929년 12월 1일자 『별건곤』에 등장할 만큼 오래된 것이다. 다음은 육회비빔밥에 관한 흥미로운 기사다.

잠간 함평에 와서 일을 보고 오후에 가는 이가 혹 점심을 먹게 되면 대개는 만히 잇는 비빔밥집이니 그곳에 들어가 십오 전자리 비빔밥 한 그릇에 보통 주량을 가진 이면 소주 두 잔만 마시면 바로 목에 넹겨버리기도 앗가울 만한 싼듯하고 깊은 맛잇는

'천황식당'의 육회비빔밥. 붉은 육회와 '엿꼬장'이라 불리는
고추장을 넣은 진주비빔밥은 한국의 비빔밥 문화를 대표한다.

비빔밥, 그 구수하고 향기난 소주, 이러기게 함평시장날이면 외
촌에 사는 분들이나 근읍에 게신 이들은 시장에 와서 비빔밥에
소주만 먹고 가는 예도 적지 안하며……

•『동아일보』「함평소주에 비빔밥」 1938년 10월 4일

육회비빔밥은 술안주이자 밥이었다. 제주도의 돼지국수가 술꾼들
의 속풀이 겸 해장 안주로서의 역할을 하는 것과 같다. 5일이면 한
번씩 돌아오는 장날은 생활의 공간이자 축제의 시간이었다. 집에서
는 먹기 힘든 쇠고기와 밥을 비벼 소주 한잔을 곁들이는 음식 문화
는 특별하다.

중국에서도 즐겨 먹었던 육회

예나 지금이나 한국인들의 육회 문화에 대한 외국인들의 거부감
은 상당하다. 이수광이 1614년에 편찬한 『지봉유설』芝峰類說에는
"중국인은 회를 먹지 않는다. 말린 고기라고 해도 반드시 익혀 먹고
우리나라 사람이 회를 먹는 것을 보고 웃는다"고 씌어 있다. 유몽인
柳夢寅이 지은 『어우야담』於于野談에는 "중국 사람이 되묻기를 '소의
밥통 고기나 처녑 같은 것은 모두 더러운 것을 싼 것이다. 이것을 회
를 해서 먹는다니 어찌 뱃속이 편안하겠는가?' 하였다. 또 고기를
꿴 것을 구워 먹으면서 그 피를 빨아 먹는 것을 보고 그것을 빼앗아
땅바닥에 내동댕이치면서 "중국 사람은 잘 익은 고기가 아니면 먹
지 않는다. 이것은 오랑캐의 음식이다"라고 꾸짖었다. 그러자 선비
는 "회나 구운 음식은 모두 고인古人들이 좋아하던 것이다. 고서에도
기록이 많이 보이니 어찌 탓할 수 있겠는가?"라고 대답했다는 기록

함평시장 육회비빔밥.
육회비빔밥은 술안주이자 밥이었다.
쇠고기와 밥을 비벼 소주 한잔을 곁들이는 음식 문화는 특별하다.

이 있다. 16세기에도 지금처럼 처녑이나 양을 회로 먹었음을 알 수 있다.

『지봉유설』에 나온 것처럼 중국인도 오래전에는 육회를 즐겨 먹었다. 2,300년 전 전국시대 말기에 씌인『한비자』韓非子에는 "날고기는 피가 마를 사이 없이 여러 사람과 나누어 먹는다"라는 구절이 나온다.『논어』論語「향당편」鄕黨篇에는 공자가 "회膾는 가늘게 썬 것을 드셨다"는 구절이 나온다. 중국에서 회는 송대宋代까지는 즐겨 먹었지만 식중독 등의 문제로 송대 이후 급속도로 사라진다. 하지만 한족이 아닌 몽골족은 육회를 먹었다. 원대元代에 씌인『거가필용』居家必用에는 "양의 간이나 처녑을 날로 가늘게 썰어 강사薑絲, 생강을 실처럼 썬 것를 넣고 초醋에 담가서 먹는다"는 양육회방羊肉膾方을 비롯해 몇 가지 육회법이 나온다. 육회는 제사에서 빠지지 않는 음식이었다. 조선에서 날로 먹는 음식 문화가 번성한 이유는 조선의 유교적 영향에 의한 복고주의復古主義 때문이라고 보는 견해가 강하다.

서유구1764~1845는『임원경제지』林園經濟志「정조지」鼎俎志에서 "고기를 잘게 썬 것을 회라고 부른다. 회는 '膾'라고도 하고 '할'割이라고도 한다. (…) 어생魚生과 육생肉生을 모두 회라고 부른다"고 했다. 조재삼1808~66은『송남잡지』松南雜識에서 육고기로 만든 회를 '膾', 생선으로 만든 회를 '鱠'라고 적었다. 膾자 앞의 月자는 달이 아니라 고기肉를 뜻하는 부수다. 회會란 '음식을 먹으려고 그릇 곁으로 모여드는 장면'을 묘사한 문자다. 지금의 회식會食 문화는 이처럼 오래된 것이다. 회膾는 잘게 썬 육고기를 한데 담아 모은다는 의미다.

육회에 관한 기록은 오래됐지만 조리법에 관한 기록은 그다지 많지 않다. 19세기 말에 씌인『시의전서』是議全書에 비로소 육회가 등

회(膾)는 잘게 썬 육고기를 한데 담아
모은다는 의미로 조선 시대에 날로 먹는
음식 문화가 번성했다. 육회 부위와
등급에 따라 다양한 부위가 나온다.

장한다.

육회肉膾는 기름기 없는 연한 쇠고기 살을 얇게 저며 물에 담가 핏기를 빼고 가늘게 채를 썬다. 파·마늘을 다져 후춧가루·깨소금·기름·꿀 등을 섞어 잘 주물러 재고 잣가루를 많이 섞는다. 초고추장은 후추나 꿀을 섞어 식성대로 만든다.

청주 지방의 음식을 기록한 『반찬등속』1913에는 "육회는 쇠고기를 좋은 것으로 하되 잘게잘게 썰어서 좋은 술에 빨아 생청生淸·고추장·참기름·후춧가루를 넣어 이대卽時 주물러서 먹어라"라는 구절이 나온다. 육회비빔밥에 주로 사용되는 고추장이 육회에도 사용됐음을 알 수 있다. 『조선무쌍신식요리제법』에는 우둔살과 대접살이 동시에 등장한다. 현재 경상도 특히 대구에서 즐겨 먹는 뭉티기의 핵심 부위인 우둔살과 전라도에서 즐겨 먹는 생고기 부위인 대접살이 동시에 나오는 것이 이색적이다. 1945년 이전의 육회는 주로 『조선무쌍신식요리제법』에서와 같이 양념에 무쳐 초고추장이나 진장·겨자장·겨자즙 등에 찍어 먹었다.

육회의 가장 큰 문제는 위생이었다. 양념이나 육회를 찍어 먹는 장醬이 모두 미생물의 억제에 관계되는 것들임을 알 수 있다. 오랫동안 참기름은 육회의 필수 양념이었다. 민간에서는 참기름을 미생물의 번식을 막아주는 것으로 인식해온 결과다. 하지만 최근 연구에 따르면 참기름은 미생물 번식 억제에는 큰 효과가 없고 오히려 마늘이 상당한 효과가 있음이 밝혀졌다. 오늘날 생고기 음식에 마늘이 빠짐없이 들어가는 것은 오랜 경험에서 나온 생활의 지혜인 것이다.

평양에서 광양까지
대중의 입맛을 사로잡다

"광양은 고기 냄새가 진동하는 도시다.
쇠를 녹이는 제철소의 열기가
불고기에 그대로 스며 있는 공간이다.
황금색 구리 석쇠는 노랗고 뜨겁다.
붉은색 숯불은 곱고 곱다.
단맛을 수반한 감칠맛이
입안에 퍼진다."

지금의 모습과는 다른 불고기의 역사

불고기의 어원은 최남선이 『조선상식문답』[1947]에서 언급한 이후 『수신기』搜神記, 4세기경에 등장하는 '맥적'貊炙이라고 알려져왔다. 하지만 꼬치에 꿰서 구운 고기란 뜻 이외에는 '적'炙이라는 말에 쇠고기 구이라는 뜻은 어디에도 없다. 그리고 『수신기』의 맥적 기록이 한민족의 고기구이에 관한 가장 오래된 기록도 아니다. 후한시기 25~220에 씌인 『석명』釋名에는 "양고기를 둥글게 한 뒤 구운 것을 칼로 잘라 먹는데 이는 이민족 맥족에서 온 것이다"라는 기록이 있다. 재료나 먹는 방식둥글게 말아 칼로 자르는 것이 지금의 케밥과 너무나 흡사해서 과연 이것이 한민족의 요리인지 모를 정도다. 불고기의 직접적인 조상으로 생각되는 음식은 '설야멱'雪夜覓 또는 설하멱적雪下覓炙이라는 설이 지배적이다. 설하멱적에 대한 기록은 조선 중기에 씌인 『산림경제』山林經濟 「치선편」治膳編, 1715에 나온다.

설하멱적은 쇠고기를 저며 칼등으로 두들겨 연하게 한 뒤 꼬챙이에 꿰어 기름과 소금을 섞어 꼭꼭 눌러 재워두었다가 양념기가 흡수된 뒤에 뭉근한 불로 구워 물에 담갔다가 곧 꺼내어 다시 굽는다. 이렇게 세 차례하고 참기름을 발라 다시 구우면 아주 연하고 맛이 좋다.

『해동죽지』海東竹枝, 1925에는 설야멱은 "개성부에서 예부터 전해오는 명물이다"라고 씌어 있는데 조리법은 『산림경제』의 설하멱적과 거의 같다. 그런데 1900년에 조수삼이 쓴 『추제집』秋齋集에는 전혀 다른 이야기가 등장한다.

설야멱 일명 관적串炙은 날카로운 대나무로 쇠고기를 꿰어 구운 것으로 신라 시대 설날에 왕이 있는 자리에서 떡국과 함께 먹은 절기 음식이다.

20세기 초의 문헌이라 사실 그대로 믿을 수는 없지만 설야멱을 고려 시대에 처음 만들어 먹었다는 추정설과는 분명 다른 견해가 존재한다. 조재삼이 19세기에 쓴 『송남잡지』松南雜識에는 "송 태조가 설야雪夜에 보를 찾아가니 숯불에다 고기를 굽고 있더라"는 구절이 있다. 기원은 다르지만 설야멱은 하나같이 꼬치에 고기를 꿰어 구워 먹는 요리다.

'난로회'는 단순한 고기파티가 아닌 선비들의 놀이 문화

쇠고기 구이 문화는 조선 시대에 상당히 깊게 뿌리내리고 있었다. 소육燒肉, 고기 굽기에 관한 기록은 세조 29년1462 9월 29일자 『조선왕조실록』에도 등장한다. 연기를 피우며 고기를 굽고 술을 마신 것으로 보아 석쇠에 고기를 구워 먹은 것임이 분명하다. 조선의 선비들은 눈 내리는 날이면 난로에 둘러앉아 쇠고기를 구워 먹었다. 이런 풍속을 '난로회'煖爐會 또는 '난회'라 불렀다. 난로회는 실내건 야외건 가리지 않고 행해졌고 양반이건 왕이건 구분하지 않았을 정도로 조선 지배층의 겨울 문화 행사였다.

정조가 신하들에게 내린 '어제시문'御製詩文을 정리한 『홍재전서』弘齋全書에는 정조가 1785년에 신하들과 난로회를 열고 매화를 시제로 시를 지으며 고기를 구워 먹은 기록이 남아 있다. 난로회는 단순한 고기파티가 아닌 고기를 먹으며 시를 짓고 노는 선비들의 놀이였다.

김홍도의 행려풍속도「후원유연」에는 야외에서
숯불에 고기를 구워 먹는 모습이 묘사되어 있다.

난로회는 원래 청나라 풍속이었다. 구수훈具樹勳이 쓴 18세기 야
담집『이순록』二句錄에는 "근래 골식회骨食會가 있는데 이것은 호인胡
人이 사냥터에서 먹는 것으로서 노를 둘러싸고 스스로 구워 다투어
먹었다"는 구절이 나온다.『동국세시기』東國歲時記, 1849에는 "서울 풍
속에 음력 10월 초하룻날, 화로 안에 숯을 시뻘겋게 피워 석쇠를 올
려놓고 쇠고기를 기름장·달걀·파·마늘·산초가루로 양념한 후 구
우면서 둘러앉아 먹는 것을 난로회라고 한다"라는 기록이 있다. 각
종 양념을 한 후 숯불에 구워 먹는 지금의 불고기 먹는 모습과 거의
흡사하다.

이런 글보다 더 생생한 묘사는 김홍도의 행려풍속도「후원유연」後

園遊宴, 1795이라는 병풍 첩에 잘 나타나 있다. 숯불이 가득한 난로 위에 석쇠가 아닌 불판이 놓여 있고 7명의 사람이 난로 주변에 앉아 고기를 구워 먹는다. 고기는 한 군데 놓여 있지 않고 세 사람이 각기 고기 접시를 들고 있다. 고기는 사람이 한입에 먹을 수 있는 크기로 잘라져 있다. 고기를 먹는 사람들 뒤로 소나무에 눈이 가득 쌓여 있고 그 위로 달이 고기 굽는 판처럼 둥글게 떠 있다.

너비아니는 불고기의 궁중 용어

1877년에 씌인 것으로 추정되는 조리서『시의전서』에는 지금 먹는 불고기의 한 형태인 너비아니가 처음 등장한다. 너비아니는 궁중 용어였다는 것이 학계의 일반적인 주장이다. 이후 너비아니는 "고기를 얇게 저며 양념에 재워 구워 먹는 고기"로 조리서에 빠지지 않고 등장한다.『고등요리실습』1958이라는 조리서에는 너비아니를 설명하면서 "시중에서는 불고기라는 말을 쓰지만 천박한 말이다"라며 불고기를 부정적인 의미로 적었다.

불고기라는 용어는 1950년에 발간된『큰사전』에 처음 등재되었다. 1947년판『큰사전』에는 너비아니를 "저미어 양념하여 구운 쇠고기"라고 설명했고 1950년판에서는 불고기를 "숯불 옆에서 직접 구워가면서 먹는 짐승의 고기"라고 풀이했다. 지금의 불고기와는 매우 다른 해석이다. 1960년대까지 여러 사전에 불고기는 "구워서 먹는 짐승의 고기"로 나온다. 1970년대에는 불고기와 너비아니가 엎치락뒤치락 하며 문헌에 나왔다 사라졌다를 반복하고 뜻도 자주 바뀐다. 하지만 1980년대에 들어서면서 너비아니와 불고기는 완전히 같은 음식으로 해석된다. "양념에 재워 구워 먹는 쇠고기"로 통일되는 것이다.

현재까지 알려진 바로 불고기라는 용어는 1922년 4월 1일자 『개벽』 22호에 실린 현진건의 소설 『타락자』에 처음 나온다. 소설에 등장하는 불고기는 "불 우에 노치여놓여 잇는 불고기 덩이 가탓다."

국물의 민족이 만들어낸 육수불고기

예전에 불고기는 꼬치에 끼워 구워 먹는 설야멱 방식으로 주로 먹었지만 철 생산이 늘어나기 시작하는 18세기 이후부터는 석쇠에 구워 먹는 방식으로 바뀐다. 그러다가 1950년대 이후 전골 형태의 구이판에 국물이 자박한 육수불고기가 대세를 이루게 되었다. 국물이 자박한 불고기가 어떻게 탄생한 것일까? 동화작가이자 당대 최고의 미식가였던 마해송이 쓴 미식에 관한 에세이 『요설록』饒舌錄, 1957에는 불고기 석쇠에 관한 이야기가 등장한다.

신발명의 석쇠가 더욱 좋다. 풍로風爐에 뚜껑같이 덮어놓고 구멍 뻥뻥 뚫린 곳으로 불이 오르고 위에서 국물을 주루루 땋아도 불에 흘러 들어가지 않는 묘는 위대한 발명이다. 이것은 환도후還都後의 신발명이다. 이것을 기계로 제작한다면 그렇게 멋지게 되지는 않았을는지 모른다. 드럼통 쪼각 뒤집어 놓고 땅땅 종일토록 뚜드리어 이남박같이 만들고 또 구멍을 하나씩 하나씩 뚜드려내었기 때문에 쇠가 휘어서 국물이 흐르지 않게 된 것이니 이것이 미국에서 미국인이 발명한 것이라면 특허권 사용료 20만 불쯤은 쉽게 받았을는지 모를 일이다.

그동안 추정으로 떠돌던 육수불고기에 관한 직접적인 기원이 명쾌하게 정리된다. 전쟁통에 넘쳐나던 군용 드럼통으로 불판을 만든 것은 1951년환도후경이었다. 국물의 민족답게 구이도 육수와 함께 먹는 방식으로 새롭게 만들어낸 것이다.

하지만 육수불고기가 어느 날 갑자기 하늘에서 뚝 떨어진 음식 문화는 아니다. 숯불 위에 판을 올려놓고 고기와 야채를 함께 먹는 것을 전골氈骨이라고 한다. 전골은 궁중에서 먹던 '전철'煎鐵이라는 요리에서 유래했다. 1795년에 기록된『원행을묘정리의궤』에 처음 등장하는 전철은 전립氈笠을 거꾸로 눕힌 것과 같은 모양이다. 전립은 '적육기'炙肉器, 즉 고기 굽는 판이다.

1770년대 씌인 서울의 세시풍속을 기록한『경도잡지』에는 "냄비 이름에 전립투氈笠套라는 것이 있다. 벙거지 모양에서 이런 이름이 생긴 것이다. 채소는 그 가운데 움푹하게 들어간 부분에다 넣어서 데치고 변두리의 편편한 곳에 고기를 굽는다. 술안주나 반찬에 모두 좋다"고 나온다. 20세기 초에 씌인 조재삼의『송남잡식』에는 "전골이란 전립골 모양으로 만들어 고기를 굽기 때문에 이 이름이 생겼다"라고 기록되어 있다. 김상보 교수는『조선 시대의 음식 문화』에서 "결론적으로 말하면 오늘날 우리가 불고기라 부르는 것의 원형이 전철이다"라고 지금의 국물 있는 불고기의 원형을 전철 또는 전골에서 찾는다. "불판의 모양이 옛날에는 오목했던 것에서 요즈음은 볼록하게 바뀐 것이다"라고 주장한다. 음식의 구성 형태를 보면 전골과 지금의 불고기는 확실히 비슷한 점이 많다.

등심과 안심 같은 고급 부위는 동서양을 막론하고 고기맛을 그대로 즐길 수 있는 구이로 먹는다. 석쇠 불고기 시절의 불고기는 등심을 주로 사용했다. 가격이 저렴하고 질긴 부위를 얇게 저며 양념에

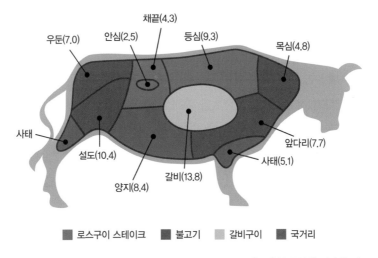

채끝(4.3)
우둔(7.0)
안심(2.5)
등심(9.3)
목심(4.8)
사태
설도(10.4)
양지(8.4)
갈비(13.8)
앞다리(7.7)
사태(5.1)

■ 로스구이 스테이크　■ 불고기　■ 갈비구이　■ 국거리

쇠고기 등급 분할도(단위 %)

재워 먹는 육수불고기는 고기의 질이 그다지 중요하지 않다. 냉동과 수입산을 구별하기도 쉽지 않다. 육수불고기는 쇠고기의 대중화에 큰 역할을 한다. 1985년 7월 19일자 『매일경제』에 실린 쇠고기 등급 분할도를 보면 불고기는 목심·앞다리·설도·우둔같이 가장 저렴한 부위를 사용한다.

하지만 육수불고기는 태생적으로 부작용을 동반한 음식이었다. 국물로 중량을 채운 불고기가 잇따르면서 대중의 신뢰를 잃는다. 1984년 주부클럽연합회의 조사에 따르면 불고기 국물을 뺀 1인분은 음식점에 따라 전체 중량 185g에서 실량은 100g밖에 안 될 정도였다.『동아일보』 1984년 7월 16일 1980년대 전성기를 누리던 불고기 문화는 양에 대한 불신과 더불어 1990년대 들어서면서 양념 없는 생고기 직화구이 고기 문화가 본격화되면서 전성기를 마감한다.

불고기 대중화의 선구자 '한일관'

후배 K는 내가 알고 있는 최고의 부자다. K는 오랫동안 신문로에서 살다가 청담동으로 이사했다. 후배의 주력 사업장도 강북에서 압구정동으로 옮겼다. 후배의 압구정동 사무실을 방문한 날 K와 나는 회사 근처에 있는 '한일관'에서 불고기로 점심을 먹었다. 종로에서 오랫동안 부자들의 식당이었던 한일관은 부자들의 강남 진출을 따라 압구정동으로 자리를 옮겼다.

한일관은 현재까지 남아 있는 가장 오래된 불고기 전문점이자 서울의 불고기 문화를 이끈 식당이다. 1939년 종로 3가 허름한 한옥집에서 영업을 시작했다. 당시 이름은 '화선옥'이었다. 화선옥은 8·15 해방 이후부터 장사가 잘됐다.

이때8·15 해방 장국밥·곰탕 등은 한 그릇에 5원이었다. 종로에 있는 지금의 한일관은 이때부터 번창하기 시작하였다. 지금은 5층 양옥에 마치 데파트백화점와 같은 웅장한 건물이지만 그때는 조그마한 한국집이었던 것이다.

•『동아일보』 1959년 8월 10일

1957년 10월 6일, 화선옥은 새로운 현대식 건물을 짓고 이름도 한국에서 제일가는 식당이라는 의미의 한일관으로 재개업한다. 한일관은 불고기만 파는 집이 아니라 비빔밥, 냉면도 팔던 '대중식사의 전당'이었다. 1970년대 초반까지 한일관은 전성기를 맞는다. 한

한국에서 제일가는 식당이라는 의미의 '한일관'은 한국전쟁
이후에 육수불고기로 1970년대 초반까지 전성기를 맞는다.

일관 불고기 메뉴의 변화는 불고기의 변천사와 궤적을 같이한다. 한국전쟁 이전에는 석쇠불고기가 주를 이루었지만 피란 이후에는 육수불고기가 등장하면서 점차 인기를 얻게 되었다.

1980년대 들어서면서 가족 외식이 본격화되자 불에 구워 먹는 불고기는 사라지고 육수를 부어먹는 지금의 불고기 문화가 정착된다. 한일관에서 석쇠불고기가 사라진 것은 1997년부터라고 한다. 한일관을 필두로 1940년대 서울에는 '우래옥'1946, '옥돌집'1948 등의 불고깃집이 생겨났다.

서울의 다양한 불고기 문화

불고기는 명쾌하고 직설적인 이름과는 달리 정의하기 힘든 음식이다. 불고기하면 보통 쇠불고기를 말한다. 불고기 문화가 가장 성행한 곳은 서울이다. 서울의 불고기 문화에는 다양성이 있다.

을지로 주변에는 불고기로 유명한 집이 제법 있지만 가게 스타일과 파는 방식이 서로 다르다. 평양식 불고기와 냉면으로 유명한 '우래옥'과 서민적인 불고깃집인 '보건옥' 그리고 불고기 전성시대에 태어나 여전히 명맥을 이어오고 있는 '진고개'가 그 주인공들이다.

고급스런 맛을 내는 '보건옥'

주머니 가벼운 평범한 중년의 술꾼들에게 주교동 주변은 실비 미식의 천국이다. 만 원짜리 몇 장씩만 들고 모이면 맛있는 음식들을 먹고마시며 거나하게 취할 수 있다. 을지로 4가 공구 상가 한복판에 자리잡은 주교동의 좁은 골목 한쪽에 보건옥이 있다. 보건옥은 정육점 식당답게 가게 입구에는 커다란 고기 보관 냉장고와 고기 써는 큼직한 도마가 있다. 좁은 1층과 달리 2층은 넓다. 이 집의 주인 할아버지는 별일 없으면 1층 한쪽에서 손님들과 어울려 술을 마시고 계신다. 이야기 잘하고 사람 좋고 고기에 대한 자부심이 넘치는 할아버지다.

질 좋은 한우를 통째로 사와 부위별로 팔기 때문에 질에 비해 가격이 저렴한 것도 보건옥의 인기 비결이다. 불고기는 보건옥의 간판 음식이다. 국물이 자박한 서울식 불고기의 전형이 보건옥에 고스란히 남아 있다. 1970년대 말부터 시작한 식당이지만 변한 것이 별로 없다. 불고기는 미리 양념에 재워놓지 않는다. 주문이 들어오면 보물창고 같은 입구의 냉장고에서 1⁺등급의 한우 암소 앞다릿살을 얇게 썰어낸다. 다른 곳에서는 보기 힘든 둥근 주물판을 손님상 앞에 놓고 그 안에 육수를 붓는다. 육수가 끓을 무렵 불고기와 야채를 손님상에 가져와 넣어준다. 고기가 타지 않고 익는다. 야채와 고기와 육수가 섞여 감칠맛이 더해진다. 편안하고 순한 맛이지만 깊이가 느껴지는 고급스런 맛이다.

질 좋은 쇠고기로 유명한 '진고개'

진고개는 이름처럼 비가 오면 진흙이 넘쳐나던 고갯마루로 지금의 충무로 일대를 일컫는다. 그런데 20세기 초부터 명동과 진고개 일대에 일본인이 집단으로 정착하면서 진고개는 진흙 땅에서 금싸라기 땅으로 변신한다. 진고개는 일제강점기부터 질 좋은 쇠고기로 유명한 곳이었다.

진고개 물건이면 싸든 비싸든 덥허노코 조흔 물건으로 넉이는여기는 폐풍이 아즉도 남아 잇는 까닭에 소고기도 진고개 소고

'보건옥'의 간판 음식인 불고기에는 국물이 자박한
서울식 불고기의 전형이 고스란히 남아 있다.

기가 조타고들 하지요. 사실 암소고기는 남촌고기 장사들이 휘
모라가기는 가지만은 어듸 암소가 그러케 만습니까? 그러니까
황소고기를 사흘쯤 묵혓다가 훨씬 연하게 된 뒤에 암소고기라
고 팝니다. (…) 손님들은 진고개 암소고기라고 해서 여기서 한
근에 60전씩 하는 것을 백몬메375ℊ에 80전씩 주고 사다 잡수시
는 분이 만습니다.

  • 『매일신보』「전동정육점 홍수복 씨」 1936년 7월 9일

충무로에 있는 진고개는 1963년 문을 열었다. 진고개의 이름은 진흙이라는 뜻의 진泥고개가 아닌 보배롭다는 뜻의 '진珍고개'로 이름을 붙였다. 당시에 불고기는 이미 상당히 대중적인 외식으로 자리 잡았다. '불고기백반'을 먹는 장면은 1958년 영화 「돈」에도 등장한다. 이규진, 「근대 이후 100년간 한국 육류구이 문화의 변화」 1965년 중급 음식점을 조사한 통계에서 샐러리맨들이 가장 선호하는 외식은 1위 냉면, 2위 불고기백반, 3위 설렁탕, 4위 비빔밥『경향신문』1965년 5월 20일순이었다.

당시 대중화된 불고기는 육수불고기였다. 진고개에서는 창업 당시에 숯불 화로 위에 요철 모양의 황동색 불판을 이용하다 1970년대 특허를 받아 지금까지 주물 불판을 사용하고 있다. 주물 불판은 두 군데를 오목하게 만들어 국물을 떠먹기 편리하다.

숯불도 가스불로 바뀌었다. 초창기에는 설탕과 간장을 많이 사용하던 시대 흐름 때문에 짠맛과 단맛이 강했지만 세월이 흐르면서 점차 담백한 맛으로 변했다. 불고기에 파를 많이 넣다가 버섯으로 바뀐 것도 변한 것 중 하나다. 진고개의 불고기는 양념을 한 채로 나오지만 양념이 세지 않다. 강한 음식은 금방 인기를 얻지만 금세 사라지기도 한다.

일제강점기 최대의 불고기 소비지 평양

서울의 불고기 문화도 제법 오래되었지만 20세기 초·중반에 불고기 외식 문화가 가장 번성한 곳은 서울이 아니라 평양이었다. 평양은 일제강점기 최대의 공업도시이자 북조선과 만주 개발을 위한 전진기지였다. 1931년 일제의 만주 침공에 이은 대륙 정책에 의해

'진고개'의 주물 불판은
1970년대 특허를 받았다.
국물을 떠먹기 편리하다.

평양은 병참과 교통의 중심지가 된다. 1925년 10만 명을 넘은 인구는 1934년에는 25만 명으로 급증한다. 군인과 노동자 같은 넘쳐나는 독신 남자들 덕에 평양의 외식 산업은 급속도로 발전한다. 특히 힘의 원천을 고기로 생각한 일본군의 급식 정책으로 쇠고기는 최고 인기 군량품이자 외식 메뉴가 된다.

평양의 불고기는 "평양 관내에 야끼니꾸불고기 업자 50여 명이 가격 인상을 위해 진정을"『매일신보』 1941년 7월 30일 낼 정도로 대중적인 외식이었다. 평양의 불고기는 군고기, 야키니쿠 등 다양한 이름으로 불렸다. 당시 불고기 전문점에서는 갈비와 불고기를 함께 팔았다.

평양의 불고기는 물에 살짝 적신 창호지를 석쇠에 깔고 고기를 얇게 썰어 간접으로 구워 색깔만 변하면 먹었다.
•『경향신문』 1978년 10월 16일

평양에서 가장 유명한 불고기 문화는 대동강이 한눈에 바라다보이는 모란대 주변 솔밭이었다.
•『동아일보』 1935년 5월 5일

고기를 양념에 재우지 않고 고기를 익힐 때 마늘·설탕·참기름·간장을 넣어 먹는다. 불고기는 평양 지방에서 쓰는 말이고 원 서울말은 너비아니다. 쇠고기를 저며서 양념해 구운 것이 너비아니이다. (⋯) 불고기는 굽는 것이 너비아니와 다르다. 석쇠에 물을 적신 백지를 씌우고 고기를 얹어 굽는다. 또 양념은 하지 않고 날고기를 익힌 다음에 익으면 양념간장을 찍어 먹는다.

이것이 평양식 불고기다.

• 『경향신문』 1987년 7월 10일

고기를 구워 타래양념장에 찍어 먹는 일본의 야키니쿠 문화는 평양식 불고기의 영향을 받은 것이다. 평양 근처의 순안불고기는 현재 북한의 불고기 문화를 대표한다. 그러나 북한에서 1950년대 이후 발간된 조리서에는 "양념에 재워서 굽는 방식"『조선료리전집』 1994, "양념장을 고기 구울 때 발라"『우리민족료리』, 2008 굽는 방식으로 나와 있다. 고기를 구운 후 초간장에 찍어 먹는다.

원산 근처의 송도원에는 한반도에서 가장 독특한 방식의 불고기 문화가 있다. "고성군 두포리 일대의 바다가에서 채취한 문양 고운 돌을 로나 숯불에서 달군"『조선료리전집』 뒤 200도 정도로 달궈진 돌에 기름을 바르고 양념장에 재운 쇠고기를 겨자 양념장과 같이 내놓으면, 먹는 사람들이 직접 구워 먹게 하는 방식이다.

우래옥 불고기와 평양식 불고기

우래옥의 불고기는 냉면과 한 몸 같은 음식이다. 우래옥은 영화 세트장 같다. 오래된 실내에 노인이 가득하다. 젊은이들은 주로 냉면만 먹지만 우래옥에 온 노인들은 불고기와 소주, 냉면을 연속적으로 즐긴다. 우래옥의 불고기는 평양냉면처럼 덤덤하고 담담하다. 달지 않고 국물도 없다. 양념한 얇고 부드러운 불고기를 구멍이 송송한 철판에 구워 먹는다. 고기를 다 먹고 나서 철판 주변에 육수를 붓고 냉면 사리를 얹어먹는다. 북한의 어북쟁반과 비슷하다.

소불고기 | 평양에서 광양까지 대중의 입맛을 사로잡다

평양에서 요리집을 운영하다가 1946년 서울로 와서 자리를 잡은 우래옥에는 평양에서 내려온 두 조리장이 있었는데 '주상'이라고 불리던 조리장이 불고기를, 유성도 씨가 냉면을 각기 전문적으로 맡아 했고 따라서 우래옥의 불고기와 냉면은 전부 평양식김지역 인터뷰이다.

• 이규진, 「근대 이후 100년간 한국 육류구이 문화의 변화」

우래옥의 불고기는 양념을 재워놓지 않고 있다가 주문이 오면 마늘·설탕·참기름·간장을 고기와 버무려서 국물 없이 불판에 내는 방식을 그때부터 지금까지 이어오고 있다.

『요설록』에는 "요새 서울의 많은 불고기. 을지로 4가의 우래옥이든지에서는 절대로 질긴 고기를 주는 일이 없다"는 이야기가 나온다. 콩을 먹고 자라 부드러웠던 평안도 소는 일제강점기부터 유명했다. 부드러운 암소 덕에 평양의 불고기 문화가 발달할 수 있었다.

육수 없는 바싹불고기

서울식 불고기는 육수불고기가 대세지만 육수 없는 불고기 문화도 남아 있다. 음식계의 불문율 중 하나인 "역 앞 식당은 맛없다"라는 통념을 정면으로 돌파한 용산역 앞의 '역전회관'이 역전의 주인공이다. 1962년 용산역 앞에서 개업할 때의 상호는 '역전식당'이었다. 2011년까지 영업을 하다가 재개발에 밀려 사라졌다. 현재는 2007년에 문을 연 마포 분점이 유일한 '역전회관'이다. 마포 역전회관은 마포 먹자골목에 있다. 현대식 건물에 잘 정돈된 실내에서 역전 주변의 식당이 주는 소란함은 찾아볼 수 없다.

빈대떡처럼 바싹 익힌
'역전회관'의 바싹불고기.

이 집의 주메뉴인 바싹불고기는 육수불고기의 대칭점에 서 있다.
소 뱃살 부분인 치맛살을 다져 센 불에 2분 동안 나무주걱으로 두들
겨가며 예닐곱 번을 뒤집어 마치 빈대떡처럼 바싹 익힌다. 그래서
바싹불고기라고 부른다. 육수가 없는 1960년대 이전의 구워 먹는
불고기 문화는 서울이 아닌 지방에 많이 남아 있다.

경부고속도로와 함께 생겨난 경상도 불고깃집

이탈리안 셰프 후배와 함께 새벽 기차를 타고 울산역에 내렸다. 울
산역에서 언양은 택시로 5분 거리다. 언양 시내 대로변에 있는 '진

미불고기'집에는 언제나 손님이 많다. 넓은 가게 입구에서 종업원들이 불고기를 굽는다. 석쇠 위에 얇게 썰어 양념한 불고기가 도열한 채 익어간다. 후배는 고기 굽는 사람들의 건강을 생각한다. 내 눈에는 잘 보이지 않는 것들이 셰프의 몸에 동병상련의 경험으로 각인되어 있다. 불고기 위에 버섯 네 점이 얹어져 손님상에 오른다. 완성된 모습은 떡갈비와 비슷하고 바싹불고기와도 흡사하다.

서울에서는 육수불고기가 대세가 되었지만 지방에는 불에 구워 먹는 오래전 불고기 문화가 건재하다. 현재 언양의 불고기 문화는 육수가 아닌 석쇠불고기를 기본으로 하지만 다양한 방식이 공존한다. 첫째는 소금구이나 생고기로 내는 방자구이식이다. 둘째는 1960년대 후반에 영업을 시작한 '부산불고기'집 방식으로 한우 암소고기를 얇게 썬 후 양념에 재워 석쇠에 구워 먹는 전통적인 방식이다. 살코기를 최대한 얇게 썰어 간장·설탕·참기름 등으로 만든 양념에 3일 정도 숙성시킨 후 석쇠에 올렸다. 셋째는 잔육殘肉을 이용해 떡갈비처럼 만든 방식이다. 갈빗살 작업 시 남는 잔육을 얇게 썰어 간장과 마늘로 양념하여 2~3일 숙성시킨 후 석쇠에 담아 참숯에 구워 먹는다. 지금 언양의 고기는 잔육은 아니지만 굽는 형태나 모습을 보면 잔육을 이용한 방식과 같이 고기를 다져서 사용한다. 서울식 육수불고기가 고기가 귀한 시절 구워 먹기에는 맛이 좀 떨어지는 부위를 먹는 방법으로 육수와 양념을 선택한 것과도 출발점이 같다. 현재 언양에는 세 가지 방식으로 고기를 만들지만 석쇠에 직화로 구워 먹는 방식을 공동으로 사용하고 있다.

불고깃집들은 1968년 경부고속도로를 건설하면서 생긴 것이다. 현존하는 가장 오래된 언양의 불고깃집인 '진미불고기'는 1970년

떡갈비와 비슷하고 바싹불고기와도 흡사한 언양불고기는
육수가 아닌 석쇠불고기가 기본이지만 다양한 방식이 공존한다.

대 후반에 생겼다. 진미불고기는 '부산불고기'집 방식과 유사하게 불고기를 만든다. 송아지 두세 마리를 낳은 적이 있는 3~4년생 암소 고기의 전 부위를 고르게 섞어 사용한다. 설탕·마늘·간장·참기름 만을 이용해 약하게 간을 해서 굽는다.

경상도에 불고기골목이 많은 이유는 1960년대 말에 본격화된 경부고속도로나 산업도시 건설과 밀접한 관련이 있다. 경부고속도로 가 건설되면서 전국에서 식욕 왕성한 노동자들이 몰려들었다. 노동 자들의 저녁식사에 고기와 술이 빠지지 않았고 고향으로 돌아간 노동자들의 입을 타고 전국적인 음식이 되었다.

언양과 멀지 않은 곳에 있는 봉계는 1983년에 불고깃집들이 들어 섰지만 언양보다 불고깃집이 더 많은 불고기 마을이 되었다. 봉계불 고기가 본격적으로 알려진 것은 1990년대부터다. 봉계불고기는 대 체로 소금으로 간을 해 굽는 방식이다.

경남 창원의 판문점과 임진각 창원불고기

창원은 계획도시다. 길은 넓고 곧다. 오래된 것들보다는 새로운 것 들이 많다. 마산과 진해가 창원이라는 이름으로 통합될 만큼 창원의 발전은 빠르고 경제적으로 풍요롭다. 마산의 오래된 가게를 창원으 로 옮기는 경우도 많다. 마산에서 시작된 석쇠불고기는 이제 창원에 서 진검승부를 펼치고 있다. 원조였던 '판문점'이 판문점 주방 출신 이 운영하는 '임진각' 근처에 둥지를 틀면서 벌어진 일이다. 팔용동 에 있는 임진각은 1990년대부터 영업을 시작한 식당이다. 메뉴는 쇠석쇠불고기와 쇠고기국밥 두 가지다. 메뉴만을 놓고 보면 술꾼들 이 주로 출입할 것 같지만 대개 가족 단위 손님이 많다.

1년에 한 번 백김치식으로
담근 노란 속 배추는 '임진각'
석쇠불고기와 잘 어울린다.

저녁 시간에 찾은 탓에 자리에 앉아 주문을 하고 40여 분을 기다려서야 석쇠불고기를 먹을 수 있었다. 석쇠불고기는 제법 달달하지만 과하지는 않다. 고기는 겉을 거의 태우지 않도록 잘 구워 육즙이 살아 있고 감칠맛도 나쁘지 않다. 1년에 한 번 백김치식으로 담근 노란 속 배추는 불고기와 잘 어울린다. 상추를 뒤집어 가지런히 반으로 접어 내놓는 모습에서 음식에 대한 이 집의 예의가 엿보인다. 어느 좌석이라도 불고기를 주문한 사람들은 약속이나 한 듯 경상도식소국밥을 먹는다. 붉은색이 감도는 맑은 국물과 토렴한 밥이 잘 어울린다.

소불고기 | 평양에서 광양까지 대중의 입맛을 사로잡다

육우로 만든 석쇠불고기는 언양불고기와 비슷하지만 언양불고기와는 관계가 없다. 창원식 석쇠불고기는 창원 북동시장에서 1960년대 중반부터 시작되었다. 1960~70년대 창원 일대의 개발이 진행되면서 석쇠불고기는 커다란 인기를 얻었다. 이름도 없던 작은 식당을 손님들은 '판문던'이라 불렀다. 판문던은 판문점의 오기였다. 당시 남북회담 때문에 판문점이 만남의 장소로 유명해지자 사람들이 북적되는 식당에 같은 이름을 붙인 것이다. 판문점에서 일을 하다 독립한 사람들은 판문점을 연상시키는 '임진각' '통일각' 같은 이름으로 영업을 시작하면서 창원식 석쇠불고기는 창원을 대표하는 음식으로까지 발전하게 된다.

제철소가 달구는 황금색 구리 석쇠

광양은 고기 냄새가 진동하는 도시다. 쇠를 녹이는 제철소의 열기가 불고기에 그대로 스며 있는 공간이다. 오랜 명성을 이어온 고깃집도 많고 맛도 평균적으로 좋다. 시외버스를 타고 광주에서 장흥, 보성, 순천을 거쳐 광양에 도착했다. 어둠이 가득한 거리에 광양불고기 간판이 용광로처럼 환하다. '삼대광양불고기'집으로 들어선다. 마당 옆으로 방이 많다. 하지만 손님이 없다. 파장 분위기다. 혼자 온 낯선 이를 받아주는 것만으로도 고맙다. 고독한 미식가처럼 자리에 앉아 불고기를 기다린다.

숯불이 들어오고 황금색 구리 석쇠가 놓인다. 주문과 동시에 간장·소금·설탕·참기름·마늘로 간을 한 붉은색 불고기가 그 옆에 놓인다. 연기를 빼는 탁자 위의 작은 닥트가 공간을 공상과학영화처럼 만든다. 굽기 직전의 광양불고기는 붉고 붉다. 황금색 구리 석쇠는

기름기를 제거한 등심
살코기로 만든 광양불고기의
질은 육수불고기의
재료와 비교할 수 없다.

노랗고 뜨겁다. 붉은색 숯불은 곱고 곱다. 붉은 고기를 실험하듯 석
쇠에 펼쳐 놓는다. 석쇠는 참숯의 온도와 향을 거의 직접적으로 고
기에 전달한다. 얇은 고기는 얹자마자 이내 익는다. 부드러운 질감
과 단맛을 수반한 감칠맛이 입안에 퍼진다. 등심만을 사용하고 기
름기를 말끔히 제거한 고기의 질은 육수불고기의 재료와 비교할 수
없다.

늦은 시간, 고기에만 집중한 탓일까? 맛있다. 양념과 얇은 고기를
가지고도 충분히 멋진 음식을 만들 수 있다는 것을 확인할 수 있는
혼자만의 만찬이었다. 육수에 김치와 남은 반찬, 불고기 몇 점을 넣

고 숯불에 끓여 먹는 '빨간국'도 유명하다. 광양불고기는 간장에 배즙·마늘·참기름을 버무려 은은하게 단맛이 도는 양념장을 고기를 굽기 직전에 고기 위에 바른다. 등심 살코기에서 힘줄과 지방을 제거한 뒤 칼로 다지고 얇게 저민 고기는 너비아니를 연상시킨다.

삼대광양불고기의 역사가 일제강점기부터 시작되었다고 기록한 책도 있지만 지금의 모습을 갖춘 것은 1968년경이다. 원래는 '광양불고기식당'이었지만 3대가 가업을 이으면서 '삼대광양불고기'로 바꾸었다. 3대째 운영하고 있는 '대중식당'이 원조라는 기사『경향신문』1990년 1월 30일도 있어 광양불고기를 처음 시작한 집은 정확하게 알 수 없다. 삼대광양불고기나 대중식당이 본격적으로 영업을 시작한 것은 대개 1950년대 중반인 것만은 분명해 보인다.

쇠갈비

씹고 뜯고 맛보고 즐기고!

"1,000여 평의 광대한 대지에

고급 관상수 · 인공폭포 · 구름다리 · 물레방아 ·

정자 · 석탑분수대 · 연못 · 수족관 등을 차려놓아

온갖 자연물의 만화경을 연상케 하는

이 갈빗집들은 성냥갑같이 규격화된

아파트타운의 이방지대임에 틀림없다."

• 『경향신문』 1982년 11월 11일

"하모니카 불러 가세!"

『승정원일기』인조 17년1639 6월 24일 기사에 '갈비'乫非라는 단어가 등장할 정도로 한국인은 오래전부터 갈비를 좋아했다. '쇠갈비'牛乫非라는 단어는 인조 4년1643에 간행된 『영접도감』에 나온다. 1670년부터 1680년 사이에 씌인 『음식디미방』과 19세기 말에 발행된 『시의전서』는 물론 20세기 초의 조리서에는 갈비보다 '가리'라는 말이 주로 쓰였다.

정약용1762~1836은 『아언각비』1819에서 우협牛脅을 갈비曷非라고 적었다. 이용기의 『조선무쌍신식요리제법』에서는 '갈비구의' 조리법에 '가리쟁임'과 '협적'脅炙이라는 용어를 사용했다. 몇몇 외국 학자는 갈비가 몽골에서 넘어온 단어라고 주장하지만 정설은 아니다. 갈비의 어원을 알타이 공통기어인 'kaburga'짝지음가 갈비로 변한 것이라고 주장하는 언어학자도 있다. 1906년에 작성된 『가례도감의례』에는 '갈리'乫里라는 단어도 나온다.

갈비 외식이 가장 번성했던 곳은 평양이었다. 갈비는 불고기와 더불어 평양 사람들이 제일 좋아하는 외식 메뉴였다. 1930년대 평양에는 50여 개가 넘는 고깃집이 있었다. 고기 전문점에서는 쇠갈비와 불고기만 팔았다. 소는 주로 암소를 사용했다. 1929년 잡지 『별건곤』에는 평양에 갈빗집이 생긴 것은 1920년대 중반 이후라는 기록이 나온다. 평양의 갈비는 암소갈비를 크게 잘라 "설탕을 안 쓰고 굵직굵직한 석쇠에 굽는"『신동아』1966년 1월호 것이 특징이었다. 커다란 갈비대 덕에 갈비를 먹으러 갈 때 "하모니카 불러 가세"라고 우스갯소리를 했다.

고향이 북쪽인 국립중앙의료원 유기원 원장은 "평양의 불갈비는 어느 지방의 갈비보다도 부드럽다는 것을 나중에야 알았다. 다른 지방에서는 소에게 풀을 많이 먹이고 거친 사료를 많이 주는 대신 평안도 지방에서는 콩을 많이 먹이기 때문이 아닌가 생각한다"고 증언한다. 당시 평양 소의 명성은 한반도를 넘어 일본에까지 자자했다. 덩치가 크고 순한 성격 때문에 일소로도 최고였고 콩을 먹고 자란 탓에 비육우의 특성도 가지고 있었다. 마블링은 곡물 사료를 먹은 소에게서 집중적으로 나타나는 화학적 변화다.

평양 사람들의 쇠고기 사랑은 물자 부족으로 허덕이던 일제강점기 말기까지도 계속되어 판매량을 제한할 정도였다.

평양은 쇠고기가 명물로 되어 있을 뿐 아니라 쇠고기를 먹는 양에 있어 전 조선에서 제1위를 점하고 잇다. 그 원인은 대부분 명물 불고기와 스끼야끼, 갈비를 만이 먹는 데 큰 원인, 평안도 보안과에서는 불고기는 562.5g, 스끼야끼는 375g, 갈비는 1,125g으로 1인당 판매량을 제한.
  • 『매일신보』 1941년 10월 23일

평양면옥 광고문구도 등장한다.

암소갈비하면 평양의 경제리로서 냉면과 갈비는 평양이 발상지였다.
  • 『주간경향』 1972년 9월 24일

2000년 이후에 발간된 북한의 조리서들도 평양의 특산 음식으로

'소갈빗국'과 '소갈비구이'를 거론한다.

가리적이라고도 부른 소갈비구이는 독특한 맛으로 하여 오래 전부터 널리 알려진 음식이다. 소갈비를 길이가 7~8cm되게 토막 내고 칼어임칼질을 준 다음 간장·파·마늘·참기름·고춧가루· 후추가루·배즙을 두고 재웠다가 참지를 깐 적쇠 우에 올려놓고 숯불에서 구워 만든다.
•『조선의 특산료리』 2005

지금의 평양갈비와 이전의 평양갈비는 조금 다르다. 한국전쟁 이전의 평양갈비는 구울 때 양념을 살짝만 해서 양념장에 찍어 먹었다. 일본의 야키니쿠는 평양의 갈비구이 방식과 거의 유사하다. 그러나 지금 북한의 평양 소갈비구이는 양념에 재운 뒤 내놓는 서울식 갈비와 비슷한 방법을 사용한다.

근현대 아픈 역사의 한 장면 속 평양갈비

왜 평양에서 갈비가 유행했을까. 워낙 평양의 소가 유명했지만 근본적인 원인은 평양이 공업과 군사도시였기 때문이다. 평양은 한반도의 공업기지이자 만주와 중국으로 진출하기 위한 전초기지였다. 일제강점기 이전부터 평양 일대에 유명했던 소는 군인들을 위한 최고의 먹거리이자 사업가들의 미식이었다.

일본 군인들의 병식兵食에 있어 육식은 가장 중요한 식재료였다. 1907년 병사의 1인당 연간 식육소비량은 22근으로 일반인의 1.3근과는 엄청나게 큰 차이를 보인다.『일본제국권의 농림자원개발』 19세기 말부터 20세기 중반까지 일본은 군국주의 시대였다. 군인들을 위한 식량은 모든 것에 우선했다. 20세기 초 전쟁 때문에 일본 내의 쇠고기가 고갈되자 식민지 조선은 일본 제국을 위한 가장 중요한 소牛 공급처가 된다. 소는 고기로도 유용했지만 농사에 없어서는 안 될 노동력이었다. 원산, 인천, 부산을 통해 살아 있는 소들이 일본으로 건너갔다.

생우를 수입하는 데 가장 큰 문제점은 전염병의 발병이었다. 소들이 도축되어 지육 형태로 일본에 수출되거나 전투식량용 통조림으로 만들어졌다. 1920년대 일본은 식민지 수탈 등으로 경제 호황을 맞는다. 생활 수준이 높아지면서 '대중소비사회 형성기'를 맞는다. 식민지 남양군도에서 싼값에 수입된 설탕 등이 음식에 본격적으로 도입된다. 일제강점기 내내 한반도 고깃집에 빠지지 않고 등장하는 스키야키는 설탕·가쓰오부시·쇠고기의 대중화를 기반으로 탄생한 음식이다. 고기를 구워 먹는 스키야키는 대리석 같은 마블링이 가득한 고기를 좋아하는 결과를 낳았다.

살코기를 좋아하고 그것의 소비가 많아지면서 지육과 통조림용으로 만들고 남은 소의 부산물이 식민지 조선에 넘쳐났다. 소머리, 내장, 사골 등으로 만든 설렁탕 가게가 급격하게 늘어나고 뼈에 살코기가 붙은 갈비를 파는 식당이 평양은 물론 경성과 대도시에 본격적으로 등장한다. 뼈에 붙은 갈비지만 서민들도 쇠고기를 술집에서 구워 먹을 수 있는 시대가 온 것이다.

서울에 등장한 새로운 외식 메뉴

갈비가 서울에 외식으로 등장했다는 기사가 잡지에 실렸다.

3년 전1927년경 전동 대구탕 집에서 갈비를 구워 팔기 시작한 뒤로 여러 식당이 생겨 사진판에 박은 것처럼 의례히 대구탕, 백숙연계, 군갈비를 팔게 되었다.

• 『별건곤』 1929년 9월 27일

그보다 10년 전인 1917년 10월 6일자 『매일신보』에는 정육점 '삼의화본점'三義和本店의 광고가 실렸다. "본점에서는 특히 기름진 암소만 도하야잡아 정결히 조제하옵는바 시내에서는 전화로 통지하시면 자전차로 배달하오니"라는 고지와 함께 "스끼야끼감·양요리감·암소갈비·계육·제육·슈육" 등 판매하는 고기가 열거되어 있다. '기름진 암소'는 비육肥肉 소를 말하는 것으로 추정된다. 1910년대에 암소갈비를 정육으로 팔았음을 알 수 있다.

갈비는 1930년대 "조선서 갈비 구어 먹듯"『동아일보』 1934년 11월 14일이 흔하게 볼 수 있는 외식이었다. 갈비는 선술집에서 "갈비 굽는 내음새가 구미를 돋구어"『동아일보』 1936년 1월 23일 주고 "막걸리를 거듭 네댓 사발 마시고 나서 벌건 화로에서 지글지글 익는 갈비를 들고 우둑우둑 쥐여 뜯"『별건곤』 1927년 2월 1일었다. 갈비는 고급 요리점의 단골 메뉴이자 집에서 먹던 음식이었다. 갈비 특성상 짝으로만 파는 탓에 집에서는 부자가 아니면 먹기가 힘들었지만 식당에서는 갈비를 낱개로 판매하기 때문에 인기가 많았다.

당시 갈비 가격은 냉면, 비빔밥, 대구탕반이 20전일 때 두 접시에 60전을 받았다. 일반 식사보다 1.5배 비쌌지만 술안주임을 감안하면 "간단하고 갑싸고 조촐한"『별건곤』 1929년 9월 27일 음식이었다.

명절 최고의 선물은 갈비세트

해방공간기1945~50에 갈비를 취급하는 식당의 광고가 연일 신문에 게재된다. '평양명물' 갈비를 파는 식당인 '서래관'에서는 "냉면 · 온면 · 스기야기 · 우장牛腸 · 소갈비 구이燒"『대동신문』 1946년 11월 5일를 팔았고 '중앙관'에서는 "갈비찜을 팔았다."『대동신문』 1948년 10월 22일 당시 갈비를 파는 집은 거의 대부분 야채와 고기를 전골식으로 먹는 스키야키와 석쇠에 고기를 구워 먹는 불고기를 팔았다. 갈비구이는 1960년대에는 구워 먹는 갈비라는 뜻으로 '불갈비'라는 용어를 자주 사용했다. 1960년대에는 가정에서 갈비찜이나 갈비탕을 자주 먹었다.

갈비세트는 1960년대에 최고의 추석 · 신년 선물이었다. "소갈비가 정육점마다 동날 정도로 인기(가 많고) 일반인들은 먹기 힘든 비싼 음식"『매일경제』 1967년 1월 5일이었다. 당시 서울에서는 하루 300마리의 소가 도살되고 정육점이 820개에 달했을 정도다. 1960년대부터 쇠고기에 대한 수요가 늘어나면서 농번기를 중심으로 소값이 폭등하는 일이 주기적으로 발생한다.

1965년에 발간된 「직업별 전화번호부」에는 서울의 한식당이 300여 개 등록되어 있다. 그중 39개가 불고기를 파는 집으로 나와 있다. 1960년대 초반에 이미 불고기는 서울에서 가장 대중적인 외식이 되어 있었다.

1960년대 중반에 홍릉 옆에 '홍능갈비'가 문을 열고 쇠갈비를 팔기 시작한다. 서울 외곽 벽제에서는 '늘봄공원' 같은 갈빗집이 영업을 시작한다. 1960년대 말 당시로서는 드물게 신문에 '수원갈비'에 관한 기사들이 큼지막하게 실린다. 부자들을 중심으로 외곽에서 외식으로 갈비를 먹기 시작한 것이다.

'해운대암소갈비'는 서울에
분점을 낸 뒤 『선데이서울』에
광고를 게재했다.

해운대식 암소갈비의 서울대첩

1970년대 옐로 저널리즘의 정점에 선 『선데이서울』의 인기는 대
단했다. 1972년 여름 내내 『선데이서울』은 서울에 진출한 해운대
암소갈빗집들의 원조 논쟁 전쟁터였다. 서울 시민이 가장 즐겨 찾던
피서지 해운대에 번성한 암소갈빗집에서 갈비를 먹어본 사람들은
서울에서 해운대식 암소갈비를 먹고 싶어했다. 해운대암소갈비를
처음 시작한 '해운대암소갈비'^{현 '소문난해운대암소갈비'}는 1972년 3월
26일자 『선데이서울』에 "해운대암소갈비집 장안에 등장"이라는 광
고가 실린다.

해운대암소갈비는 1964년 윤석호 씨가 해운대에서 창업한 가장 오래된 갈빗집이다. 윤석호 씨의 조카가 서울에 분점을 낸 것을 계기로 광고를 게재한 것이다. 이후 서울의 요식업계는 "한창 해운대 암소갈비붐이 요원의 불길처럼 번지고 있다. 해운대암소갈비집의 군웅할거의 시대라고나 할까. 새로 한식업을 개업하는 집마다 의례히 해운대암소갈비를 들먹이고 나오는 판국"이었다. 『선데이서울』 1972년 12월 3일 해운대암소갈비의 광고에는 갈비 다루는 법도 나온다.

좋은 갈비를 사서 하루 반쯤 매달아둔 뒤 냉동시켜 하루를 재어두어 고기를 부드럽게 합니다. 그런 후에 심줄이나 기타 질긴 부분을 제거하고 알맞게 토막을 내어 뼈에 붙어 있는 살을 떠내지요. 그리고 난 다음에 양쪽에서 칼질을 대각선으로 하면은 고기가 다이아몬드처럼 됩니다. 이것을 양념에 절이면 되는데 주의해야 할 것은 양념을 충분히 스며들게 해야 합니다. 갈비 한 짝을 절일 수 있는 양념의 비율은 간장 한 그릇, 물 세 그릇 반, 설탕 한 그릇 반, 미원 세 숟갈, 깨 두 숟갈, 참기름 세 숟갈, 정종 약간, 마늘 4통 정도를 합제하여 가감해야 합니다.
• 『선데이서울』 1972년 7월 6일

이는 지금 서울식 가든 갈비에 나타나는 조리법과 유사하다. 해운대암소갈비는 갈비와 함께 상추쪼르기상추무침를 고기와 함께 먹었다.
부산식 소금구이의 원조집으로 광고를 한 '오륙도집'과 부산 남포동의 '부일갈비'는 부산에서 서울로 직접 고기를 냉동차로 공수해 양념한 암소갈비는 물론 소금구이도 함께 팔았다. 부산과 관련이 없는 '궁전갈비'나 '천호갈비', 킹사이즈로 이름난 '돌집' 같은 식당이 연이어 개업하면서 1970년대 중반은 해운대식 암소갈비의 서울 전성시대가 열린다.

강남 개발의 특수를 누린 가든형 갈비

1974년부터 시작된 강남 개발은 1980년대가 되면서 본격화된다. 강남의 넓은 땅은 눈치 빠른 부자들의 캐시카우였다. 땅값은 연일 치솟았다. 그런데 땅 부자들은 세금폭탄이라는 생각하지 못한 복병을 만난다. 200평 이상의 공한지놀고 있는 땅에는 재산세를 엄청나게 물렸기 때문이다. 세금 때문에 고민하던 부자들 앞에 '삼원가든'의 박수남 대표가 나타나 갈빗집을 제안한다. 부자들의 공한지에 공원식 대형 갈빗집을 지으면 세금 대신 월세가 들어오는 일석이조의 묘안에 땅 부자들은 흔쾌히 제안을 수락했다. 1981년 11월, 1,200평의 삼원가든이 강남구 신사동에서 개업한다. 갈빗집은 대박이 났다.

종업원만 100여 명, 손님의 80% 이상이 자가용으로 찾아든다. 요즘 하루 찾아오는 손님은 평일에는 200여 명 휴일에는 350여 명 정도. 하루 소비하는 갈비만도 10~13짝가량이니까 하루에 5~6마리의 소가 소비되는 셈이다. 휴일 최고 매상고는 하루 1,500만 원 평일에도 400~500만 원 정도는 실히 된다. 고객은 대부분 가족동반으로 온다. 외국인들도 바이어들도 몰려들었다.

• 『동아일보』 1983년 5월 2일

삼원가든의 성공은 강남의 새로운 비즈니스 모델이 된다.

논현동의 늘봄 · 서라벌, 신사동의 삼원가든 · 한강, 서초동의 초성공원 · 신라정, 학동의 수주성 등 기업화한 초대형 업소만 9개소가 되며 앞으로도 3~4개소가 새로 들어설 예정이다. 이 가운데 옥외 영업을 위주로 설계된 곳은 삼원가든 등 5개소다. 1,000여 평의 광대한 대지에 고급 관상수 · 인공폭포 · 구름다리 · 물레방아 · 정자 · 석탑분수대 · 연못 · 수족관 등을 차려놓아 온갖 자연물의 만화경을 연상케 하는 이 갈빗집들은 성냥갑같이 규격화된 아파트타운의 이방지대임에 틀림없다.
　•『경향신문』1982년 11월 11일

"1982년 한국은행이 집계한 음식숙박업의 성장률은 10.4%로 GNP 성장률 5.4%의 거의 배에 가까"웠다. 서울 대형 갈빗집들의 성공은 자연스럽게 지방 대도시로 확산된다. 대전과 대구의 식당 창업자들이 강남의 대박 갈빗집에서 노하우를 전수받아 연달아 창업하면서 전국에 가든 시대가 열린다.

경제성장에 아시안게임, 올림픽 특수가 겹치면서 사람들은 들떠 있었다. 프로야구가 시작되고 민병철 · 조화유 같은 영어 강사들은 스타 못지않은 인기를 누렸다. 광주항쟁과 서울의 봄, 직선제와 노동조합의 결성 같은 정치 · 사회적 사건들과 함께 사람들의 인식이 높아졌고 좋은 음식에 대한 열망도 강해졌다. 그러나 여전히 쇠갈비는 비싼 음식이었고 부자나 중산층의 음식 문화였다.

돼지갈비가 그 욕망의 틈을 비집고 나타났다. 1980년대 마포 돼지갈비 문화는 그 도화선이었다. 1980년대 신촌역에서 신촌시장으로 이어지는 거리에도 돼지갈비식당이 연이어 등장한다. 1989년 대형 갈빗집들이 그린벨트 훼손으로 철거되고 주인들이 구속되면서 쇠갈비 열풍은 한풀 꺾인다. 쇠갈비는 1980년대 혼돈의 사회사와 일정한 궤적을 같이한 사회적 음식이다.

서울의 대형 갈빗집에서 수원의 갈비 기술자를 많이 고용했다. 그러나 서울 사람들의 취향 때문에 수원과는 달리 달달한 간장소스에 갈비를 재워 팔거나 아예 생갈비를 팔았다. 갈비 크기는 한입에 먹기 좋게 작게 잘랐다. 갈비를 발라내는 방식은 양쪽으로 갈라내는 양갈비에서 다이아몬드 칼집을 내는 형태로 바뀐다. 1990년대 들어 갈비하면 연상되던 양념갈비와 더불어 마블링이 가득한 생갈비 시대가 열린다.

추워도 '서서' 먹는 갈빗집

12월 어느 날, 대낮에도 날씨는 영하를 넘나들었다. 신촌로터리에서 신촌병원으로 가는 길에는 모텔촌이 들어서 있다. 모텔촌 한쪽에 40년 넘은 낡은 빌딩이 현대식 모텔들과 동떨어진 모습으로 서 있다. 영하의 날씨에도 살짝 열려 있는 문 안으로 들어서면 놀라운 광경이 펼쳐진다. 꽤 넓은 건물 1층에 수십 명의 사람이 드럼통 앞에서 쇠갈비를 구워 먹고 있다. 환기 시설이 없는 낡은 건물 구조 때문에 앞뒤 문은 언제나 열려 있다. 별도의 난방시설도 없다. 드럼통마다 연탄이 네 장씩 타오르고 있지만 난방용이 아닌 고기구이용이다. 오후 2시가 넘은 시간인데도 자리를 꽉 메운 사람들은 추위에 떨며 고기를 굽고 먹는다.

한국에서 가장 독특한 음식 문화 중 하나인 '서서갈비'가 탄생한 '연남서서갈비'의 모습은 이렇듯 그로테스크하고 거칠다. 창업주의 아들인 75세의 이대현 연남서서갈비 사장은 나이가 믿기지 않을 만큼 기억력이 좋고 활동적이다. 테이블 앞에 서서 갈비 몇 대를 연탄불에 구우며 그에게 이야기를 들었다. 이대현 사장은 11세에 일을 시작해 지금도 현역으로 활동하고 있는 64년 경력의 전설의 오너셰프다.

지금의 신촌로터리 그랜드마트 뒤에 살던 창업주는 한국전쟁 직후 집 앞마당에 군용 천막을 치고 선술집을 열었다. 당시 주소는 노고산동 102번지였다. 창업 이후 신촌 주변이 급속하게 개발되었기 때문에 지금의 자리까지 합쳐 이사를 아홉 번했지만 멀리 떠나본 적은 한 번도 없다. 초창기에는 돼지갈비, 쇠갈비 같은 메뉴에 정종사케과 소주를 팔았다. 돼지고기는 살코기에 비계가 많이 섞인 부위에 고추장을 발라서 팔았다. 지금 명동이나 종로에 남아 있는 돼지고추장구이와 거의 비슷한 메뉴다.

당시 쇠고기 살코기는 비쌌지만 뼈가 중심을 이루던 갈비는 상대적으로 저렴했다. 쇠고기 살코기에 비해 갈비 가격은 3분의 1 정도였다는 것이 이대현 사장의 증언이다. 갈비는 뜯어먹는 모양새가 천박해 보이고 먹을 때 옷에 기름이 튀는 것 때문에 부자들이 그리 좋아하지는 않았다. 초창기에는 낮은 의자에 앉아서 먹는 형태였지만 나무로 만든 의자가 자주 부서지자 드럼통에 연탄을 피우고 서서 고기를 구워 먹는 방식이 자연스럽게 정착되었다.

식당 주변에는 화물역인 서강역에서 일하는 갱목 노동자, 하역 노동자, 시멘트 관련 노동자가 많았다. 일을 끝낸 이들은 저렴한 가격에 고기와 술을 먹을 수 있는 연남서서갈비를 자주 찾았다. 물론 당시에는 가게 이름도 없었다. 창업주가 홀아비였던 탓에 '홀아비식당'이라고 불렀고 그 외에도 '실비집' '김포집' '성칠이네집' 등 손님들이 붙인 이름이 자연스럽게 통용되었다. 다른 가게와 달리 서서 먹는 문화가 정착되자 자연스럽게 1960년대 초반부터 '서서갈비집'이라는 이름이 사용되었다. 1980년부터 '연남식당'이라는 지금의 상호를 사용했다. 이후 서서갈비가 음식 문화로 유행하자 상표를 등록하려 했지만 이미 다른 사람이 등록한 뒤였다. 지금의 가게 이름인 연남서서갈비는 일종의 변종 고육책인 셈이다.

초창기에는 드럼통 하나에 여섯 팀이 갈비를 나눠 구워 먹은 적도 있었다고 한다. 석쇠는 공동으로 사용했다. 처음 보는 사람들끼리 고기를 나눠 먹고 친구가 됐던 시절이다. 당시에는 갈비 판매가 목적이 아니라 술 판매가 목적이었다. 김포특주라는 술과 소주가 제일 잘 팔렸다. 소주 한 병에 갈비 두 대가 손님들의 기본 메뉴였다.

술꾼을 위한 갈비 문화가 가족형 갈비 문화로 바뀐 것은 1970년대 중반 이후부터였다. 자가용이 대중화되자 사람들은 음주 운전 때문에 갈비를 먹을 때 술을 기피했다. 갈비는 가족들 외식으로 먹는 단백질 보충원이자 맛으로 먹는 음식이 된다. 연남서서갈비는 갈비를 양쪽으로 포를 떠서 간장을 기본으로 한 양념에 재워 낸다. 포는 지금처럼 세련되고 정교한 솜씨로 얇게 뜬 것이 아니라 양쪽으로 분리시킨 투박한 형태였다.

초창기에는 조선간장을 사용했지만 짠맛이 문제였다. 조선간장에 물을 타서 이용하다가 양평동에서 만든 '진간장'이 서울몽고간장에서 나온 후 지금까지 이 간장을 사용하고 있다. 진간장은 마산의 몽고간장보다 염도가 약하고 감칠맛과 단맛이 조금 더 강화된 간장이다. 처음 장사를 시작할 때는 갈비에 고춧가루를 조금 사용했지만 손님들이 별로 좋아하지 않아 금방 없앴다.

연남서서갈비는 1950년대 당시의 조리 방식을 거의 유지하고 있다. 초창기와 달라진 것은 단맛이 조금 강해진 것 정도다. 갈비가 노동자들의 안주였을 때 짠맛은 단맛보다 우위에 있었다. 간장은 고기의 맛을 제대로 발현시키고 단백질과 염분을 보충할 수 있는 일석삼조의 조미료였다. 1980년대 노동의 음식에서 미식과 가족의 외식으로 갈비가 변하면서 단맛이 짠맛을 밀어냈다.

다른 곳에서는 볼 수 없는 이 집만의 불판도 인상적이다. 석쇠와 불판의 중간 형태로 1cm 간격으로 공간이 있다. 연탄 네 장에서 나오는 강력한 화력은 갈비의 겉과 속을 고르게 익힌다. 살코기 부위가 적은 갈비에는 안창살을 붙여 사용한다. 안창살은 갈비와 비슷한 맛을 낸다. 가격은 갈비보다 훨씬 비싸다. 창업주가 혼자 사는 남자였던 흔적은 반찬에 남아 있다. 한국 식당에서 빠지지 않는 김치가 이 집에는 없다. 김치 담글 사람이 없어서 시작 안 한 것이 오늘날까지 이어지고 있다.

고기를 고를 때는 주인만의 특별한 철학이 있다. 1980년대 중반까지도 주로 먹던 쇠고기는 마블링이 가득한 비육우가 아닌 일을 많이 한 농우거나 육우였다. 요리 과학자 해럴드 맥기Harold McGee는 "생애가 맛을 강화시킨다"고 했다. 오래된 소일수록 "식물에서 유래한 맛의 화합물이 지방에 더 많이 저장되기 때문"이다. 연남서서갈비의 갈비 고르는 철학은 옛날식 쇠고기가 더 맛있다는 것이다. 마블링이 있는 쇠고기는 기름기가 많아 생으로 먹는 것이 더 낫다. 옛날 쇠

드럼통 하나에 여섯 팀이 갈비를 구워 먹은 적도 있는 '연남서서갈비'는
난방시설도 없는 곳이지만 갈비가 떨어지는 저녁 8시 이전에 영업이 끝난다.

고기와 비슷한 특성을 지닌 3등급 이하의 쇠고기는 마블링이 거의 없다.

옛날에는 지금 같은 등급제와 시스템이 확립되지 못해 전문가가 아니고는 속아서 고기를 사는 경우가 많았다. 병든 소나 도축 과정에서 문제가 생긴 일명 '걸레고기'나 '찔찔이' 같은 고기는 질기고 위생에도 문제가 많았다. 선명하고 때깔 좋은 갈비를 사서 기름을 제거하고 힘줄을 발라낸 뒤 양념에 재우면 탄력이 살아 있는 옛날 갈비 맛이 난다.

이 집의 영업 시작 시간은 12시로 정해져 있지만 끝나는 시간은 일정치 않다. 갈비가 떨어지면 문을 닫기 때문이다. 저녁 8시가 넘기전에 이 집의 영업은 끝이 난다.

신촌의 또 다른 갈비명가 '형제갈비'는 원래 참기름집으로 시작해 연남서서갈비에 참기름을 공급하다가 갈빗집을 창업했다는 것이 이대현 사장의 증언이다.

넓고 큰 갈비를 먹으려면 수원으로 가자

갈비탕을 혼자 먹을 수는 있어도 갈비구이를 혼자 먹기는 힘들다. 1인분은 팔지도 않고, 온통 가족뿐인 식당에 혼자 있는 쓸쓸함을 견뎌내기는 쉽지 않다. 10년 차이 나는 선배와 20년 어린 후배와 셋이 마치 가족인 양 '본수원갈비'를 찾았다. 커다란 주차장에 차를 대놓고 걷는다. 식당까지 몇 분을 걸어야 하는 본수원갈비는 작은 공원 같다. 입구에는 식당의 유래가 비석에 새겨져 있고 식당 건물은 미술관 같다. 토요일 오후 가족 단위의 사람들이 번호표를 들고 기다린다. 400석이 넘는 거대한 공간이 만석이다.

수원갈비를 만든 '화춘옥'이 몇 번의 부침으로 주춤한 사이 '본수원갈비' '삼부자갈비' '가보정갈비' 같은 후발 주자들은 거대한 식당기업으로 성장했다. 식당 하나가 웬만한 음식거리만 하다. 수원의 대규모 갈빗집들이 성공한 이유는 저렴한 가격에 푸짐한 고기를 호젓한 공간에서 즐길 수 있기 때문이다.

본수원갈비는 상대적으로 비싼 한우를 팔지 않는다. 갈비 두 대가 불판을 온전하게 채운다. 더 이상 올릴 자리가 없을 정도로 본수원갈비는 넓고 크다. 수원갈비가 대개 간장으로 양념을 하는 반면 본수원갈비는 소금으로 버무린 갈비를 판다. 한정 판매하는 된장과 갈빗대를 넣은 갈비탕도 인기가 많다. 화춘옥에 이어 갈빗집들이 본격적으로 생겨나던 1973년에 영업을 시작했다.

수원의 우시장은 전국에서 몇 손가락 안에 들 정도로 규모가 컸다. 사람들의 왕래가 잦았던 수원의 싸전거리에 화춘옥이라는 식당이 1945년에 문을 연다. 처음에는 해장국을 주로 팔았다. 한국전쟁 때 부산에서 피란 생활을 한 후 다시 수원으로 돌아와 장사를 계속한다. 1953년 영동시장이 화재로 사라지자 팔달구로 자리를 옮겨 1954년부터 다시 영업을 시작한다. 1956년부터 갈비를 양념에 무쳐 숯불에 구워 팔았다. 화춘옥의 갈비구이가 인기를 얻게 되자 1960년대부터 주변에 갈빗집이 하나둘씩 늘어나면서 자연스럽게 갈비골목이 형성되었다. 1979년 수원영동시장 싸전거리 갈빗집들은 수원 도심개발에 밀려 지금의 수원갈비골목이 형성된 수원지방법원 주변으로 이전한다.

싸전거리 수원갈비가 우시장과 쌀시장을 오가는 사람들을 배경으로 성장했다면 법원 앞의 수원갈비골목은 1980년대 본격적으로 등

간장이 아닌 소금으로 양념하는 '본수원갈비'는 상대적으로 비싼 한우를 팔지 않는다.

장한 중산층의 여가와 밀접한 관련이 있다. 자가용을 소유한 마이카족들은 가족 단위로 이동하며 맛집을 찾아다니기 시작한다. 수원성과 용인민속촌, 자연농원 등 마이카족이 즐겨 찾는 관광지가 주변에 많아 수원갈비는 외식 명소가 된다.

화춘옥은 싸전거리가 없어지면서 식당 문을 닫는다. 화춘옥에서 갈비 조리법을 배운 사람들이 주변에 가게를 차리면서 화춘옥식 수원갈비는 수원갈비의 전형으로 자리 잡는다.

수원갈비를 생각하면 커다란 갈비 이미지가 떠오른다. 갈비 길이가 10~13cm 정도로 크기 때문에 왕갈비라고 부르기도 한다. 또 다른 특징은 간장과 조미료를 이용하지 않고 소금으로 간을 한다는 것이다.

신문 기사에 화춘옥의 조리법이 자세하게 나온다.

갈비를 긴 대로 잘라서 뼈에 붙은 가운데를 칼로 금을 긋고 양편에 붙어 있는 고기를 칼로 저민 다음 약 10~15cm로 토막을 낸다. 칼질이 된 갈비는 양념에 재게 되는데 양념의 내역은 다른 갈비와 같이 설탕·후춧가루·참기름·마늘·파 등이나 수원갈비는 이외에 볶은 깨를 첨가한다. 특히 간을 맞추는 데 간장을 쓰지 않고 소금재럼을 쓰는 것이 특징이다. 간장을 쓰는 갈비는 잡맛을 내기 때문이다. 이렇게 배합된 양념은 칼질이 잘된 갈비에 배어들도록 차곡차곡 재워두었다 굽게 되는데 갈비를 굽는 데는 연탄불이나 가스불에 구워서는 제맛을 잃게 되며 반드시 숯불에 구워야 수원갈비의 특미를 살릴 수 있다.

•『동아일보』1967년 10월 12일

왕갈비라고도 부르는 수원갈비는 잡맛을 내는 간장을 쓰지 않고
소금으로 양념한다. 숯불에 구워야 제맛을 살릴 수 있다.

1924년에 이용기가 쓴 『조선무쌍신식요리제법』에 "옛날 갈비고명은 간장을 쓰지 않고 소금을 기본 양념으로" 했다는 내용이 나오는데 이는 수원갈비와 흡사하다.

분단의 산물 포천 이동갈비

경기도의 작은 도시 포천은 이동막걸리와 이동갈비를 떠올리게 한다. 작은 이동면은 천변을 따라 마을이 들어서 있다. 천변에 벽을 바싹 붙인 커다란 건물들은 대개 갈빗집들이다. 갈비와 막걸리가 이곳에 번성한 것은 분단과 깊은 인연이 있다. 대한민국의 최북단답게 이곳에는 군부대가 많다.

이동갈비는 한국전쟁 이후 군인을 중심으로 성장한 음식 문화다. 이동갈비가 생기게 된 배경에는 두 가지 설이 있다. 첫 번째 설은 미군부대에서 버린 갈비를 주워 포를 떠서 먹으면서 시작되었다는 것이다. 두 번째 설은 1950년 9·28 수복 후 군부대가 많던 포천에 장교를 상대로 갈비를 팔던 집이 생겨나면서라는 것이다. 이동갈비라는 간판이 등장한 것은 1963년이고, 1976년 이동에 포장도로가 생기면서 외지 사람이 몰려들기 시작했다. 제대한 군인들이 고향으로 돌아가면서 이동갈비와 이동막걸리는 전국적인 음식이 되었다. 갈빗집들은 지금도 여전히 성업 중이다.

현재 가장 오래된 집으로 알려진 '김미자원조할머니'집에는 손님이 많다. 갈비는 1인분에 네 대가 나온다. 간장을 기본으로 한 양념에 잰 갈비를 한 줄짜리 얇은 철망에 올려 구워 먹는다. 단맛과 함께 신맛이 난다. 갈비와 함께 막걸리를 먹으면 포만감은 배가 된다. 이 동네 가게는 대개 이름이 길다. 가게들 간에 치열하게 경쟁한 부산물이다.

한국전쟁 이후 군인을 중심으로 성장한 이동갈비와 이동막걸리는
제대한 군인들의 입소문으로 전국적인 음식이 되었다.

최정상급 품질의 안동 한우

먹을 게 많은 안동은 내 단골 취재처다. 안동 국수와 안동 찜닭은
이제 전국적인 먹거리가 되었다. 안동 출신의 의사 후배 덕에 안동
토박이들만 다니는 식당도 여러 번 들락거렸다. 지금은 사라진 은어
의 추억을 간직한 '물고기식당'의 은어조림과 청국장, 막 지은 밥과
반찬들을 보면 안동의 음식 맛이 얼마나 깊은지 확인할 수 있다.

안동역 건너편은 모텔과 식당이 많은 곳이다. 밤늦도록 안동의 술
꾼과 젊은이들은 이곳을 배회한다. 음식 글로 먹고사는 후배 몇과

취재를 겸해 안동을 다녀왔다. 아침부터 저녁까지 서너 군데의 식당을 돌아보고 난 후 내린 결론은 안동의 음식은 단순하지 않다는 것이었다. 저녁은 모텔 근처에 있는 한우갈비골목으로 정했다.

안동의 갈비 문화는 1970년대 초반 '구서울갈비'가 마늘 양념한 생갈비를 팔면서 시작된다. 안동역 맞은편에는 한우갈비골목이 형성되어 있다. 좁은 골목 사이사이에 갈빗집이 열서너 채 들어서 있다. 구서울갈비도 골목 안쪽에 자리 잡고 있다. 한옥을 개조한 식당은 앉아서 먹는 구조다. 메뉴는 생갈비와 양념갈비 두 가지다. 대부분은 생갈비를 먹는다. 안동 생갈비는 다른 곳과는 조금 다르다. 주문을 하면 즉석에서 마늘이 기본이 된 양념을 갈비와 버무려 내놓는다. 이 고기를 석쇠에 올려 구워 먹는다. 살이 붙어 있는 뼈는 중간에 가져가 된장국을 끓여준다. 구수한 된장과 쇠고기는 이상적인 화학적 결합을 선보이지만 살코기가 거의 없는 뼈가 중심이 된 갈빗국은 살코기에서 나오는 감칠맛과 기름기가 적어 아쉬움이 남는다.

안동에 한우 음식 문화가 발달한 이유는 최정상급 품질의 안동 한우가 있었기 때문이다. 2013년 축산물품질평가원에서 실시한 전국 한우 등급 평가에서 1등급 이상 고급육 판정을 받은 한우 출현율은 75.1%인 봉화군에 이어 안동은 74.7%로 2위를 차지했다. 이런 통계적 수치를 넘어 안동 한우는 탄력이 있고 향이 난다. 안동 한우의 육회에서 나는 향은 다른 지역과 확연한 차이를 보인다.

경상도 유명 한우 단지는 대구로 모인다

동산동의 구불구불 휘어진 좁은 골목 한쪽에 한옥을 개조해서 영업을 하고 있는 '부창생갈비'가 있다. 메뉴는 생갈비 한 가지다. 숯

안동 생갈비는 마늘 양념한 갈비를
즉석에서 버무려 내놓는다.

불 석쇠 위에 진한 붉은색이 감도는 갈비색임갈비를 발라낸 살코기과 살이 조금 붙은 갈비뼈를 올린다. 이 집 갈비는 탄력감이 살아 있다. 안심과 등심을 부드러운 맛으로 먹는다면 갈비는 씹는 맛으로 먹는다. 짭조름한 반찬, 구수한 된장국과 콩비지는 흔한 반찬들인데도 맛있다. 1970년대 초반에 영업을 시작한 부창생갈비는 대구 갈비 역사가 시작된 동산동의 강자다. 안동·영주·자인·산내·봉계·경주·언양 같은 유명한 한우 단지는 대구를 중심으로 모여 있다. 경상도 사람들은 유독 졸깃하고 탄력감이 넘치는 쇠갈비살을 최고의 부위로 친다.

대구의 계산동과 동산동이 있는 대신 사거리 주변은 대구 섬유산업의 핵인 '실가게'가 몰려 있던 곳이다. 이곳에 1950년대 말부터 고깃집들이 들어서고 번성했다. 1961년 대구에 처음 갈비구이를 선보인 '진갈비'와 1970년대 이후 생갈비 명가들이 자리를 잡으면서 전국에서 처음으로 동산동 갈비골목이 만들어지고 지금까지 이어지고 있다. 대구의 생갈비는 마블링이 많이 들어간 쇠고기보다 마블링이 적당하고 가격이 저렴한 고기를 쓰기 때문에 음식값이 서울보다 훨씬 싸다. 게다가 갈비의 최대 장점인 씹는 맛을 제대로 느낄 수 있다.

대구의 갈비 문화는 어느 지역보다 다양하다. 동인동에는 전국적으로 유명한 찜갈비골목이 있다. 1968년 '실비갈비집'에서 시작된 독특한 갈비 문화는 대구를 대표하는 음식이 되었다. 양재기에 고춧가루와 마늘을 듬뿍 넣은 찜갈비는 대구처럼 화끈하고 마초적인 먹거리다.

대구에는 생갈비, 찜갈비에 이어 새로운 갈비 문화가 유행하고 있

대구 '부창생갈비'. 대구는 어느 지역보다도 갈비 문화가 다양하다.
생갈비, 찜갈비에 이어 마늘갈비가 유행하고 있다.

다. 안동에서 시작된 마늘갈비다. 즉석에서 마늘을 양념해서 내놓는
안동 갈비와 다르게 대구에서는 마늘과 참기름을 주로 사용하고 하
루 정도 재워놓은 것을 판다.

열두 가지 반찬과 함께 즐기는 담백한 갈비탕

거창시외버스터미널에서 군내버스를 타고 10여 분을 가면 원동
마을이 나온다. 길가에 '대전식당' 입간판이 서 있다. 주변에 갈비전
문점이 두 군데 더 있다. 오후 2시 30분, 넓은 식당 안은 사람들이 남
기고 간 갈비탕의 흔적이 가득하다. 식당에는 홀로인 남자가 나 말
고 한 명 더 있다. 잠시 후 커다란 양은쟁반에 열두 가지 반찬과 함
께 갈비탕이 나온다. 간장으로 약하게 간을 해서인지 국물이 더 맑

아 보인다. 갈비 세 점 모두 질감과 두께가 다르다. 살점이 두터운 본 갈비, 살점이 적당하고 식감이 좋은 꽃갈비, 살이 없고 단단한 젤라틴이 느껴지는 진갈비를 한 번에 맛볼 수 있는 독특한 조리법이다. 20년 전 서울에서 소의 모든 부위를 조금씩 먹을 수 있도록 한 '암소 한 마리'가 연상된다. 갈비탕보다 인상적인 건 반찬이다. 깍두기, 고추장아찌, 묵은지, 묵은 오이지 같은 반찬을 포함해 반찬들은 직접 만든다.

육우를 사용한 갈비는 평범하다. 담백하고 맑은 국물은 맛있다. 1978년에 문을 연 가게는 시골밥상 같은 정직함으로 경상도에서 소문이 자자하다. 한정식 같은 푸짐한 반찬과 함께 먹는 독특한 갈비탕이다. 대구와 인접해 있는 함안 안의마을과 거창 원동마을은 내륙 갈비 문화의 전형을 보여준다. 오래된 갈비 문화의 두 축인 갈비찜과 갈비탕만 판다.

영주 시내에는 갈비살골목이 있다. 다른 부위는 팔지도 먹지도 않는다. 가게마다 입구에서 갈비 다듬는 모습을 볼 수 있다. 양념갈비는 먹지 않는다. 생갈비만 짝으로 걸어놓고 주문과 동시에 썰어서 갈비살만을 발라내 구워 먹는다. 1990년대 초반 본격화된 생갈비 시대와 더불어 번성하고 있는 신생 음식 문화다.

임시 수도 부산의 번화가, 국제시장

부산의 육고기 문화는 최근에 생긴 것이 아니다. 부산의 육고기 음식 문화로 자갈치시장의 양곱창구이와 국제시장 주변의 냉채족발이 유명하지만 해운대와 국제시장의 갈비 문화도 오래된 것이다. 일제가 물러갈 때부터 형성된 국제시장은 한국전쟁 이후 부산이 임시 수

'대전식당'의 갈비탕은 본갈비·꽃갈비·진갈비를 한 번에 맛볼 수 있다.

도가 되면서 더욱 번성한다. 국제시장 주변에는 전쟁 중에도 술집과 고깃집이 사회문제가 될 정도로 성업 중이었다.

> 술집 이름도 피란 수도 부산답게 원산옥·평양집·서울집·함
> 흥집 등으로부터 걸직하게 불고깃집·돗고깃집돼지고깃집 등 가지
> 각색이다. 구수한 불고기 전골 내음새가 코를 찌른다. 비록 외양
> 은 허름한 하꼬방 술집이나 한걸음 안에 들어서면 어느 고급 요정
> 부럽지 않게 불고기, 암소갈비, 편육, 덴뿌라, 사시미로부터 신설
> 로, 수정과에 이르기까지 돈만 있으면 얼마든지 먹을 수 있었다.
>
> •『동아일보』1952년 3월 2일

시장에는 1952년부터 '암소갈비전문'이라는 현수막이 걸릴 정도 였다. 국제시장은 그때나 지금이나 큰 틀은 변하지 않았다. 국제시장 안쪽 신창동 3가 주변에는 쇠갈비를 전문으로 하는 식당이 네댓 채 몰려 있다. 1950년대 중·후반에 시작해 아직도 영업을 하고 있는 '평양갈비'는 여전히 인기가 많다. 서울에 비해 저렴한 가격에 간장 을 기본으로 한 쇠갈비를 구워 판다.

당시 국제시장 주변에는 실향민 출신이 많았고 그들을 대상으로 한 식당들은 장사가 잘됐다. 40년 전에 가게를 인수받은 지금 주인 은 '평양갈비'라는 상호는 국제시장 주변의 실향민들을 대상으로 장 사하면서 붙여진 이름이라고 설명해주었다. 30년 전 갈비골목의 전 성기 시절에는 '서평양' '본평양' '제일갈비' 같은 고깃집이 있었다 고 한다. 석쇠에 쇠갈비를 구워 먹는 방식은 오랫동안 이어온 고기 구이 문화의 전형을 보여준다. 고기에 칼집을 내는 방식도 1950년

부산 국제시장 '평양집'. 석쇠에 쇠갈비를 구워 먹는
부산의 갈비는 오랫동안 이어온 고기구이 문화의 전형을 보여준다.

대부터 이어온 전통이라는 것이 이 집 주인의 설명이다.

　이 집의 갈비는 졸깃하고 단맛이 배어난다. 양쪽으로 포를 뜬 양
갈비를 간장과 설탕을 기본으로 한 소스에 찍어 먹는다. 소스에 찍
어 먹는 방법은 분단 이전 평양에서 먹던 방식과 같다. 소스는 간을
맞추는 역할도 하지만 고기의 열기를 식히는 기능도 한다. 초창기에
는 양념갈비만을 팔았지만 1980년대 초반부터 생갈비를 팔기 시작
했다. 갈비는 뼈에 붙은 살에 붙여진 이름 때문에 같은 부위처럼 보
이지만 갈비를 1번에서 13번까지로 나눈 부위는 크게 세 가지 다른
부위가 붙어 있다. 지역마다 조금씩 다르지만 양념 없이 생으로 먹
을 수 있는 부위는 대개 5~8번 사이에 있는 꽃갈비다. 등심과 같은

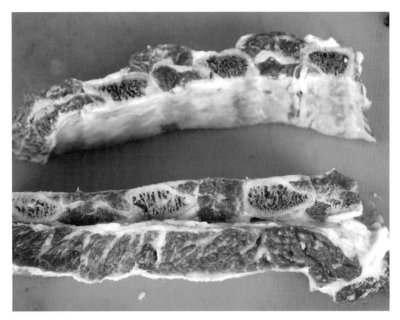

지역마다 조금씩 다르지만 양념 없이 생으로 먹을 수 있는
부위는 대개 5~8번 사이의 꽃갈비다.

물성을 지녔다. 갈비는 근육·조직·결이 모두 다르다. 그런데 이런
다른 부위들을 얇게 펴서 저미고 칼집을 내고 양념으로 숙성을 하고
심지어 다른 부위를 갖다 붙여 갈비라는 이름을 붙인다.

2005년 대법원은 "'갈빗살이 없는 뼈'에 일반 정육을 붙인 제품
은 '갈비'가 아니지만 '갈빗살이 남은 뼈'에 일반 정육을 붙인 제품은
'갈비뼈 + 진짜 갈빗살'이 최대 성분인 경우 '갈비'라는 명칭을 쓸 수
있다"고 판결했다. 갈비에 관한 한 일반인과 판사의 생각은 같다.

전통을 유지하고 전국으로 뻗어 나가는 '해운대소문난암소갈비'
부산의 쇠갈비 문화를 쌍끌이 하고 있는 지역은 국제시장과 해운

대다. 해운대식 암소갈비는 부산을 넘어 전국적인 브랜드가 되었다. 1970년대에 해운대식 암소갈비는 서울에서도 상당한 인기를 끌었다. 1976년 당시 부산의 쇠고기 소비량은 1인당 3.22kg인 서울보다 많은 3.38kg으로 전국 최고였다. "서울에 진출한 부산식 불고기니 해운대식 갈비니 하는 집들이 고기나 갈비를 진짜 부산에서 가져오기 때문에"『경향신문』 1976년 3월 13일 인기가 많았다. 당시 서울에 진출해 인기를 얻은 해운대식 암소갈비는 지금도 해운대에서 영업을 하고 있는 '해운대소문난암소갈비'의 친척이 운영하던 집이었다.

해운대소문난암소갈비는 1964년 지금의 자리에서 창업했다. 해운대 금싸라기 땅을 널찍하게 차지하고 있는 해운대소문난암소갈비의 한옥 식당은 언제 가도 손님이 넘친다. 1964년 창업 당시 주변은 자갈밭이었고 이용객은 인근에 있던 '부산 칸츄리' 골프장을 가던 사람들이었다. 소문이 나자 1960년대 말부터 일반인이 몰려들었다. 1970년대에는 부산 본가의 고기맛을 보기 위해 서울 사람들도 많이 찾았다.

고깃집에서 가장 중요한 것은 좋은 고기를 안정적으로 공급받는 것이다. 해운대소문난암소갈비는 50년 동안 거래한 집에서 고기를 공급받는다. 주방장은 이곳에서만 30년 넘게 일했다. 1960년대 후반에 정착된 시스템은 변한 게 거의 없다. 마블링 덕에 기름기가 너무 많은 요즘 소는 양념갈비로 먹기에 그다지 적합하지 않다고 한다. 간장을 기본으로 설탕·생강·마늘·파·배즙·사케와 조미료를 넣는 것도 한결같다. 연한 '오복간장'을 쓰는 것도 변함이 없다. 재료를 쓰는 방식이 서울 연남서서갈비와 유사한 점이 많다. 오래된 갈비는 간장을 기본으로 기름기가 적은 갈비를 숙성시켜 굽는다. 고

전골불고기 불판처럼 오목하게 생긴 철판에
숯불로 구워 먹는 것은 '해운대소문난암소갈비'의 특징이다.

기는 암소만을 사용하는 것이 원칙이다. 거세 소는 여름에 고기 냄
새가 난다. 새끼를 세 번 정도 낳은 3년 전후의 암소가 육즙이 많고
깊은 맛이 난다고 한다.

이 집의 양념갈비는 간장을 기본으로 했지만 얼핏 보면 생갈비처
럼 보일 정도로 간이 살짝만 배어 있다. 갈빗살에는 지그재그로 칼
집이 나 있다. 이른바 '다이아몬드 커팅'이라 불리는 칼집 내는 방식
도 창업 때부터 이어온 방법이다. 해운대에서 갈빗집을 창업하기 전
동래의 요정에서 일본인들에게 칼집 내는 것을 배운 창업자의 기술
이 깃든 조리법이다.

창업 당시에는 여물을 먹고 일을 하던 소를 잡아 썼다. 곡물을 먹

'해운대소문난암소갈비'는 창업 때부터 다이아몬드 커팅이라
불리는 방식으로 칼집을 낸다.

여 기르는 지금의 쇠고기보다는 훨씬 질겼다. 질긴 소는 힘줄을 발라내고 커팅을 해야 졸깃한 식감은 살아 있으면서도 씹기에 편하다. 이렇게 커팅된 갈비를 하루 정도 숙성시킨 후 전골불고기 불판처럼 오목하게 생긴 철판에 숯불로 구워 먹는 것도 이 집만의 특징이다. 국물을 중심으로 한 서울식 불고기의 불판과 비슷한 것으로 창업 당시부터 사용했다. 갈비를 구워 먹고 나면 불판 끝에 육수를 부어 감자국수를 넣어 먹는 방식은 북한의 어북쟁반과 비슷하다. 먹고 남은 갈비를 넣어 끓이는 뼈 된장국도 준다. 살점은 물론 뼈 한 조각에 들어 있는 성분까지 먹어온 한민족의 고기에 대한 집념이 그대로 드러나는 음식이다.

그런데 이 집 갈비 가격이 싸다. 임대료를 내지 않기 때문이다. 식당 앞 커다란 주차장 옆에 있는 사각의 실용적인 건물에는 고기를 손질하는 작업장이 있다. 작업장 안에는 주방장을 포함한 네댓 명의 사람이 갈비를 다듬고 있다. 짝으로 들어온 갈비를 이곳에서 손질한다. 갈비를 다듬는 일은 고된 일이다. 기름을 제거하고 뼈와 고기를 분리해서 뼈를 먹기 좋은 크기로 잘라내는 단순작업은 숙련이 필요하다. 원석보다 다듬어진 다이아몬드가 몇 배 비싼 이유와 같다.

설렁탕은 서울 음식이다

"설렁탕은 일제강점기의 대표적인
배달음식이었다. 1939년, '이문식당'에서만 십수 명의
배달부가 있었다. 근처에 있던 종로경찰서에서는 설렁탕을
자주 시켜 먹었다. 경찰들은 물론 피의자들도
설렁탕을 먹고 '숨을 내쉰' 뒤 취조를 받았다.
설렁탕은 경찰서의 단골 음식이 되었다."

설렁탕은 섞임의 음식이다

남대문이 한눈에 바라다 보이는 중림동 언덕에는 아름다운 중림
동성당이 있다. 1892년에 완공된 한국 최초의 서양식 벽돌 건물은
우아하고 성스럽다. 하지만 중림동성당에서 서울역으로 이어지는
공간은 오랫동안 어둡고 거친 곳이었다.

서울역과 서부역을 오가는 사람들과 야채시장, 생선시장, 새벽시
장이 공존했던 치열한 삶의 터전이었다. 개발이 빠르게 진행되고 있
지만 중림동 길가에서는 여전히 재래시장이 거의 매일 열린다. 시장
이 열리는 대로변 안쪽으로 '중림장설렁탕'이 있다. 1970년대 초부
터 영업을 시작했지만 설렁탕 맛으로는 서울을 대표할 만한 집이다.
먹기 좋게 적당히 익었다는 말밖에는 다른 설명을 할 수 없는 김치
와 아삭아삭한 깍두기는 설렁탕을 먹기도 전에 사람들에게 기대감
을 잔뜩 갖게 한다. 고기 냄새 살짝 나는 따스하고 깊이 있는 국물은
설렁탕의 진수를 느끼게 해준다. 수육도 설렁탕에 뒤지지 않는다. 차
돌 부위를 두껍게 썰어낸 '차돌양지'는 고기 씹는 즐거움을 맛볼 수
있다. 폭 삭은 머릿고기는 입안에서 빠르게 없어진다.

'잠배설렁탕'의 전설이 환생한 느낌이 든다. 설렁탕은 한국 고기
문화의 이해를 종합적으로 보여주는 음식이다. 귀한 쇠고기를 여러
사람이 나눠 먹기 가장 좋은 탕 문화, 찬밥을 국에 말아 먹는 토렴 문
화, 뼈와 살과 내장 같은 소의 온갖 부위를 다 넣어 먹는 섞임의 음식
문화가 설렁탕 한 그릇에 담겨 있다.

서울의 명물 설렁탕

설렁탕은 서울 음식이다.

'중림장설렁탕' 수육.
차돌 부위를 두껍게 썰어낸
차돌양지는 고기 씹는 즐거움을
느끼게 한다.

탕반 하면 대구가 따라붙는 것처럼 설넝탕하면 서울이 따라
붙는다. 이만큼 설넝탕은 서울의 명물이다. 설넝탕 안 파는 음식
점은 껄넝껄넝한 음식점이다.

　　•『동아일보』1926년 8월 11일

서울의 명물 설렁탕을 가장 잘하는 곳은 남대문 밖 잠배현재 중림동
였다.

　　남문南門 밖 잠배紫巖 설넝탕을 제일로 처서 동지섣달 치운추

운 밤에도 10여 리 박게 잇는 사람들이 마치 여름날에 정릉貞陵 물마지나 악바위골 약수藥水 먹으러 가덧이 쟁투爭鬪를 하고 갔었다.

•『별건곤』「경성명물집」 1929년 9월 27일

남대문 밖의 잠배가 유명해진 것은 남대문 밖에 형성된 칠패시장 때문이었다. 한강에서 올라오는 어물과 삼남의 물산들은 한강에 모인 후 칠패시장을 거쳐 유통되었다. 남대문 바로 안쪽에 있던 상설시장 선혜청 창내장宣惠廳 倉內場과 바깥의 칠패시장을 오가는 사람들은 잠배에서 설렁탕 한 그릇을 먹고 남대문이 열리면 "노도와 같은 기세로" 성문 안으로 들어가 거래를 했다.

번성하던 칠패시장은 1900년 경인철도 남대문 정거장이 세워지면서 급속하게 변화를 겪는다. 한강 물산의 집산지가 경강京江에서 남대문 정거장 주변으로 바뀌었기 때문이다. 1905년에는 일본 자본이 만든 주식회사 경성수산시장이, 1908년에는 히노마루어시장이 설치되면서 칠패시장은 완전히 몰락한다. 도성의 출입 시간도 해제되고 남대문 안쪽에서는 남대문시장이 활성화되면서 남대문 밖의 상권은 급속도로 몰락한다.

남대문 '잼배옥' 미스터리

지금 시청 건너편 소공동에 있는 '잼배옥'은 당시 잠배설렁탕의 세도를 조금이나마 떠올릴 수 있게 하는 오래된 식당이다. 삼성 본관이 있던 뒷골목은 중앙일보와 JTBC가 있어 먹거리에 관심 많은 언론인과 주변 직장인들의 밥상이다. 한 달에 한두 번은 나도 이곳

'잼배옥'의 수육은 술안주로 제격이다.

에서 저녁 겸 술을 먹는다. 잼배옥의 설렁탕은 좀 심심하지만 진한 맛의 수육은 술안주로 제격이다. 가게 앞에는 'since 1933'이라는 표시가 있다. 80년이 넘은 설렁탕 노포다. 창업은 남대문 밖 지금의 남대문경찰서 부근에서 했다. 그곳에 붉은색 바위인 자암紫岩이 있었다. 자암 옆에 있는 식당이라 '잠배옥'이라 불렀다. 자암비옥紫岩飛屋이라고 한자로 써서 간판을 걸어놨었다고 한다. 그러나 번성하던 가게는 한국전쟁 시작 3일 만에 B29 폭격으로 사라졌다. 현 서소문공원에 있는 중앙시장 언저리의 적산가옥으로 갔다가 지금의 자리로 옮긴 것은 1973년이었다.

잼배옥설렁탕은 예전에 비해 고기를 더 많이 넣고 사골과 부속 부위는 넣지 않는다. 사골을 뺀 이유는 1970년대 사골이 보신식품으로 각광을 받으면서 값이 오르자 저렴한 서민의 음식인 설렁탕에 넣기가 어려워졌기 때문이다. 창업주 고 김희준 선생의 아들 김현민 씨에 이어 2001년부터는 손자가 가업을 잇고 있다.

하지만 이 집이 예전부터 유명한 남문 '잠배옥설렁탕'은 아니다. 기록보다 한참 뒤에 창업했기 때문이다. 1937년 발간된 『경성상공명람』에는 '잼배옥'이 나온다. 주인은 김덕재이고 주소는 '봉래정 1의 130'이다. 지금 잼배옥의 창업주와 이름도 다르고 주소도 다르다. 이 잼배옥이 예전의 남문 잼배옥인지는 명확하지 않다. 다만 당시 남대문 주변에 적어도 두 군데 이상의 식당이 잼배옥이라는 이름을 사용하고 있었음은 분명하다.

설렁탕의 종로 시대

칠패시장이 사라진 후 설렁탕의 주도권은 종로로 옮겨간다.

지금은 시내 각처에 설넝탕집이 생긴 까닭에 그것도 시세時勢를 일엇다읗었다. 시내 설넝탕집도 수로 치면 꽤 만치만은 그중에는 종로이문鍾路里門설넝탕이라던지 장교長橋설넝탕, 샌전 일삼옥一三屋설넝탕이 전날 잠배설넝탕의 세도勢道를 계승한 듯하다.
• 『별건곤』1929년 9월 27일

서울 YMCA와 종로타워 빌딩 뒤쪽인 이문里門은 당시에 도성으로 들어가는 길목으로 검문소가 있었고 주변에는 땔감용 나무시장이 있었다. 이문 안쪽에는 '이문'이라고 이름 붙인 식당이 많았다. 구한말에 세워졌다가 사라진 '이문옥'과 20세기 초반에 세워진 것으로 알려진 '이문식당', 1920년대의 기록이 남아 있는 '이문설농탕' 모두 설렁탕을 팔던 식당이었다.

1929년에 발간된 『경성편람』1929에는 인사동에는 이문설농탕과 '사동옥'이 설렁탕 전문점으로, 이문식당은 조선음식을 파는 집으로, 관철동에 있는 '일삼옥'은 설렁탕과 냉면을 파는 집으로 나와 있다. 『경성편람』에 실린 식당은 규모가 상당히 큰 식당만을 대상으로 했다는 점에서 당시의 설렁탕집이 커다란 인기를 얻었음을 알 수 있다.

30년 단골은 명함도 못 내민다는 이문설농탕

이문설농탕은 종각 사거리 공평빌딩 뒤에 있던 기묘한 모습의 2층 한옥집에서 2011년까지 설렁탕을 팔았다. 20세기 초에 영업을 시작한 것으로 추정되는 이문설농탕은 2011년 재개발에 밀려 견지동 뒷골목으로 자리를 옮겼다. 공평동에 있던 이문설농탕의 한옥 식당

'이문설농탕' 예전 모습. 공평동에 있던 2층 한옥집은
일제강점기에 지어진 것으로 알려져 있다.

은 정확한 연대는 알 수 없지만 일제강점기에 지어진 것으로 알려져 있다.

350석이나 되는 커다란 실내에는 언제나 사람들이 가득했다. 1980년대 중반 이곳을 처음 방문했을 때 나는 그곳을 가득 메운 노인들을 보고 충격을 받았다. 견지동 이문설농탕에도 여전히 손님의 반 이상은 노인이 차지한다. 수십 년 단골들이 담백한 고기국물에 인이 밴 입맛을 끊지 못한다. 이문설농탕에서 30년 단골은 명함도 못 내민다. 이문설농탕은 서울 외식의 중심에 있던 설렁탕 역사의 커다란 축을 담당했던 음식 문화의 살아 있는 박물관이다.

설렁탕은 지금의 짜장면처럼 일제강점기의 대표적인 배달음식이었다. "설렁탕 그릇을 목판에 담아 어깨에 메고 자전거를 타고" 배달을 했다. 1939년, 이문식당에만 십수 명의 배달부가 있었다. 관공서와 경찰서가 단골 주문처였다. 이문식당 근처에 있던 종로경찰서에서는 설렁탕을 자주 시켜 먹었다. 경찰들은 물론 피의자들도 설렁탕을 먹고 "숨을 내쉰" 뒤 취조를 받았다. 설렁탕집들은 대부분 새벽부터 장사를 하거나 아예 하루 종일 영업을 했기 때문에 밤낮이 없는 경찰서의 단골 음식이 되었다.

종로 이문식당 '홍종환 씨' 미스터리

이문식당은 일제강점기 내내 설렁탕의 대명사였다. 이문식당과 주인 홍종환洪鍾煥은 일제강점기에 신문의 사회면을 여러 번 장식한다. 노동자들에게 떡국을 기증하는 등 미담의 주인공으로 등장했지만 이문식당 배달부들의 횡포와 여름에 냉면을 팔다가 구더기가 나오는 바람에 종로경찰서에 단속되는 일도 빈번하게 신문 지면을 차지했다. 홍종환은 일제강점기 서울의 고급 요릿집을 대표하던 '명월관' 주인 이시우 씨와 어울려 당구를 즐겼다. 이문식당과 관련한 홍종환의 이야기는 1930년대 후반부터 사라진다. 이때 이문식당을 처분한 것으로 추정된다.

　　웃골목으로 들어서 설렁탕으로 한때는 너무 유명하던 이문식당이 있다. 설렁탕 한 그릇을 전화 한 마디 주문에 인천까지 배달을 하였다 하여 선전으로 멀쩡한 거짓말을 했는지 또는 용산까지 가져가고도 인천이라는지 하여튼 안은 '힛트'다. 그 소문이 한 매력이 되어서 한참 통에는 돈도 많이 벌었다 한다. 사람이란 그리 되니까 대구탕도 한다, 만두도 한다, 비빔밥도 한다 하고 집을 근대식으로 꾸며 고치고 그릇도 개량해서 뚝배기를 사기그릇으로 갈아갈아 설렁탕을 팔았으나 먹는 손님이 점점 없어졌는지 요즘은 전연 설렁탕을 폐지해버리고 말았다. 설렁탕이나 술국밥은 뚝배기 맛으로 먹는 것인데 양식이 전통을 집어먹었으니 옛날 이름이 아까워진다.
　　•『조광』1941년 1월호

　　글을 쓰는 2년 동안 이문식당과 홍종환 씨를 추적했지만 관련자를 직접 만날 수 없었다. 문중에서도 그에 대해 아는 사람이 없었다. 하지만 일제강점기부터 홍종환 씨의 집주소이자 이문식당의 영업장이던 '인사동 268번지'의 등기부등본에는 홍종환의 이름이 그대로 남아 있다. 집을 판 것도 아니다. 그는 1949년에 한국축산주식회사 이사, 서울원피기업조합 고문, 중앙축산협회 재정위원 서울축산협회 부회장 같은 고기와 관련된 일을 활발하게 하고 있었다. 이문식당과 더불어 당시 유명했던 종로 1가 '일삼옥'의 운영자는 홍종화였고 『조선일보』 1925년 7월 18일자에는 일삼옥 주인이 홍순구로 나옴 종로 4가 '이남옥'의 주인은 홍종관이었다. 이름을 보면 이문식당, 일삼옥, 이남옥은 형제이거나 친인척일 확률이 매우 높다.

이문설농탕의 단골들

종로를 주름잡던 김두환은 한때 이문식당에서 종업원으로 일한 적도 있었던 단골이다. 지금의 '이문설농탕'은 이문식당을 인수한 것이다. 현재 이문설농탕의 대표 전성근 씨에 따르면 홍씨 성을 가진 설렁탕집 주인에게서 양씨 성의 주인이 일제강점기에 식당을 인수했다고 한다. 1960년에 전성근 씨의 어머니인 고 유원석 씨가 양씨에게서 가게를 인수한 뒤 1981년 지금의 주인인 아들에게 대물림된 것이라 한다.

1960년대에도 이문설농탕은 유명 인사들의 단골집이었다. 베를린올림픽 마라톤 영웅 손기정과 이시영 부통령 같은 여러 계층의 사람이 사람들 틈에 섞여 설렁탕을 먹었다. 1980년대에는 운동선수들이 뻔질나게 드나들었다. 식당 앞에 있던 YMCA에는 당시 체육관이 있었다. 이곳을 드나들던 유도선수들이 이문설농탕을 들락거렸고 유도선수들의 소개로 레슬링, 복싱 선수들이 차례로 단골이 되었다. LA올림픽 금메달 리스트 하영주나 1980년대 한국 복싱 전성기를 이끈 돌주먹 문성길도 이 집의 단골이었다. 1982년에는 운동선수들을 중심으로 '이문회'라는 친목단체를 만들어 활동했을 정도로 운동선수들과 이 집 주인 전성근 씨와는 친분이 깊었다.

1990년대 인사동에서 출판사를 운영할 때 난 이 집을 대학 시절보다 더 자주 드나들었다. 천장이 높은 목조 한옥과 그 공간을 가득 메운 사람들 틈에 끼어, 테이블마다 놓인 김치와 깍두기에 양지·우설·지라·이리 같은 수육과 담백한 설렁탕 한 그릇에 소주를 곁들이며 노인들이 왜 그리 이 집을 자주 들락거렸는지 어렴풋이 알게 되었다.

최근까지 공평동에서 영업을 하던 이문설농탕의 자리는 원래 이문식당이 있던 자리가 아니었다. 음식 에세이로 유명한 홍승면 선생은 『백미백상』에서 원래 이문식당은 공평동 이문설농탕 자리와는 조금 떨어진 주차장 자리에 있었다고 한다. 지금은 전혀 관계없는 식당이 영업을 하고 있다.

설렁탕은 '조선 음식계의 패왕'이었다

일제강점기에 이문식당과 견줄 만한 집은 '장교동설렁탕'이었다. 1924년 8월 16일자 『동아일보』에는 한성의 명물이 동洞별로 소개되어 있다. 그중에 장교정長橋町을 대표하는 명물로 설렁탕이 나온다. 앞의 『별건곤』 기사에도 장교설렁탕은 장안의 최고 설렁탕집으로 나올 만큼 명성이 높았다.

설렁탕은 지금도 한국인이 가장 사랑하는 외식 메뉴 중 하나이지만 설렁탕의 전성기는 일제강점기였다. 당시 종로와 청계천 주변에는 설렁탕집이 빼곡하게 있었다. 경성부재무당국조사에 따르면 1924년에 100군데『동아일보』 1924년 6월 28일로 급격하게 늘어난다. 1920년대 중반이 되자 "민중의 요구가 답지하고 조선 사람의 식성에 적합한 설렁탕은 실로 조선 음식계의 패왕"『매일신보』 1924년 10월 2일

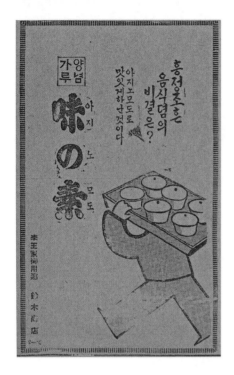

1930년대 초 설렁탕 배달 모습.
일제강점기부터 MSG를 넣은
설렁탕은 대표적인
배달음식이었다.

으로 불렸다. 전성기를 구가하던 서울의 설렁탕은 한국전쟁 이후 변
화를 겪는다. 전쟁 때 찍은 사진을 보면 서울 사람들의 설렁탕 사랑
을 알 수 있다. 폐허가 된 건물에서 다시 설렁탕 간판을 내걸고 장사
를 하는 사진들이 제법 남아 있기 때문이다. 전쟁 중인 1952년 서울
에는 27개의 설렁탕집을 새로 허가하고 영업을 개시한다.

당시 설렁탕은 어떤 맛이었을까? 가장 중요한 국물은 기름기가
많은 진국이었다. 소의 뿔만 빼고 거의 모든 부위를 넣고 끓이는 설
렁탕은 고기육수 특유의 구수한 냄새가 특징이었다. 진한 고기국물
에 간장은 어울리지 않는다. 소금과 거칠게 간 고춧가루, 파를 넣으
면 고기국물에서 나는 약간의 누린내는 이내 고소한 국물로 변한다.

기름기가 많은 설렁탕은 유기그릇이나 사기그릇과도 맞지 않는다. 투박한 뚝배기가 제격이다. 뚝배기에 담은 설렁탕 한 그릇은 "파 양념과 고춧가루를 듭신듭뿍 만히 쳐서 소곰으로 간을 맛츄어가지고 홀홀 국물을 마셔가며 먹는 맛이란 도모지 무엇이라고 형언할 수가 업스며 무엇에다 비할 수가 업는"『별건곤』 「괄세 못할 경성 설넝탕」 1929년 12월 1일 것이었다. 반찬으로는 시원한 깍두기를 먹었다.

설렁탕은 사시사철 먹었지만 겨울이 제철이었다. 더운 여름날 설렁탕은 좀 부담스러운 음식이었다. 서울 사람들은 여름에는 시원한 냉면을 먹었다. 일제강점기 당시 서울의 설렁탕집은 여름에는 냉면을 팔았고 냉면집은 겨울에 설렁탕을 팔았다. 『경성편람』에 실린 일삼옥의 메뉴는 설렁탕과 냉면이었다. 서울의 냉면국물에 양지국물이 많이 사용되는 것은 설렁탕과 육수를 공유했기 때문이 아니었을까.

다양한 설렁탕 기원설

설렁탕의 유래와 관련해 가장 많이 등장하는 것은 '선농단 제사관련설'이다. 선농단先農壇에서 세종대왕이 제사를 지낼 때 큰 비가 내려 발이 묶이자 배고픈 사람들을 위해 임금의 명으로 제사 지냈던 소를 잡아 선농단에 참석한 사람들과 나눠 먹었다는 것이다. 이 이야기는 1937년 10월 22일자 『매일신보』에 처음으로 등장한다. 어느 자료를 근거로 했는지가 불분명한 탓에 선농단 설렁탕설은 그대로 믿기 어렵다. 그러나 실제로 선농제에 올려진 고기는 궁으로 가져와 양반들에게 분배되었고 선농제의 가장 중요한 행사인 친경제親耕祭에 쓰인 소들은 농경국가 조선에서는 귀한 존재들이라서 평생

전생서典牲署나 사축서司畜署에서 백성이 먹는 음식보다 좋은 음식을 먹고 살다 죽었다.

설렁탕의 어원과 기원에 관한 이야기는 그 외에도 많다. '고기 삶은 물'을 뜻하는 '공탕'空湯의 몽골어인 '슐루'슈루가 음운 변화를 거쳐 '설렁'이 되었다는 설, 개성의 '설령'薛鈴이라는 사람이 고려 멸망 후 한양으로 옮겨 탕반 장사를 시작하면서 그의 이름인 설령에서 설렁이 유래했다는 설, 일본의 역사학자이자 언어학자이면서 이두 전문가였던 아유카이 후사노신鮎貝房之進이 1938년에 쓴『잡고』雜攷에 "설넝은 잡雜"이라는 주장에 근거한 '설렁잡설'까지 설렁탕의 어원과 기원에 관한 이야기는 많고 다양하다.

탕반의 대명사

설렁탕에 관한 최초의 기록은 1809년 빙허각 이씨가 엮은『규합총서』에 충주의 검부 앞 명물로 등장한다. 조선 시대 한양에서는 성균관 반인伴人들이 도살과 유통을 책임지고 있었고 지방에서는 백정들에게 도살을 시키고 판매는 관아에서 했다. 1897년 1월 21일 일본 요코하마에서 발간된 게일J. S. Gale의『한영자뎐』韓英字典에는 '셜넝탕'이 A stew of beef intestines소의 내장으로 끓인 국로 설명되어 있다. 보부상이 활성화된 19세기에 설렁탕은 외식의 선두에 있었다.

1897년 8월 26일 고종황제의 생일 관련 기사가『독립신문』을 장식한다. 이날 기사의 논조는 유생들이 싫어하는 아펜젤러 같은 외국인들은 대한제국을 위해 학교를 세우고 인재를 길렀지만 유생들은 상소를 올리고 불평을 토로하는 사람들이었다. 유생들은 "셜넝탕 한 그릇만 주면 모두 와서 유건 쓰고 복합伏閤할 터이니 그 사람들이 모두 충신일진대 엇지 하야 그렇게 충신 많은 나라 이 엇지 이 모양이 되야가는지"라고 한탄하며 비아냥거린다. 1898년 9월 4일자『독립신문』에는 "쟝국밥과 셜넝탕으로 대접하더라"는 구절도 나온다.

설렁탕은 서민들의 음식으로 알려져 있지만 19세기 말에서 20세기 초에는 양반들도 즐겨 먹은 것은 물론 '대접용' 음식으로 쓰일 정도로 서울 사람들이 좋아한 음식이었다. 우리 민족의 외식사에서 첫 장을 장식하는 음식은 '탕반'湯飯이었다. 고기 육수에 간장으로 간을 하고 고기를 넉넉하게 넣은 장국밥과 소의 모든 부위를 넣고 끓여낸 뒤 소금으로 간을 한 설렁탕은 탕반의 대명사였다. 19세기에 널리 대중화된 설렁탕은 대규모 행사에 적합한 음식이었다. 밥을 미리 지어놓고 국을 끓여 그 국물에 식은 밥을 토렴하면 한국인이 가장 좋아하는 따스한 한상차림이 완성된다.

당시 설렁탕집은 소머리뼈를 가게 앞에 진열해놓았다. 1909년 일본인 우스다 잔운薄田斬雲의『조선만화』에는 설렁탕집의 풍경이 "소머리, 껍질, 뼈, 우족까지 집어넣고 시간을 들여 끓여낸 것을 다른 냄비에 국물만을 퍼서 간장으로 간을 맞추고"라고 묘사돼 있다. 가게 앞에 소머리를 진열해놓은 것은 다른 고기를 사용하지 않는다는 것을 보여주기 위한 이유도 있었다. 설렁탕은 셜렁탕·셜넝탕·설넝탕·설녕탕·설농탕雪濃湯·설농탕設農湯 등 1950년대까지 표기가 통일되지 않고 사용된다.

전쟁 이후 서울의 설렁탕 모습

외식이 본격화된 19세기 말 한성에서 경성으로, 다시 서울로 수도의 이름이 변하는 격랑의 시대 속에서 설렁탕은 서울 외식 문화의 중심에 있었다. 설렁탕은 한국전쟁 이후 화학조미료와 분유를 넣은 짝퉁 설렁탕에 치이고, 서양 음식에 길들여진 젊은 입맛에 밀려 침체가 계속되고 있다. 하지만 탕과 밥을 먹는 한민족의 음식 문화가 지속되는 한 설렁탕도 살아남을 게 분명하다. 강북의 도심에는 이문설농탕과 잼배옥 같은 오래된 설렁탕집이 아직 남아 있고, 강남에는 유기농 설렁탕, 최고급 한우 설렁탕 같은 새로운 설렁탕이 등장하고 있다.

마포와 여의도의 양지 설렁탕

마포와 여의도에는 유명한 설렁탕집이 많다. 이곳 설렁탕은 다른 곳과 달리 양지머리를 기본으로 한 육수를 사용한다. 마포 먹자골목 가운데 위치한 소박한 '서씨해장국'은 1940년대부터 영업을 시작한 것으로 알려져 있다. 마포대교 밑에는 배가 다닐 때만 해도 식당이 제법 많았다. 주변에는 뱃사람들의 목돈을 노린 기생집이 줄지어 있었다. 그곳에서 오랫동안 장사를 하다가 1978년에 용강동 음식문화거리로 옮겨왔다.

지금은 설렁탕이 아닌 선지해장국이 간판 메뉴지만 이곳의 설렁탕은 옛날 서울식 또는 마포식 설렁탕의 전형을 보여준다. 양지로 낸 국물은 사골국물보다 맑고 회색이 감돈다. 꾸미도 양지가 기본이다. 가장 중요한 양념장은 청양고추를 불에 볶아 손으로 빻은 다진 양념을 사용한다. 양지를 이용한 맑은 국물과 고춧가루는 마포식 설렁탕의 전형이다. 현재 마포 설렁탕의 명성을 이어가고 있는 곳은 마포대교 근처의 '마포옥'과 공덕역 부근의 '마포양지설렁탕'이다.

마포 주차장으로 가는 길에 마포옥이 있다. 3층짜리 건물 2층에

양지 머리탕

끓이는 비결 절대비밀

진미는 뜨거운 국물 땀흘려 마시는 데에

'마포옥'은 양지머리탕이 유명하지만 최근 출시한 차돌탕도 인기가 많다.
고춧가루를 뿌려 먹는 게 이 집 차돌탕을 먹는 작은 비밀이다.

있는 마포옥으로 오르는 계단 옆에 옛날 마포옥의 모습을 찍은 사진이 한 장 걸려 있다. 간판 메뉴인 양지머리탕이 가장 유명하지만 최근 출시한 차돌탕도 인기가 많다. 양지와 차돌은 나란히 붙어 있는 부위로 맛의 특성이 비슷하다. 노란색이 감도는 차돌탕 국물은 달고 진하지만 느끼함은 별로 없다. 푸짐하고 기름진 차돌을 밥과 함께 먹는다. 고춧가루를 뿌려 먹는 게 이 집 차돌탕을 먹는 작은 비밀이다. 국물이 더 개운하고 칼칼해진다. 서씨해장국과 인연이 있나 물었더니 같은 서씨라는 인연 이외에는 별다른 게 없다는 답변이 돌아온다.

마포옥은 서씨 가문 이전에 조순재 씨가 운영하던 설렁탕집이었다. 1919년 전후에 창업한 것으로 알려져 있다.『선데이서울』「노포 마포옥」 1971년 7월 18일 9세부터 이 집에서 일했던 서운봉 씨는 해방 이후 주인이 죽자 1947년 마포옥을 물려받았고 현재는 그의 아들이 대를 잇고 있다. 1920년대에 마포 일대에는 '이문옥'이라는 설렁탕집은 물론 김개문, 장재봉, 이창일 씨 등이 큰 음식점을 내어 유명했다고 한다. 서운봉 씨는 솥잡이음식을 솥에 넣고 불 때는 일을 맡은 사람 기술자로 유명했다.

당시에는 설렁탕, 곰탕, 양지머리탕으로 구분해서 팔았다고 한다. 1·4후퇴 무렵까지만 해도 마포에는 배짐이 여전히 많았다. 그러나 이후에 자동차가 많아지면서 식당들은 거의 문을 닫았다. "원래 마포옥은 샛강 옆 방천 밑에 있었다." 서울대교가 놓이면서 지금 식당 주변으로 옮겨왔다. 마포식 설렁탕에서 가장 중요한 고춧가루는 맛을 위해 절구통에서 직접 빻았다. "곱창을 따로 고아 쩔어서 그 물을 구수한 조미료로 섞어" 사용했다. 마포옥의 간판 메뉴는 옛날이나

'마포양지설렁탕'의 양지국물은 달고 개운하며 수육과 파김치는 정상급이다.

지금이나 양지머리탕이다.

　짠물에 시달리던 어부 장사꾼들이 비릿한 비위를 기름기가 텁텁한 양지머리탕으로 풀고 나서 한 그릇에 15전, 즉 쌀 반말 값을 선뜻 내놓고 가던 시절이었다.

• 『선데이서울』 「노포 마포옥」 1971년 7월 18일

　마포옥 근처에 있다가 공덕역 부근으로 옮긴 마포양지설렁탕도 마포옥과 비슷한 설렁탕과 수육을 판다. 마포양지설렁탕의 수육과 파김치는 정상급이다. 오전 7시, 마포양지설렁탕을 찾은 날 가게 앞

에 밤새 순찰을 돈 경찰차 두 대가 멈추더니 네댓 명의 경찰관이 설렁탕을 먹기 위해 식당으로 들어선다. 가게 안에는 밤새 술과 일로 부대낀 사람들이 저마다 편한 자세로 자리를 잡고 설렁탕 한 그릇을 먹는다. 양지국물이 달고 개운하다. 고단한 하루를 시작하려는 사람들과 마감한 사람들에게 구수한 고기국물만큼 든든한 음식은 없다. 이곳의 설렁탕 풍경은 다른 곳과 조금 다르다. 점심시간에는 젊은이가 많고 중국인도 자주 볼 수 있다. 주말이면 가족 단위 손님이 많다.

양지머리는 가슴 쪽에 가까운 창자를 싸고 있는 것으로 단맛이 나는 고기이다. 언제나 국물 끓일 때는 양지머리뼈와 양지머리를 넣어 끓여야 국으로는 으뜸가는 것이 된다. 편육도 좋다.
•『경향신문』1962년 1월 3일

마포대교 건너 여의도에는 양지를 아예 음식 이름과 가게 이름으로 한 '양지설렁탕'이 있다. 맑고 구수한 육수와 고기는 더하거나 덜지 않아도 될 만큼 편안하고 맛있다. 주변의 '은주설렁탕'은 좀 진한 국물을 팔지만 마포식 양지설렁탕의 기본에서 크게 벗어나지 않는다.

신촌의 세련된 설렁탕
서울이 확장되면서 설렁탕도 서울 전역으로 퍼져나갔다.
신촌도 설렁탕하면 빠질 수 없는 동네다. 1960년대부터 급속도로 발전한 신촌의 설렁탕 문화도 기사분들이 주로 이용하면서 시작되었다.

육수가 유달리 하얀
'신선설농탕'은 고소한
맛이 많이 난다.

1960년대 생겨났던 신촌의 설렁탕집들은 거의 사라졌다. '신선설농탕' 2호점이 세련된 설렁탕을 선보이며 새로운 강자로 등장했다. 육수가 유달리 하얀색을 띠는 것이 이 집의 특징이다. 고소한 맛이 많이 난다. 세브란스 병원에 입원한 친구를 만나고 점심시간을 좀 넘긴 시간에 선배 두 명과 이 집에서 설렁탕에 소주를 한잔 기울였다. 햄버거집처럼 잘 정비된 깔끔한 실내에서 술을 마시는 중년의 사람들은 우리 일행뿐이다. 젊은이들은 우동이나 스파게티 전문점처럼 세련된 이 집의 설렁탕을 먹고 있다.

잠원동 골목에 들어서면 고기국물 냄새가 난다

강남에서 제일 먼저 설렁탕을 판 곳은 강남호텔 뒤편에 있는 '영동설렁탕'이었다. 1980년대 초반, 강남이 한참 개발 중일 때 가게에 고기를 납품하다가 몇 년 뒤 인수해 지금까지 영업을 하고 있다. 고기 주문량이 급증할 때쯤 가게 인수를 제의받은 터라 흔쾌히 장사를 시작했고 예상대로 가게는 지금까지도 번성하고 있다. 초창기에는 주변 아파트 건설 인부들이 많이 이용했지만 지금은 강남 전 지역은 물론 강북에서도 찾아올 정도로 손님이 다양해졌다. 설렁탕의 인기가 전반적으로 예전만 못하지만 몇몇 명가에는 여전히 사람들이 북적거린다.

영동설렁탕이 있는 잠원동 골목에 들어서면 맛있는 고기국물 냄새가 난다. 요즘 강남의 분위기와는 사뭇 다른 허름한 건물에 들어서면 설렁탕과 수육 두 가지만 파는 단출하고 미니멀한 간판이 이 집의 고집을 말해준다. 살짝 깨져 야성이 드러나는 검은 뚝배기에 국물과 건더기가 가득 담겨 나온다. 양지를 기본으로 한 국물은 맑지만 진한 고기맛이 난다. 따로 내오는 밥을 국물에 말고 커다란 깍두기와 김치를 곁들이면 한국인의 밥상에 필요한 밥·국·김치라는 요소를 한꺼번에 맛볼 수 있다. 영동설렁탕에는 설렁탕에 감초처럼 들어가는 소면도 담겨 나온다. 설렁탕에 면을 넣은 것은 일제강점기 때부터 있던 비교적 오래된 음식 문화다.

소머리 껍질을 벗긴 채로 큰 가마에 집어넣어 3~4일을 계속해서 끓인 국물에 밥과 국수를 넣은 것인 만큼 비린내가 나고 기름지며…

•『신판 대경성 안내』1936

당시에 넣은 국수는 밀가루면인 소면일 가능성도 있지만 메밀을 넣었다는 이야기도 있다. 북한에서 1985년에 발간된 『조선음식』에 나오는 설렁탕 조리법에는 "설렁탕에 밥과 함께 메밀국수사리를 조금 섞어 만 것도 있다"고 나온다.

강남에는 최근 유기농 설렁탕이나 1⁺⁺ 쇠고기 부위를 이용한 최고급 설렁탕이 유행처럼 번지고 있다. 하지만 몇 번을 먹어봐도 영동설렁탕처럼 옛것에 기반해 편하게 먹는 음식이 내 입에 더 맞는다. 내가 나이 들어가는 것인지 옛것이 맛있는 것인지 잘 판단이 서질 않는다. 영동설렁탕의 성공 요인 중 하나로 꼽는 것은 기사들이 차를 댈 수 있는 넓은 주차장이 있다는 것이다. 부산의 돼지국밥처럼 서울의 설렁탕도 기사들이 즐겨 찾는 보양식이자 빠른 시간 안에 먹을 수 있는 간편식이었다.

을지로와 명동의 전통 설렁탕은 외국인에게도 인기 만점

명동에서 을지로로 이어지는 길에는 전통 설렁탕집들이 여전히 영업을 하고 있다. 을지로 3가 공구상가 주변에는 오래된 식당이 유독 많다. 양곱창의 명가 '양미옥'과 오래된 쇠갈비집인 '조선옥'은 물론 암소구이 전문점 '평양옥'과 냉면 명가 '을지면옥'까지 공구상가의 거친 사내들의 몸을 지탱해온 식당들은 태초부터 있었던 것처럼 저마다 개성을 지니고 한자리를 차지하고 있다.

설렁탕 전문점 '문화옥'의 순한 국물도 유명하다. 지라는 오래된 설렁탕집의 공통된 재료다.

을지로 문화옥이 순하고 편안한 설렁탕을 판다면 명동 한복판에 옛 모습을 지닌 '미성옥'의 설렁탕은 진하고 구수하다. 외국인이 한국인만큼 많은 명동답게 미성옥에서는 외국인을 쉽게 볼 수 있다. 설렁탕으로 유명한 '미성옥'의 역사도 50년이 넘었다. 전형적인 서울식 맑은 설렁탕과 설렁탕의 단짝 깍두기도 맛있다. 예나 지금이나 설렁탕은 서울 음식이다.

온기를 품은
곰탕 한 그릇

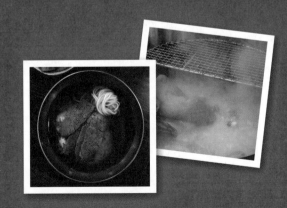

"하얀 쌀밥과 뽀얀 사골국물은 오랫동안 한국인이
꿈꿔온 최고의 밥상이었다. 소뼈를 뭉근하게 오랫동안
끓이면 뼛속 젤라틴이 물속에 서서히 스며든다.
고소하고 구수한 맛과 하얀 것을 숭상한 백의민족에게 곰국은
영원한 베스트셀러였다. 곰국이나 곰탕은 음식을 넘어
약에 가까웠다. 우리의 어머니들은 큰일을 앞둔 자식이나
남편에게 사골곰탕을 끓여 먹였다. 하룻밤을 꼬박 우려내야
제맛이 나는 사골국물은 엄마표 손맛의 결정체였다."

나주 곰탕은 뭍의 산물

곰탕과 설렁탕은 사촌간이다. 설렁탕에는 뼈를 비롯한 온갖 부위가 들어가고 곰탕은 내장과 살코기 중심이라는 것으로 크게 나뉘지만 명확하게 구분하기는 어렵다. 또한 이런 구분은 날이 갈수록 점점 모호해지고 있다. 하지만 곰탕하면 떠오르는 지역과 식당들은 여전히 머리에 남아 있고 그 희소성 덕에 인기는 높아지고 있다.

9월 초, 정읍에서 나주로 가는 무궁화호 기차를 탔다. 기찻길 양옆으로 호남평야가 길게 따라온다. 초록색 벼 끝이 노랗게 물들기 시작했다. 벼의 땅 중심에 나주가 있다. 조선 시대에 나주평야와 주변의 곡물들은 나주 영산포에 모은 다음 한양으로 보내졌다. 한반도에서 가장 풍요로운 땅 나주에는 음식 문화가 번성했다.

영산포의 홍어와 구진포의 장어가 물의 산물이라면 나주 곰탕은 뭍의 산물이다. 평야를 가득 메운 벼를 가능케 한 소와 벼에서 나온 쌀이 모여 나주 곰탕이 만들어졌다. 나주시장 주변에는 10여 개의 곰탕집이 모여 있다. 전국에서 가장 큰 곰탕거리다.

서울의 곰탕보다 짠맛이 강한 나주 곰탕

벼를 태우던 햇살이 붉게 타올라 사라진 오후 7시가 넘은 시간 '노안집'에서 곰탕 한 그릇을 먹는다. 맑은 국물 위로 지단·파·깨·참기름이 국물 위에 떠다닌다. 국물 밑으로 꾸미와 밥이 잠겨 있다. 국물은 맑은 모습 그대로 경쾌하다. 짠맛이 제법 나지만 밀도가 거의 느껴지지 않는 가벼운 국물은 살코기 건더기와 잘 어울린다. 시큼하고 묵직한 묵은지와 단맛이 살짝 감도는 아삭한 깍두기와도 궁합이 좋다. 서울의 곰탕보다 짠맛이 강한 것은 나주 곰탕의 특징이

기찻길 양옆으로 호남평야가 길게 따라온다. 벼의 땅 중심에 나주가 있다.

다. 춥거나 더운 양극의 기후에서는 염분의 필요를 더 느낀다.

50년 전통이란 문구가 간판에 선명한 노안집은 실제로는 1960년에 가게를 시작한 것으로 알려진 노포지만 나주 곰탕 삼총사 중에서는 제일 막내다. 가게 이름은 노안면에서 따온 것이다. 밥은 되도록 적게 먹고 국물과 건더기는 거의 다 먹었다. 일종의 직업병이다. 아직 두 끼가 더 남아 있기 때문이다. 몇 번을 다녀왔지만 올 때마다 비교해서 경험하지 않으면 미묘한 차이를 발견하기는 쉽지 않다.

가게를 나와 옆에 있는 '남평할매집'으로 들어선다. 60년 전통이라는 글귀가 눈에 띈다. 원조란 문구도 붙어 있고 각종 방송 출연을 알리는 내용이 간판에 가득하고 어지럽다. 입구 건너편에 커다란 주방이 있다. 커다란 솥에서 국물이 끓고 있다. 주문과 함께 토렴이 시작된다. 뚝배기에 밥과 고기가 가득 담겨 나온다. 얼핏 보면 노안집과 비슷하지만 먹어보면 차이점이 제법 도드라진다. 색은 조금 더 진하고 탁하다. 색과 농도처럼 맛도 진하고 진득함이 느껴진다. 서양식으로 표현하면 국물의 바디감이 세다. 짠맛은 덜하고 감칠맛이 강하다. 노안집보다 고기가 두툼하고 밥 양이 많다. 배추와 깍두기도 제법 국물이 있고 맛이 강하다. 전반적으로 강한 느낌의 곰탕이다.

배가 불렀지만 '하얀집'으로 들어섰다. 저녁 8시가 넘은 시간인데도 사람들이 가득하다. 좁은 입구 오른쪽으로 주방이 있다. 입구에 '100년을 이어온 나주 곰탕 하얀집'이라는 문구 밑으로 1910년 1대 원판례, 1940년 2대 임이순, 1960년 3대 길한수, 2011년 4대 길형선이라는 이름과 사진이 붙어 있다. 나주에서는 50년이 안 된 식당은 명함도 내밀기 힘들다. 뚝배기에 담긴 곰탕이 연신 손님상으로 옮겨진다.

나주 '노안집'. 뚝배기에 담긴
쌀밥이 토렴을 기다리고 있다.(위)
짠맛은 덜하고 감칠맛은
강한 '남평할매집'은 고기도
두툼하고 밥 양도 많다.(아래)

4대째 이어오는 '하얀집'. 나주에서는 50년이 안 된 식당은 명함도 내밀기 힘들다.

　카운터 옆에 앉아 반 그릇을 시킨다. 갈색 뚝배기에 담긴 맑은 국
물에 지단·파·깨가 뿌려진 것은 다른 집과 같고 고춧가루가 뿌려
진 것만 다르다. 그 밑으로 사태·양지·아롱사태가 한데 섞여 꾸미
로 오른다. 맑지만 진한 국물은 약간의 짠맛과 은근한 단맛이 길게
남는다. 그 사이로 잘 익은 토렴밥이 국·고기·김치·깍두기와 앞서
거니 뒤서거니 하면서 입안으로 들어간다.

　경쾌한 노안집과 묵직한 남평할매집의 장점을 반반씩 지녔다. 서
울의 하동관과 겨룰 만한 집이다. 하동관이 기름진 맛을 강점으로
내세운다면 하얀집은 깔끔한 맛이 장점이다. 맑고 진한 이율배반적
인 하얀집의 국물은 사골과 고기를 함께 삶아낸 것이다. 한우 사골
을 맨 밑에 넣고 그 위에 양지머리·목살·아롱사태·꼬리·우설 등

을 쌓아 끓이면서 기름을 걷어내면 맑은 국물이 만들어진다. 쇠고기의 기름은 끓는 동안에 끊임없이 나오기 때문에 자주 건져내야 한다.

100년 전에 도축장이 있던 시장에서 장사를 시작했지만 당시에는 백반집이었고 곰탕은 1950년대 초중반부터 팔기 시작한 것으로 알려져 있다. 사골은 이름 그대로 소의 네 개의 뼈를 말하는데 특히 대퇴골의 뼈가 곰탕에 적합한 부위로 알려져 있다.

같은 듯 다른 장국밥·곰탕·곰국

이전에 있었을 것으로 추정되지만 '곰탕'이라는 이름은 1941년 1월 잡지 『조광』朝光 「경성식구경」京城食求景에 처음으로 등장한다. "이 집부벽루은 곰탕 갈비로 유명하며"라는 구절이다. 1945년 4월 25일에 발간된 『조선식물개론』朝鮮食物槪論 「탕즙류」편에는 곰탕을 일본어로 'コムタン'으로 적어놓았다. 탕즙湯汁의 기본 예로 '맑은 장국'을 들고 이와 비슷한 음식으로 곰탕을 거론한다. 여기에 나오는 맑은 장국은 쇠고기와 무를 같이 넣고 끓이다가 간장·파·마늘을 넣어 무르게 끓여 먹는 방식이다. 이 조리법은 장국밥 조리법이 나오는 가장 오래된 조리서인 『시의전서』의 '탕반湯飯-장국밥' 만드는 법과 비슷하다.

좋은 정미 정히 씻어 밥을 잘 짓고 장국을 무 넣어 잘 끓여 나물을 갖추어 국을 말되 밥을 훌훌하게 말고 나물 갖추어 얹고 약산적하여 위에 얹고 호초가루와 고초가루 다 뿌리나리라.

1896년에 발간된 조리서『규곤요람』閨壼要覽에도 장국밥이 등장한다. "장국밥도 국수 말듯 하여 밥 간 아는 이, 밥 만 위에 기름진 고기를 장에 눌러서 그 장물만 붓나니라"라고 씌어 있다. 국물에 밥을 말고 그 위에 고기를 얹는 것이 장국밥임을 알 수 있다. 장국밥은 설렁탕보다 격이 높은 음식이었다. 구한말에 수표다리 건너편과 백목다리 근처에는 유명한 장국집이 많았다. 하지만 장국밥집은 일제강점기 말이 되면서 급속하게 사라진다. 1924년 발간된『조선무쌍신식요리제법』에는 곰국 제조법이 자세하게 나온다.

곰국 고기는 육개장과 갓치하고같이 만들고 데친 쇠족과 꼬리를 털벗겨느코 한속곰 끌커든 무를 통으로 쪼개여 느어서 물은 후에 끄내여 무는 사방이 두둑두둑하고 네모지게 써러노코 진장간장을 처 까불러 무빗이무가 불게붉게 하고 이우에 여러 가지 고기는 육개쟝갓치 써러서 맛바른맛있는 집뫼쥬쟝집된장과 기름과 호초가루와 깨소곰을 처 한창 주무른 후에 국을 퍼먹을 때 고기를 느어넣어 먹나니라. (…) 육개쟝이나 곰국이나 치성으로 하랴면 잡뙨 고기는 아니 느코 순전히 양지머리나 업진이나 사태나 쐬약갈비나 너덧 가지만 느코 해삼전복을 느코 끄려야 맛이 달고 국이 상등이 되고 쇠똥내가 업나니라. 위로 기름 뜨는 것은 건져서 된쟝찌개에나 기름 대신 늣나니라.

『조선무쌍신식요리제법』에 나온 곰국 만드는 법은 장국밥과 상당히 유사한 음식이고 지금의 곰탕과도 거의 같은 음식이다. 나주 곰탕집들이나 현풍곰탕에서도 1970년대까지는 곰탕 대신 곰국이라고 불렀다. 사실 뼈를 장시간 끓여내는 조리법을 감안하면 곰탕보다는 푹 고아낸다는 곰국이 더 정확한 표현이다.

조풍연 선생에 따르면 해방 이후에 육류만을 재료로 쓰는 오늘날의 곰탕이 만들어졌다는 설명『한겨레신문』「예종석의 맛있는 집」2007년 10월 18일보다는 조금 앞선 1940년대 중반에 곰탕이라는 명칭이 처음 등장한 데는 이유가 있어 보인다. 그 이전에 곰탕은 곰팡이를 지칭하는 단어로 주로 쓰였다. 19세기에서 20세기 초반에 고급 탕반의 대명사였던 장국밥이 사라지면서 곰국이 그 자리를 잠시 이었고 곰국보다는 음식에 더 가까운 곰탕이 본격적인 외식으로 등장했다고 추정해본다.

곰탕 앞에서 이루어진 만인의 평등

1930년대 말에 '하동관'이 곰탕 전문점으로 영업을 시작한다. 1990년대 초 수하동의 하동관을 처음 찾았을 때의 낯섦은 지금도 생생하다. 긴 탁자 위에 포개듯 사람들이 길게 앉아서 황금색 놋그릇에 담긴 곰탕을 먹고 있었다. 교회 예배당에나 있을 법한 긴 의자와 탁자도 생소했고 식당을 오가는 괴상한 주문 방식도 어색했다.

처음 나를 데려간 친구는 정주영 회장은 물론 대한민국에서 이름만 대면 알 수 있는 사람들도 이곳에 오면 사람들 틈에 끼어 긴 의자에 앉아 음식을 먹는다고 했다. 몇천 원을 내면 이곳에서는 잠시나마 음식 앞에서 만인의 평등이 이루어지는 셈이었다. 주변에서 음식 좀 먹는다는 친구들치고 이 집을 싫어하는 사람이 없어 그들과 함께 1990년대 이후 하동관은 고기국물이 당길 때 찾는 집이 되었다. 2007년에 명동으로 자리를 옮겼지만 맛과 명성은 여전하다.

'하동관' 곰탕. 맑고 진한 고기국물에 하얀 쌀밥이 담겨 있고
그 위를 양지와 양이 덮고 있다.

사람들 틈에 끼어 '곰탕 특' 한 그릇을 시킨다. 소금과 썰어놓은 파 통 옆으로 금세 놋그릇에 담긴 곰탕이 나온다. 맑고 진한 고기국물 에 하얀 쌀밥이 담겨 있고 그 위를 양지와 양이 덮고 있다. 파를 넣지 않은 채 고기국물만을 한 모금 들이킨다. 진한 고기맛이 신경을 곧 추세운다. 토렴이 잘된 밥이 고기 속에서 하얀 속살을 드러낸다. 잘 식힌 밥은 갈라진 밥알 틈으로 고기국물을 빨아들인다. 국과 밥이 한 몸처럼 자연스럽다. 밥이 국에 섞이자 국물이 약간 탁해진다. 파 를 넣는다. 파의 향과 사각거리는 식감이 진한 고기국물의 느끼함을 잡아준다. 먹을 때마다 노란 놋그릇 표면에 기름이 번져 나간다.

하동관의 진한 고기국물을 따라올 음식은 없지만 오래 먹기엔 약 간 부담스럽다. 곰탕을 반쯤 비울 무렵 '깍꾹'깍두기 국물을 주문하면 커다란 노란 주전자를 들고 종업원이 나타난다. 깍두기 국물이 순식 간에 고기국물을 붉게 물들인다. 진한 고기맛에 상큼한 신맛과 단맛 이 더해져 곰탕을 전혀 새로운 국면으로 이끈다. 하동관의 특급 조 연 깍두기는 단맛이 도드라진다. 설렁탕과 곰탕에 깍두기는 빠질 수 없는 반찬이다. 기름진 고기국물을 먹고 나서 느끼할 때 시원한 깍 두기와 국물은 입안을 개운하게 해준다. 깍두기는 18세기 중반에 씌 어진『춘향전』에 처음 등장한다. 깍두기는 무에 젓갈과 고춧가루가 더해지면서 온전한 음식이 된다. 그런데 1920년대 들어서면서 음식 에 설탕을 넣는 문화가 본격적으로 도입된다. 설탕 소비가 많은 나 라는 힘 있는 나라였고 설탕 소비가 없는 나라는 그 반대였다. 1910 년대 이후 일본에서 귀국한 유학파 요리선생들은 설탕 소비를 촉진 하기 위한 조리서를 본격적으로 선보인다. 1920년대 이전의 한국인 은 단맛을 내기 위해 엿이나 꿀을 이용했다. 꿀 · 엿과 함께 설탕이 처음 등장하는 문헌은 1918년판 『조선요리제법』이다. 1920년대 들어 외식으로 급성장한 설렁탕집에 사용하는 깍두기는 달달한 맛이 나는 설탕을 사용하면서 큰 인기를 얻는다. 곰탕 한 그릇을 먹으면서 다양성을 체험할 수 있는 것이 하동관 곰탕의 재미다.

수하동 시절부터 사용하던 간판이며 탁자는 물론 직경 1m가 넘는 가마솥도 그대로 가져왔다. 한 솥에서 150~200인분이 나오는데 그런 솥이 세 개 있다. 아침 7시에 시작해 오후 4시 30분이면 문을 닫지만 탕이 떨어지면 그 이전에도 닫는다. 60년 정도 거래한 정육점에서 가져오는 암컷 한우가 이 집 맛의 시작이다. 곱창, 양, 곤자소니 소창자 끝의 기름기 많은 부위, 양지머리, 사태살 등이 살코기와 함께 진한 국물을 만든다.

곰탕 진화의 단면을 맛볼 수 있는 '애성회관'

2012년, 하동관에서 도보로 10분 거리에 곰탕집 '애성회관'이 등장했다. 가랑비가 오는 듯 마는 듯 찬찬히 바닥을 적셔 곰탕 한 그릇으로 몸을 데우기 좋은 날 한국은행 뒷길에 있는 애성회관을 찾았다. 한우곰탕이라는 커다란 간판이 인상적인 애성회관 안쪽으로 들어선다. 11시 50분, 자리는 거의 만석이다. 주방 입구에 두 명이 앉는 좌석이 한 자리 남아 있다.

자리를 잡고 주문을 하자 이내 곰탕이 나온다. 하동관처럼 노란 놋그릇 속에 하얀 밥과 국수가 양지와 갈빗살 한 점과 함께 그릇을 삼등분하고 있다. 엷은 갈색이 도는 노란 국물은 그릇과 잘 어울린다. 고기의 기름을 최대한 빼낸 맑은 고기국물에 간장으로 간을 한 독특한 곰탕이다. 기름기가 거의 느껴지지 않는 경쾌한 고기국물에 간장

'애성회관'의 곰탕은 날렵한 몸매를 갖춘 정치 신인처럼 신선하고 거침없다.

의 은근한 단맛이 제법 궁합이 잘 맞는다. 갈빗살과 양지고기의 맛이 진하고 깊다. 이 집은 최고 등급인 한우 1^{++} 고기를 사용한다. 식은 밥에 국물을 말았기에 국과 밥은 먹기 좋은 적당한 온기를 품고 있다.

하동관의 곰탕이 거물 정치인 같은 품격과 진한 맛을 낸다면 애성회관의 곰탕은 날렵한 몸매를 갖춘 정치 신인처럼 신선하고 거침없다. 밥만은 따뜻하게 먹어야 한다는 음식에 대한 한국인의 오랜 철학이 곰탕 같은 국밥 문화에 고스란히 녹아 있다. 곰탕 진화의 단면을 애성회관에서 맛볼 수 있다. 곰탕 한 그릇을 뚝딱 비우고 식당을 나서니 식당 밖으로 긴 줄이 만들어졌다. 사람들 입맛은 참 날카롭고 예민하다.

상처의 흔적이 남은 긴 식당 이름

대구 서부터미널에서 현풍으로 가는 직행버스를 탄다. 고속도로처럼 뻥 뚫린 국도를 타고 달리면 20분 만에 작은 현풍버스터미널이 나온다. 대구가 커지면서 달성군과 현풍면 같은 시골도 대구로 편입되었다. 하지만 현풍면은 여전히 옛 모습을 간직하고 있다. 버스터미널 근처에 현풍식 곰탕을 파는 식당들이 나타난다. 식당을 지나 5분 정도 걸어서 개천을 건너 중심가로 들어서자 대로변에 관광호텔처럼 생긴 커다란 건물이 나타난다. 넓은 마당에는 차가 가득 들어차 있다. 경상도를 대표하는 곰탕집 '원조현풍박소선할매곰탕'이다.

긴 식당 이름은 상처의 흔적인 경우가 많다. 현풍을 곰탕의 마을로 만들었지만 오랫동안 사용하던 '현풍할매곰탕'이라는 이름은 상표 등록이 늦어 사용할 수 없었다. 원래 상호에 '원조'와 '박소선'이라

평범한 시골 밥집에서
전국적인 곰탕집으로
이름을 알린
'원조현풍박소선할매곰탕'.

는 창업주의 이름이 더해졌다. 작은 면 소재지에 누가 올까 싶을 만
큼 커다란 식당이지만 이웃해 있는 대구는 물론 경상도와 전국의 미
식가들이 이 집 곰탕 한 그릇을 먹기 위해 몰려든다.

식당 1층에 자리를 잡고 곰탕 한 그릇을 시킨다. 밀가루가 많이 들
어간 대구의 불로탁주처럼 노란빛이 감도는 하얗고 탁한 곰탕에 파
가 둥둥 떠다닌다. 국물은 찐득하고 진하다. 국물을 노랗게 물들인
것은 참기름이다. 참기름을 국물에 넣은 것이 아니라 국물을 내는
솥을 참기름으로 덮어 물과 사골을 넣고 고아낸 것이다. 소뼈는 끓
이는 방법에 따라 큰 차이가 나는 재료다. 소뼈를 뭉근하게 끓여 고

아내면 탁한 국물이 된다. 진하고 깊은 맛을 내는 또 다른 주인공은 소의 위인 양胖이다. 국물 속에는 양을 기본으로 쇠꼬리·머릿고기 같은 소의 특수 부위가 다양하게 들어간다. 다양한 것이 어울려 내는 맛은 복잡하고 고기의 질감은 풍부하다.

1950년대 초반에 '일심'이라는 이름으로 개업할 때는 우족 육수에 밥을 말아낸 단출하지만 진득한 맛을 내는 음식이었다. 당시에는 곰탕을 파는 전문점도 아닌 평범한 시골 밥집이었다. 별식으로 내던 곰국이 인기를 얻을 무렵인 1970년 구미고속도로가 건설되기 시작하면서 상황이 변하기 시작한다. 근로자들의 지정 식당인 이 집에서 별식으로 먹던 곰국을 사람들은 유별나게 좋아했다. 사람들은 일심 대신 부르기 편한 할매집으로 더 많이 불렀다.

1970년대 중반 '현풍할매집'으로 등록을 했다. 장사가 잘되자 1970년대 후반 서울에 있던 아들차준용 현 사장이 합류하면서 곰국만을 파는 전문점으로 탈바꿈한다. 1980년대 말 상표소송에 휘말려 지금의 이름으로 바꿨지만 인기는 변함이 없다.

1980년대 이후 대구는 물론 서울에도 진출하면서 전국에 이름을 알렸다. 1990년대 초 강남에 있던 이 집의 곰탕을 먹은 기억은 지금도 입안에 강력하게 남아 있다. 그때까지 내가 맛본 가장 진득한 국물에 풍성하고 다양한 쇠고기 건더기의 향연은 제삿날에 먹었던 밍밍하고 심심한 고깃국과는 다른 세계였다.

'육거리곰탕'의 부추 겉절이는 맛깔나는 조연

부산이 비대해지기 전까지 진주는 경상남도의 중심지였다. 맑고 잔잔한 진주 남강을 따라 김해에서 생산된 소금이 올라왔고 젓갈과

음식을 만든 사람의 마음을 닮은 '육거리곰탕'.

곡물이 모여들고 퍼져나갔다. 진주성과 촉석루는 남강과 함께 오래된 역사의 땅을 우아하게 만든 주역들이다. 강 앞으로 민물장어촌이 형성돼 있다. 다리를 건너 조금만 가면 육거리가 나온다. 육거리 한쪽에 '육거리곰탕'이 있다.

1948년부터 시작한 육거리곰탕은 경상남도를 대표하는 곰탕집이다. 60대 후반의 현재 주인은 창업자인 고 정순악 씨의 며느리다. 경상도를 대표하는 곰탕집이지만 방송과 신문에 출연한 문구나 유명인의 사인 하나 붙어 있지 않은 집이다. 메뉴도 곰탕과 수육이 전부다. 노란색이 감도는 탁한 국물에 파와 고춧가루가 고명으로 뿌려져 있다.

사람 체온 정도의 따스한 밥과 국물이 남강처럼 순하고 편하다.

오래된 역사의 땅을 우아하게 만드는 진주성과 남강.

음식은 만든 사람을 닮는다. 덤덤하고 심심하면서 깔끔하고 담백한 이 집의 곰탕 한 그릇은 가게의 분위기를 그대로 반영한다. 한우 사골과 소머리뼈를 기본으로 한 국물에 사태와 머릿고기를 넣고 기름을 걸어낸 국물이다. 머릿고기·사태·양지 같은 꾸미들도 튀지 않는다.

전라도탕에 새우젓이 있다면 경상도탕에는 부추가 빠지지 않는다. 주인의 남편이 직접 잡은 볼락과 갈치 등으로 만든 액젓으로 무친 겉절이 부추는 진하고 우아하다. 이 부추를 곰탕에 넣어 먹으면 은근한 맛이 난다. 식탁 위에 놓여 있는 구운 천일염을 넣으면 심심하던 국물 맛에 포인트가 생긴다. 단맛이 나는 깍두기와 진한 김치, 아삭거리는 부추 겉절이는 덤덤한 국을 위한 맛깔나는 조연들이다.

곰탕이라 쓰고 설렁탕·소머리국밥이라고 읽어도 된다

10여 개의 곰탕집이 들어선 영천공설시장은 1950~60년대에는 우시장이 있던 자리다. 지금도 영천 주변에는 커다란 도축장이 있다. 소의 부산물의 공급이 원활한 것은 영천의 곰탕 문화와 깊은 관계가 있다. 1950년 영천시장에 곰탕골목이 처음 생길 때부터 영업을 한 '포항할매국밥'은 고 노무현 대통령이 다녀간 뒤 더 유명해졌다. 가게 입구에 놓여 있는 커다란 가마솥 속에는 소머리와 사골 등 뼈를 중심으로 한 국물이 끓고 있다. 이름은 곰탕이지만 설렁탕에 더 가까운 음식이다.

20세기 초에 설렁탕은 소머리를 반드시 사용했다. 소머리를 삶은 국물 특유의 회색이 도는 탁한 국물은 기름기가 별로 없어 담백하지만 국물은 진하다. 양과 사태, 머릿고기가 국물에 푸짐하게 담겨 있

영천시장 국밥집의 모둠수육에는 소의 발·양·혀·머리가 두루 들어간다.

다. 오래된 맛이지만 무겁지 않고 경쾌하다. 소의 발·양·혀·머리가 두루 들어간 모둠수육은 영천시장 국밥집의 공통된 메뉴다. 소를 이용한 국물 문화의 깊이와 다양성을 맛보는 데 영천시장의 곰탕집들만 한 곳이 없다.

포항할매국밥 바로 옆에 있는 '산성식당'도 영업을 한 지 30년이 넘었다. 영천의 곰탕집들은 24시간 영업을 한다. 입구마다 가마솥에서 육수를 고아내는 것도 같다. 솥 안에 다 들어가지 못해 국물 위로 비어져나온 소머리와 잡뼈·천엽·양·혓바닥이 뒤엉켜 진한 국물을 낸다. 영천시장이 5일장이었던 시절에는 장꾼들이 주로 찾았지만 상설시장이 된 후로는 일반인과 관광객이 많아졌다. 곰탕이라 쓰고 설렁탕이나 소머리국밥으로 읽어도 되는 영천시장의 맑고 진한 국밥은 장터 음식의 옛 모습을 간직한 채 남아 있는 소고기 탕 문화의 타입캡슐이다.

곰탕에 관한 기록들과 곰탕의 현재

'공탕'空湯을 곰탕의 어원으로 생각하는 학자들이 제법 있다.

1768년 이억성李億成이 엮어 간행한 몽골어 학습서인 『몽어유해』蒙語類解에 '공탕'이라는 단어가 나온다. 공탕을 몽골어로 '슈루'라고 표기하고 '고기 삶은 물'이라고 해석해놓았다. 1788년에 발간된 외국어 학습서인 『방언집석』方言集釋에는 공탕을 '고기믈'고깃물이라고 표기하고 한나라에서는 '콩탕', 청나라에서는 '실러', 몽골에서는 '슐루'라고 부른다고 씌어 있다.

그러나 기록들을 살펴보면 곰탕은 '곰'膏이나 '고음'膏飮에서 유래했다고 보는 것이 더 설득력 있다. '곰'은 고기기름이 물에 섞여 나

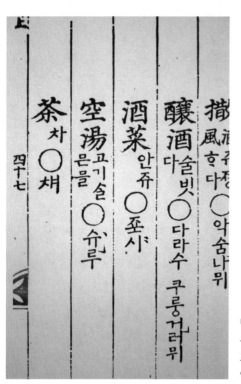

茶 차 〇 채
四十七

空湯 고기술 믄물 〇 슈루

酒菜 안쥬 〇 죠시

釀酒 다술빗 〇 다라수 쿠룽거러뮈

撒酒 酒거거뎡 〇 악숨나뮈

『몽어유해』에는 공탕을 몽골어로 '슈루'라고 표기하고 '고기 삶은 물'이라고 해석해놓았다.

온다는 뜻이다. 1897년에 발간된 게일의 『한영자뎐』에는 셜넝탕을 'a kind of meat soup', 즉 '고기국물'로 소개한다. 그런데 같은 사전에 등장하는 곰膏에도 셜넝탕과 같은 'a kind of meat soup'이라는 영어 설명이 붙어 있다. 곰탕이 곰에서 유래된 것이라 가정한다면 곰탕과 관련된 기록은 1800년에 발간된 『능소주다식 조석상식발기』陵所書茶食朝夕上食撥記에 등장하는 '고음膏飮탕'으로 기록이 거슬러 올라간다. 설렁탕과 곰에 관한 기록이 19세기부터 등장하지만 고기국물을 먹는 문화가 그 이전에 있었음은 불을 보듯 뻔한 일이다.

우리 민족이 사용한 고기국물을 지칭하는 대표적인 말은 '육즙'肉

汁이다. 『조선왕조실록』 태종 3년1403의 기록에 육즙을 신하에게 내려주는 것을 시작으로 육즙은 조선 시대 내내 빈번하게 등장한다. 육즙은 주로 원기가 부족한 환자에게 치료용으로 많이 사용된 약이었다. 고기국물이라는 의미의 '대갱읍'大羹湆, 쇠고기 국물을 뜻하는 '향'膷, 양고기 국물을 의미하는 '훈'臐, 돼지고기 국물을 지칭하는 '효'膮도 조선 시대에 여러 번 사용되었다. 하지만 주로 제사에 올리는 음식으로 등장한다는 점에서 대중음식인 설렁탕이나 곰탕과는 거리가 있어 보인다.

1947년 12월 9일자 『현대일보』의 '황금냉면옥' 광고 메뉴에는 냉면과 더불어 곰탕이 적혀 있다. 1940년대 말에는 곰탕이라는 단어가 자주 등장한다. 1940년대 말이 되면 곰탕은 설렁탕, 비빔밥 같은 대중음식이 된다.

한 그릇의 곰탕과 한 잔의 약주는 우리의 유일한 위안물입니다.
• 김춘호 노동자, 『경향신문』 1954년 6월 16일

1954년 음식값에 세금을 매길 때 곰탕 같은 서민 음식에 세금을 과다하게 부과하자 당시 신문들은 이 문제를 크게 다룬다.

하얀 쌀밥과 뽀얀 사골국물은 오랫동안 한국인이 꿈꿔온 최고의 밥상이었다. 소뼈를 뭉근하게 오랫동안 끓이면 뼛속 젤라틴이 물속에 서서히 스며든다. 고소하고 구수한 맛과 하얀 것을 숭상한 백의민족에게 곰국은 영원한 베스트셀러였다. 곰국이나 곰탕은 음식을 넘어 약에 가까웠다. 우리의 어머니들은 큰일을 앞둔 자식이나 남편에게 사골곰탕을 끓여 먹였다. 하룻밤을 꼬박 우려내야 제맛이 나는

사골국물은 엄마표 손맛의 결정체였다.

하지만 2013년 들어 사골·우족·꼬리의 가격은 2005년에 비해 50%에서 83%까지 하락했다. 농협경제연구소 식생활이 서구화되면서 한국인 밥상의 중심에 있던 탕요리가 급속하게 줄어들고 있기 때문이다.

순대

고기를 담은 작은
자루의 진화

"영등포시장 순대국밥집에서

나는 왕후장상이나 배우가 아니라서

너무 행복하다.

순대국밥 덕분이다.

영등포 순대국밥이 최고다."

• 작자 미상 「순대국밥」

곡성의 똥순대는 선지순대다

곡성에는 똥순대가 있다. 소창에 선지만 들어간 이 기이한 순대를 먹으려면 장날이나 주말에 가야 한다. 3일과 8일에 열리는 곡성장에 가려고 9월 2일 저녁 버스를 타고 곡성에 내렸다. 시외버스터미널 앞을 나와 터덜거리며 걷다 '안성미곡상회' 앞에서 발걸음을 멈췄다. 커다란 미곡상 안에는 쌀만 있는 게 아니다. 콩과 소금, 참기름에 마른 고추, 각종 나물까지 음식 재료 백화점이다.

100가지가 넘는 재료가 가득한 미곡상 안에서 노부부 두 분이 분주하게 움직인다. 이곳에서만 50년을 넘게 쌀과 각종 재료를 농부들에게 받아 판매하고 있는 부부에게도 곡성장은 가장 중요한 일터다. 사람들이 물건을 가져오고 그 물건을 받아 다시 판매하는 일이 곡성장을 중심으로 이뤄지기 때문이다. 장은 새벽 6시부터 열리지만 4시부터 준비를 해야 한다. 밤 10시쯤 새벽 장에서 만날 것을 약속하고 부부와 헤어졌다.

곡성은 유명세에 비해 작은 마을이다. 시내에 모텔도 하나뿐이다. 모텔에는 새벽장을 보려는 장돌뱅이들이 묵고 있다. 그들 틈에 끼어 밤을 보냈다. 아침 7시에도 장터는 분주하다. 추석을 2주일 앞두고 있지만 장터에는 벌써 추석 기운이 충만하다. 장터 앞쪽으로 여름 내내 태양빛을 받아 더욱 붉어진 태양초가 수북이 쌓여 있다. 고추 난전에 모인 농민들과 상인들이 흥정을 하고 있다. 간간이 "고춧값이 점점 싸져서"라는 푸념이 들려온다. 콩과 고추 같은 전통적인 작물 대신 요즘음 곡성에는 멜론이나 사과 같은 과일이 많이 재배되고 잘 팔린다. 서양 음식의 확산과 기후 온난화가 곡성 같은 깊은 농촌에도 영향을 미치고 있다.

시장을 둘러보고 시장 입구에 있는 '한일순대국밥'으로 똥국을 먹기 위해 들어선다. 테이블 너머 가마솥에서 끓고 있는 국물이 서늘한 아침 공기와 만나 수증기를 뿜어낸다. 그 옆으로 가지런히 놓인 그릇 아래 커다란 대창 순대가 가득하다. 뜨거운 국물이 차가운 밥을 데우고 순대 몇 점과 내장, 머릿고기가 푸짐하게 담긴 똥국이 나온다. 메뉴판에는 국밥이라고 씌어 있다. 이 집에서는 국밥과 수육 두 가지 음식만 판다. 사람들은 이 국밥을 똥국·곱창국·내장국 등으로 부른다. 똥국은 돈豚국이 경음화해서 만들어진 말이다.

순대를 베어무니 쫄깃한 대창 속에 선지만이 가득하다. 이곳 분들은 선지를 피창이라 부른다. 다소 퍽퍽할 것 같지만 국물에 담겨 있어 부드럽게 씹힌다. 대창의 쫄깃함과 선지의 부드러움이 결합돼 적당한 식감을 준다. 약간의 돼지 냄새는 역하지 않고 오히려 정겹다. 맑고 진한 국은 차가운 밥과 고기가 섞여 따스하고 편안하다. 국물 속에서 톡톡 쏘는 매콤한 맛이 냄새와 느끼함을 몰아낸다. 태양초 고추가 은근하게 맛을 낸다. 수십 년간 장터를 지켜온 한일국밥의 똥국과 똥순대는 옛날 방식 그대로 만든 것이라고 이곳 어르신들은 입을 모은다.

전라도뿐만 아니라 경상도 대구에서도 옛날에는 선지만 넣은 순대를 먹었다는 증언이 있다. 순대하면 젊은이들은 당면순대를 떠올리지만 사실 순대의 기원설 중 하나에는 선지순대가 등장한다. 정착민들의 가축이 소와 돼지라면 유목민들의 가축은 양이다. 유목민들은 신성한 대지에 짐승의 피를 흘리는 것을 용납하지 않는다. 만주족이나 몽골족들은 양을 잡을 때 등을 땅에 대놓고 배를 가른다. 가른 배 속으로 손을 넣어 대동맥을 잘라 양의 숨통을 끊는다. 그리고

곡성 '한일순대국밥'.
똥국·곱창국·내장국 등으로 부르는 국밥은 돈국이 경음화해서 만들어진 말이다.

대동맥을 따라 흐르던 피를 한 방울도 남김없이 양의 창자로 흘려
넣는다. 창자의 양끝을 묶으면 피는 한 방울도 밖으로 나오지 않는
다. 피가 가득한 양의 창자를 삶아 먹은 것을 순대의 기원으로 보는
측이 주장하는 순대 만들기다. 신기하게도 이 설과 곡성의 똥순대는
너무도 닮았다. 곡성의 똥순대같이 선지를 이용한 피순대는 전라도
일대에서 성행하고 있다. 똥국 한 그릇으로 배를 채우고 할머니들
틈에 끼어 곡성역으로 가는 택시를 탔다. 곡성역에서 임실역까지는
무궁화 열차로 30분이 걸렸다.

임실역 앞으로는 아담하고 조용한 시골 풍경이 펼쳐진다.
곡성에서 임실까지는 무궁화 열차로 30분이 걸린다.

임실 토박이만의 메뉴 "말아주세요"

임실역과 임실 시내는 좀 떨어져 있다. 역 앞에서 버스를 타고 종점인 임실시외버스터미널에 내렸다. 시외버스터미널과 임실재래시장은 붙어 있다. 시장 뒤쪽에는 수제 소면으로 유명한 백양국수 공장이 있다. 마실 나가듯 백양국수 공장을 둘러보고 시장 안으로 들어섰다. 5일장을 비켜간 평일 아침 시장은 휑하다. 곡성의 왁자한 난전을 거쳐온 탓에 임실장은 쓸쓸해 보였다.

시장 한쪽에 '개미집'과 '도봉집'이 마주하고 있다. 임실의 순대 문화를 지키는 정겨운 이웃이자 라이벌이다. 1953년에 장사를 시작한 것으로 알려진 개미집에 들어선다. 식당 입구의 분홍색 꽃무늬 비닐 칸막이가 가을바람에 살랑인다. 메뉴판을 보니 순댓국밥 밑으로 다른 곳에서는 잘 쓰지 않는 '뚝배기안주'와 '고기안주'가 보인다. 고기안주는 모둠순대고, 뚝배기안주는 술국이다. 6,000원짜리 순댓국밥 한 그릇을 시킨다. 할머니 한 분과 아들인 듯한 젊은 남자 두 명이 국밥을 말아낸다.

회색의 탁한 국물에 빨간 양념장이 얹혀 있다. 양념장과 국물 밑으로 토렴한 밥과 순대, 다양한 돼지 내장 부위가 삐죽삐죽 모습을 보인다. 양념장을 풀지 않고 국물을 먹는다. 짜고 기름지고 뜨겁다. 양념장을 풀고 밥과 국물을 휘저으니 온도가 내려가고 국물의 밸런스가 맞는다. 양념장에 맞게 만들어진 국물이다. 붉어진 국물 속에 비계가 가득한 돼지고기도 있다. 김치찌개가 연상된다. 내장은 냄새 대신 고소하고 졸깃한 식감을 낸다. 졸깃한 막창순대를 먹을 때마다 선지와 양배추가 조금씩 비어져나온다. 무를 한 번 말렸다가 담근 깍두기의 아삭거리는 식감도 괜찮다. 내장이며 순대, 깍두기까지 식

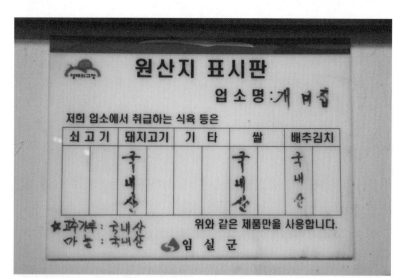

원산지 표시판

업소명 : 개미집

저희 업소에서 취급하는 식육 등은

쇠 고 기	돼지고기	기 타	쌀	배추김치
	국내산		국내산	국내산

★ 고추가루 : 국내산
　마 늘 : 국내산

위와 같은 제품만을 사용합니다.

임 실 군

양념장으로 간을 맞춘 '개미집'의 순댓국밥은 김치찌개가 연상된다.

감에 포인트를 준 잘 말아낸 순댓국밥이다.

국밥을 거의 다 먹을 무렵 손님 세 명이 가게 안으로 들어선다. "말아주세요"라고 메뉴에 없는 말을 한다. 오랜 단골이거나 토박이들임이 분명하다. 곡성 선지순대와는 조금 다르게 양배추가 들어가지만 임실의 순대도 거의 선지만을 사용한 피순대다.

전주 사람들의 깊은 육고기 사랑

전라도가 전주와 나주의 첫 글자를 딴 것에서 알 수 있듯 전주는 오랫동안 전라도의 행정과 문화의 중심지였다. 이중환은 『택리지』에서 전주를 "천 마을 만 부락에서 삶에 이용할 물건이 다 갖춰져 있고, 관아가 있는 곳에는 민가가 빽빽하고 물화가 쌓여 있어서 한양과 다름없는 큰 도회지"라고 묘사했다. 남도의 풍부한 물산이 모여들었던 탓에 다양한 음식이 발전할 수 있는 물적 토대를 바탕으로 세련된 음식과 서민적인 먹거리가 동시에 발전해왔다.

전주하면 비빔밥이나 콩나물해장국을 떠올리지만 전주에 며칠만 있어보면 전주 사람들의 깊은 육고기 사랑을 알 수 있다. 전주의 대중적인 돼지고기 문화는 1960년대 이후에 본격화되었다. 전주 남문시장은 1894년 동학혁명 이전부터 장이 서던 유서 깊은 곳이다. 1960년대 이전에는 "전북의 현금 80%가 전주에 있고, 전주 현금 60%가 남문장에 있다"고 할 정도로 남문장의 규모와 위세는 대단했다. 전주를 대표하는 콩나물국밥집 중 하나인 '현대옥'을 비롯해 시장 먹자골목에는 현지인과 외지인 모두가 사랑하는 맛집이 많지만 그중에서도 유독 사람들이 많이 몰리는 곳은 '조점례남문피순대'다. 아침 7시 문을 열 때부터 밤 12시 문을 닫을 때까지 사람들이 북적거리는 이곳의 주메뉴는 순댓국과 피순대다.

전라도는 지역에 따라 소창·대창·막창 등 다양한 순대 껍질이 사용되지만 순대 속만은 선지가 중심에 있다. 남쪽에서 북쪽으로 올라갈수록 야채와 밥의 비율이 조금씩 높아진다. 조점례남문피순대는 선지·야채·다진 고기 같은 재료가 선지를 좋아하는 전라도 사람들과 선지를 적게 먹는 외지인들도 부담이 없을 정도로 적당하게 섞여 있다.

오전 10시 10분, 밥 먹기 애매한 시간인데도 넓은 식당은 만원이다. 혼자 온 사람은 당연히 합석한다. 국밥을 먹고 있는 아저씨 앞자리에 앉아 순대와 국밥을 시켜 먹는다. 순댓집들은 대개 순대보다 순댓국을 주력으로 하고 있다. 1924년 이용기가 쓴 『조선무쌍신식요리제법』에는 순댓국 만드는 법이 나온다.

순댓국은 도야지 살문 물에 기름은 건저버리고 우거지를 너어서 끄리면 우거지가 부드럽고 맛이 죠흐나 그냥 국물에 내쟝을 써러넉코 젓국쳐서 먹는 것은 상풍常風, 일반 조리법이요 먹어도 오르내기가 쉬웁고 또 만이 먹으면 설서설사가 나나니라.

순댓국에 정작 순대는 없고 돼지 내장만 들어가 있다. 순댓국에 반드시 순대가 들어갈 필요가 없다는 이 내용처럼 순댓국은 순대가 중심이 아닌 돼지 내장과 국물이 중심인 음식이다. 조점례남문피순대도 순댓국밥이 피순대보다 더 유명하다.

초콜릿을 연상시키는 진한 갈색의 피순대 한 점을 먹는다. 이 집 순대를 유명하게 만든 부드러운 순대 껍질이 사각사각 씹힌다. 순대

물에데처 초쟝을 씩어 먹기도하나니라

법대로 잘만드면 한번먹을만하나니라 싸 선지만 맹

▲순대국 [豬熟湯]

순대국은 도야지살문물에 기름은건저버리
고 우거지를너어서쓰리면 우거지가부드럼고 맛이죠
호나 그냥 국물에내장을 써러녀코 젓국처서먹는
것은 상풍(常風)이오 먹어도 오르내리기가쉬움
고 쓰 만이먹으면 설서가나나니라

1924년 이용기가 쓴
『조선무쌍신식요리제법』에는
순댓국 만드는 법이 나온다.

속에는 멥쌀과 다진 고기, 파 같은 건더기를 선지가 한 몸으로 만들
어놓았다. 은근히 매운맛이 끝 맛으로 남는다. 식당 입구에 건더기와
양념이 안 된 하얀 육수가 담긴 갈색의 그릇들에 밥과 내장, 순대와
양념장이 더해져 식탁에 오른다. 팔팔 끓던 국은 이내 가라앉는다.
달고 매콤한 국물과 피순대와 내장이 밥과 뒤엉켜 있지만 궁합이 잘
맞는다. 피순대 한 접시를 거의 비웠지만 순댓국밥 먹기를 멈추기가
어렵다. 돼지뼈를 우려낸 국물이 수준급이다. 먼저 앉아 있던 아저씨
가 중간에 자리를 뜨자 젊은 여자 한 명이 그 자리를 차고 앉아 순댓
국밥을 먹는다. 식당 앞에는 사람들이 더 늘어나 있다.

'조점례남문피순대' 순댓국밥은 달고 매콤한 국물과
피순대와 내장이 밥과 뒤엉켜 있지만 궁합이 잘 맞는다.

순대는 유목민의 음식이었다

순대는 순수 농경민족의 음식이 아니다. 「유라시아 순대 문화의 분포와 변천」이라는 논문에서 한양여자대학교 김천호 교수는 "중국 농경민(소수 민족 제외)이나 일본 등은 그들의 태초의 선조들로부터의 음식이 아니다. 결론적으로 순대는 육류를 주식으로 하던 순수 유목민, 수렵민이나 목축민의 산물"로 보고 있다. 김천호 교수는 20년간 현지 조사를 통해서 이를 밝혀냈다. 그는 순대에 관한 가장 구체적인 기록으로 6세기에 씌어진 『제민요술』에 나오는 '관장법'灌腸法 등을 들고 있다. 그는 순대의 최초 형태는 "현재 만주족에 남아 있는 순피순대"로 보고 있는데 이는 거의 정설로 인정되고 있다. 순피순대는 민족과 지역에 따라 형태가 다양한데 "곡류를 약간 넣은 몽골족이나 에벤키족의 피순대, 반농반목지역이나 농경지역의 피와 곡류·채소·두부 등 각종 식품을 혼합한 한국·내몽골족·다굴족·시버족 등(의 순대가 있다). 위글족이나 후이족은 이슬람교 금기의 영향으로 피 대신 곡류가루로 채운 백순대로 변화했고 붉은 적혈구를 제거하고 맑은 혈장을 이용한 에벤족의 순대도 특이하며 티베트족과 몇몇 민족에게서는 혈장·육장·면장·내장 등 다채롭고 합리적으로 만드는 진정한 육식문화의 면모를 나타내고 있다"고 적고 있다.

순대는 무슨 뜻일까? 순대는 유목민의 말일 확률이 매우 높다. 1776년에 간행된 만주어사전 『한청문람』漢淸文鑑에 '순타'sunta라는 단어가 나온다. 순타는 '고기를 담은 작은 자루'라는 뜻이다. 그러나 음운론적으로 순타에서 순대로 변하기는 매우 어렵다는 게 국어 학자들의 공통된 견해다. 언어학자 강길운 교수는 '순타설'보다 만주어 '셍지'senggi, 피 + '두하'duha, 창자의 합성어가 음운 변화를 겪으면서

'순대'가 되었다고 주장한다. 순대가 대지에 피를 흘리기 싫어한 유목민의 음식이었던 점을 감안하면 상당히 개연성 있는 주장이다.

순대라는 단어는 1877년에 간행된 것으로 추정되는 『시의전서』에 '도야지슌대'로 처음 등장한다. 1880년에 발간된 『한불자전』에는 슌뎌라는 단어가 나온다. 슌뎌와 순대는 표기만 다르지 음성적으로는 같다. 19세기 말 몇 개의 외래어 사전에는 '슌대'가 빠지지 않고 등장할 정도로 순대는 이 당시 대중화된 단어였다.

슌대의 동의어로 '살골집'과 '피꼴집'이라는 말도 쓰였다. 순대 조리법은 조선 시대 중기 조리서에 꾸준하게 등장한다. 1670년경에 간행된 최초의 한글 조리서인 『음식디미방』에는 '개장'犬腸, 즉 개순대가 나온다.

개를 잡아 깨끗이 빨아 살짝 삶아 뼈를 발라내고, 만두소를 이기듯이 후추·천초·생강·참기름·진간장을 한데 섞어 (양념을) 하되 질지 않게 하여라. 개의 창자를 뒤집어 모두 빤 후 도로 뒤집어서 거기창자 속에 (양념한 것을) 가득 넣어 시루에 담아 쪄라. 한나절 정도 약한 불로 쪄내어 어슥어슥 썰어 초와 겨자를 치면 (맛이) 아주 좋다. 창자는 생것으로 하되 전날 손질하여 (두고) 양념은 섞어 두었다가 이튿날 창자에 넣어 쪄라.

개를 이용한 순대에 대한 설명은 『음식디미방』이 처음이자 마지막이다. 1600년대 말에 씌어진 것으로 추정되는 저자 미상의 한글 조리서인 『주방문』에는 순대라는 단어는 나오지 않지만 순대조리법이 나온다.

황육 삶는 법烹牛肉法

좋은 살코기는 간장과 새우젓국에 후추를 넣어 삶는다. 대창을 모두 뒤집어 씻는다. 선지가 어리지 못하였을 때 밀가루와 물과 매운 양념을 한데 고루 합하여 대창에 넣어 삶은 후 어슷어슷 썰어먹는다. 절미다.

매운 양념이 무엇인지는 분명치 않지만『음식디미방』의 순대 소에 후추·천초·생강 같은 매운 양념이 들어가고 이것을 다시 초와 겨자같이 톡 쏘는 매운 소스를 쳐서 먹었던 것을 생각하면 비슷한 재료를 넣었을 것이라고 유추할 수 있다. 17세기의 순대 속에는 일반적으로 매운 양념을 넣어 조리했다.

순대에 사용되는 육류는 쇠고기·돼지고기·양고기 등으로 다양하다. 1715년에 간행된『산림경제』에 수록된 '조증저두'糟蒸猪肚라는 돼지순대는 중국의『신은』神隱을 인용한 것이고『임원십육지』에 등장하는 양을 이용한 순댓법인 '관장방'灌腸方은 원나라에서 발간된 몽골 민족의 조리법을 기록한『거가필용』巨家必用에 실린 내용을 그대로 적은 것이다.

17, 18세기에 양과 돼지는 한민족에게는 일반적인 고기가 아니었다. 대개는 중국 사신들을 위한 접대용 고기를 위해 특별히 관리되는 것이었다. 조선 시대 한민족의 고기는 쇠고기였다.

1815년에 발간된『규합총서』에는 쇠고기 순대 조리법이 나온다.

쇠 창자를 깨끗하게 씻어 한 자 길이씩 베고, 쇠고기와 꿩, 닭고기를 두드려 온갖 약념양념과 기름장을 간 맞추어 섞어 그 창자 속에 가득히 넣고 실로 두 끝을 맨다. 솥에 먼저 물을 붓고, 대나무를 가로지르고, 그 위에 얹되 물에 잠기게 말고, 뚜껑을 덮어 문무화뭉근한불로 고아 많이 익은 후 내여 식거든 말굽 형상으로 저며 초장에 쓰라.

19세기 중엽에 씌어진 『역주방문』과 『규합총서』의 요약본인 『간본규합총서』와 『규합총서』에 새로운 조리법을 더해 지은 『부인필지』1908에도 같은 내용이 나온다. 19세기 중엽의 『역주방문』에는 '우장증'이 나오고 19세기 말엽에 나온 『술진은법』에는 '우장탕'이 나온다.

쇠고기 순대는 17세기 말엽 황육 삶는 법에만 소의 피인 선지가 들어가고 이후에는 선지를 사용했다는 기록은 나타나지 않는다. 조선 시대의 순대는 상당히 세련되고 고급스런 음식이었다. 돼지 창자를 이용한 돼지순대는 최한기崔漢綺가 1830년경에 지은 것으로 추정되는 『농정회요』農政會要에 처음 등장한다.

도저장餂猪腸

돼지 창자를 깨끗이 씻는다. 우선 돼지피의 양을 어느 정도 헤아려 참기름과 콩나물, 후추 등 재료를 골고루 섞은 다음 돼지 창자 속에 집어넣고 물이 새지 않도록 양쪽 끝을 단단히 묶은 다음 삶아 익힌다. 식기를 기다렸다가 납작하게 썰어서 초장에 찍어 먹는다. 돼지 창자를 씻는 데 사탕을 쓰면 누린내가 나지 않는다.

1877년에 씌어진 것으로 추정되는 조리서인 『시의전서』에는 '도야지순대'라는 한글이 처음으로 등장하고 조리법도 나온다.

도야지순대

창자를 뒤접어뒤집어 정히 빠라빨아 숙주, 미나리, 무우 데쳐 배
차김치와 가치 다져 두부 섞어 총 '파' '생강' '마날'마늘 만히 디
져다져 너허 깨소곰, 기름, 고초가로, 호초가로 각색 양념 만히 서
거 피와 한데 쥐물너주물러 창자에 너코 부리 동혀 살마 쓰라.

저자는 알려지지 않았지만 경상도 상주 지역의 음식을 기록한 책
인『시의전서』의 조리법은 숙주나 미나리, 두부 같은 재료가 들어가
는 것이 특징이다. 남대문 철산집의 부드러운 순대의 비법인 두부소
와 선지 사용의 원형이『시의전서』에 있는 것이다. 요즘 대부분의 순
대에 선지를 넣는 것에 비해 조선 시대의 순대에는 의외로 선지가
별로 사용되지 않았다. 대부분의 순대에는 후추·생강·천초 같은
매운 양념과 기름이 빠지지 않고 들어가 매콤한 맛의 순대가 주류를
이뤘다.『농정회요』와『시의전서』에 각각 들어가는 콩나물과 숙주
는 전라남도 순천 일대에서 먹는 콩나물을 넣은 순대와 유사성이 있
는 것도 흥미롭다. 이용기의『조선무쌍신식요리제법』에는 순댓국이
'저숙탕'猪熟湯이라고 나오는데 정작 순대는 없고 내장만 들어가 있
다. 내장을 순대로 보았던 것 같다. 1940년에 씌인『조선요리』에 나
오는 '돈장탕'豚腸湯은 순대를 넣은 순댓국이다.

경상도식 순대의 전형을 찾아서

전라도가 피순대 문화권을 형성하고 충청도와 경기도가 야채와

선지를 이용한 복합형을 만들어낸다면 서울은 당면순대의 거대한 흐름 속에서 다양한 순대가 조금씩 제 목소리를 내고 있다. 반면 경상도의 순대 문화는 다른 지역에 비해 조금 약하다. 최근 들어 왜관의 '고궁순대'를 경상도식 순대의 전형이라고 이야기하는 사람들이 있을 정도로 이 집의 순대는 유명하다.

왜관역 앞은 역전하면 떠오르는 복잡하고 오래된 분위기가 감돈다. 여관과 다방도 많다. 골목으로 들어서면 잘 지어진 현대식 건물에 자리 잡은 '고궁순대'가 있다. 얼마 전에 왜관IC 옆에 생긴 고궁순대 분점이 주력 업장이 되었고 본점은 2015년 문을 닫았다.

고궁순대의 시작은 자료마다 조금씩 다르다. 어떤 책에는 1950년대 중반으로 적혀 있고 칠곡군 사이트에는 1960년대부터 시작한 것으로 나온다. 초창기의 고궁순대는 "깊은 밤 가로등 불빛 아래 낡은 모습을 드러내고 있는 야식집과 흡사했다. 출입문은 아무리 키가 작은 사람이라도 머리를 숙여야 할 정도로 낮았으며, 실내 테이블은 고작 다섯 개 정도에 지나지 않았다. 그러나 이런 겉모습과는 달리 이 집의 순댓국밥 맛은 인근에 널리 알려져 아침부터 손님이 줄을 이었다."

순대를 시키자 순대와 순댓국이 같이 나온다. 두툼한 갈색 순대가 참기름을 발라 번들거린다. 참기름 냄새가 먼저 사람 속을 파고든다. 제법 묵직한 순대 한 점을 입에 넣는다. 풍만한 식감이 느껴지는 순간 순대가 밥알처럼 퍼져나간다. 다른 집과 달리 이 집의 선지는 액체 상태의 선지를 넣기 때문에 선지의 응집력은 약하지만 단점보다는 장점이 많다. 졸깃한 대창 껍질과 부드러운 속살이 묘한 조화를 이룬다. 맵다고 느낄 정도로 알싸하다. 안에 고추씨가 들어 있다. 매

'고궁순대'는 순대를 시키면 순대와 순댓국이 같이 나온다.
고추씨가 들어 있어 맵다고 느낄 정도로 알싸하다.

콤함은 기름진 순대의 맛을 잡아주지만 조금 센 편이다.

순대소는 파와 당면, 돼지 껍질과 돼지고기, 찹쌀가루와 전분에 파등 10여 가지 채소를 넣어 만들었다. 덤덤하고 뽀얀 국물을 한 모금 마시니 매콤한 맛과 잘 어울린다. 돼지 무릎뼈와 돼지머리를 넣고 삶아낸 독특한 육수다. 맛이 진하지 않고 가볍고 경쾌하다.

왜관은 1905년 경부선 철도가 놓이면서 본격적으로 개발된 곳이다. 한국전쟁 이후 미군의 군수기지가 들어서고 교통이 편리해지면서 사람들이 모여들었다. 역 앞에는 그 사람들을 따라 식당이 하나둘 들어섰다. 1950년대 역전 주변에는 순댓국을 파는 집이 몇 군데 있었다고 한다. 일본식 선술집을 운영하던 고궁순대의 창업주는 1950년대 중반 순대를 만들어 팔았다. 이후 북한식 피순대를 만들어 팔면 좋을 거라는 실향민의 조언을 듣고 시작한 피순대 덕에 인기를 얻었다.

창업주의 아들은 중국 교포의 조언으로 돼지껍데기를 넣은 순대소를 팔면서 큰 성공을 거두었다. 이런 순대를 경상도식 순대로 정의하고 있다. 하지만 조언한 사람이 모두 실향민이나 중국 교포였다는 점에서 과연 경상도식 순대 문화를 만들어낼 수 있었을지 의문이 든다. 그보다는 북한 순대와 닮은 점이 더 많다.

'고궁순대'는 북한의 순대와 닮았다

북한에서 나온 요리책인 『조선의 이름난 료리』2007 「돼지밸순대」에는 소를 만들 때 돼지 뱃살과 비계, 허파를 잘게 썰어넣고 돼지피는 덩어리가 풀릴 때까지 주물러서 넣는다는 레시피가 나온다. 지금의 고궁순대와 비슷하다. 『조선료리전집』2000에 나오는 평양 돼지순대 조리법에도 순대소에 돼지기름을 넣고 다 만든 뒤에는 "참기름을 발라 접시에 담고 초간장과 같이 낸다"라고 씌어 있다. 참기름을 바르는 방식이 고궁순대와 같다. 최근 북한에서 발간된 조리서에 나오는 함경도 순대 조리법은 남한의 함경도식 순대와는 상당히 다르다.

1. 돼지밸을 50cm 길이로 자르고 분탕당면은 삶아서 30cm 길이로 썰어 놓는다.

2. 분탕 돼지피, 농마, 부스러뜨린 두부, 다진 파와 마늘·소금·후춧가루를 섞어 순대소를 만든다.
3. 돼지밸에 순대소를 가득 채워 넣고 삶은 다음 편으로 썰어 접시에 담고 초간장을 같이 낸다.

현재 함경도 순대하면 떠올리는 찹쌀은 전혀 사용하지 않고 남한에서 만들어졌을 것으로 추정되는 당면순대가 함경도 순대의 중요 재료인 점이 이색적이다. 현대에 들어와 함경도 순대에 찹쌀 대신 당면을 사용한 것으로 바뀐 것인지도 모르겠지만 되도록이면 전통 방식을 바꾸지 않는 지역 음식 소개라는 점에서 함경도 순대에 당면을 사용한 것은 한국이 북한 순대에 관해 연구할 필요성이 있음을 말해준다.

앞에 언급한 북한의 두 요리책에는 경기도 순대도 등장한다. 요리법은 같다. 쇠고기와 돼지고기는 갈아서 데쳐 잘게 썬 녹두 나물과 풋배추, 부스러뜨린 두부, 다진 생강, 돼지피, 새우젓을 섞어 순대소를 만든다. 순대를 썰어서 접시에 담고 초간장과 같이 낸다. 지금의 용인 백암 순대나 충청도 병천 순대 등 야채가 중심이 된 순대와 상당한 유사성을 보인다. 지금 남한에서 알려진 함흥식 순대나 신의주 순대라 불리는 북한식 순대 또는 연변식 순대와 비슷한 순대의 레시피는 평양 지방의 돼지순대다.

돼지순대는 돼지고기·허파·기름은 갈아 돼지피·불군 쌀·소금·간장·된장·참기름·다진 파와 마늘·깨가루·후추가루를 두고 소를 만든다. 돼지밸 속에 소를 넣고 끓는 물에 서서히 삶아 썰어서 참기름을 발라 접시에 담고 초간장과 같이 낸다.

•『조선료리전집』

대한민국의 북한식 순대

함경도 순대와 경기도 순대에 공통적으로 들어가는 부스러뜨린 두부는 평양 순대에서 발견되지 않는다. 중국과 가까운 북한 지역은 오래전부터 돼지고기 문화가 한반도에서 가장 발달한 곳이었다. 1930년대 재래종과 수입종의 교배종인 평북돈의 명성은 매우 높았다. 한국전쟁 이후 실향민이 대거 남으로 내려오면서 북한 음식 문화가 남한 사회에 뿌리내렸다. 순대와 순댓국 문화도 중요한 북한 음식 문화 중 하나였다. 부산의 돼지국밥도 여러 가지 설이 있지만 실향민의 영향이 여러 곳에서 발견된다. 부산을 대표하는 돼지국밥의 노포 범일동 '할매국밥'도 그중 하나다.

부산 돼지국밥 랭킹에서 항상 최상위를 차지하는 할매국밥에서 국밥과 수육 못지않게 유명한 것이 이북식 순대다. 대창에서도 가장 굵은 부위로 순대 껍질을 사용하는 이 집의 순대는 한 입에 먹기 부담스러울 정도로 크기부터가 인상적이다. 다진 고기·선지·쌀·양배추·대파·양파 등을 넣은 순대소도 알차다. 소금과 밀가루 등으로 창자를 씻어 돼지 내장 특유의 누린내가 전혀 나지 않는 대창으로 만드는 순대는 당면 대신 마른 국수가 들어간다. 마른 국수를 그대로 넣음으로써 순대 속에 있는 수분을 흡수하는 역할을 한다.

대구의 냉면집 '대동강'은 냉면을 중심으로 한 북한 음식으로 정평이 나 있다. 특히 평양식 순대도 유명하다. 평양과 개성의 순대는 고급스럽다. 선지도 거의 넣지 않는다. 야채와 다진 고기를 넣은 순

'대동강'은 냉면을 중심으로 한 북한 음식과 평양식 순대가 유명하다.

대는 단맛이 많이 난다. 쌀도 진득한 찹쌀보다는 단맛이 나는 멥쌀을 사용한다. 분당의 평양 음식 전문점 '능라'의 순대도 같은 모양새와 맛을 내고 있다. 『주간경향』 1969년 12월 10일자에는 "함경도식은 선지와 쌀은 물론 배추도 넣는다"라고 씌어 있다. 또한 함경도 순대의 특징을 거론하면서 기름기가 많고 찹쌀을 넣어 굵게 만든다고 하였다.

용궁역은 웨딩드레스를 입고 기념할 만큼 아름다운 곳이다.

'도천진짜순대'의 인기 메뉴인 돼지 소창을 김으로 만 김말이순대.

창녕의 김말이순대와 예천의 막창순대

경상남도 창녕에는 대규모 도축장이 있다. 도축장에서 나온 부산물은 창녕에 대중적인 순대 문화를 만들어냈다. 창녕 도천리라는 작은 마을에는 1990년대 초반에 시작해 경남 일대에 이름을 알린 '도천진짜순대'가 유명하다. 전형적인 농촌 마을 안쪽에 번쩍거리는 현대식 건물이 어색하지만 오후 2시가 넘은 시간에도 사람들이 가득하다. 순대전골이 가장 많이 팔리는 메뉴지만 돼지 소창을 김으로 만 김말이순대도 인기 메뉴다.

경상도 중에서 가장 유명한 순대마을은 경북 예천군 용궁에 있다. 작은 역이지만 용궁역에는 하루에 몇 번씩 기차가 선다. 기차역 앞에 있는 '박달식당', 용궁시장 앞에 있는 '단골식당' 같은 순대 전문

'단골식당'의 오징어불고기와 막창순대는 '쌍글이'로 인기를 얻었다.

점들은 막창을 이용한 순대를 판다. 가장 먼저 막창순대를 팔기 시작한 단골식당에는 사람들이 넘쳐난다. 한쪽에 자리를 잡고 앉아 순대 한 접시를 시켰다. 먹기 전에 사진을 찍는 내게 옆자리의 젊은 커플이 말을 건넨다. 결혼을 한 달 앞두고 결혼사진을 찍으러 온 예비 부부다. 대전에서 교직 생활을 하는 30대 초반의 커플에게 용궁역은 웨딩드레스를 입고 기념할 만큼 아름다운 곳이다. 낯설고 풋풋한 두 사람과 합석해 순대에 반주를 곁들여 시간을 보냈다. 작고 아름다운 동네 용궁은 방송에 소개되면서 관광객이 많아졌다. 용궁식 순대도 사람들을 불러모으는 데 한몫했다.

단골식당에서 음식을 먹는 대개의 사람들은 순대와 함께 오징어 불고기를 먹는다. 1960년대 중반, 가게를 처음 시작할 때는 오징어

불고기가 이 집의 간판 메뉴였다. 1990년대 중반 지금 가게를 책임지고 있는 창업주의 며느리가 막창을 이용한 순대를 만들어 팔면서 오징어불고기와 막창순대는 '쌍글이'로 인기를 얻었다. 당면·야채·찹쌀·선지가 적당하게 섞인 순대 속은 여러 지역의 순대 문화가 섞여 있다. 대도시에서는 구이로 주로 먹는 막창을 삶아 만든 순대 껍질은 쫄깃한 식감의 재료다. 단맛이 나는 속과 쫄깃한 껍질이 잘 어울린다. 하지만 막창의 냄새 때문에 호불호가 극명하게 갈린다.

병천은 전국 최대 규모의 순대 마을이다

병천에는 전국에서 가장 많은 순댓집이 몰려 있다. 1990년대 10여 개였던 식당은 현재 30여 곳이 넘는다. 주말이면 관광객들이 순댓집마다 줄을 서서 먹는 광경은 일상이 됐다.

독립기념관 방향 초입에 병천에서 처음 순대를 만들어 판 것으로 알려진 '충남집'과 '청화집'이 길을 사이에 두고 마주보고 있다. 충남집에 들어선다. 이 집은 언제 가도 사람이 많다. 돼지뼈를 곤 국물에 순대와 돼지고기 내장이 가득하다. 병천 순댓국은 국물에 돼지간과 염통을 갈아넣는 것이 공통된 특징이다. 진하고 텁텁한 맛이 약간 나지만 맛있다. 식당 입구에는 순댓국밥과 순대를 만드는 모습이 보인다. 이 집의 순대는 삶아낸다. 쪄내는 것보다 삶아내면 수분이 많아 순대 껍질이 부드러워진다. 선지가 비교적 많이 들어간 순대는 갈색이 주를 이루지만 내용물에는 양배추·파·마늘·생강·당근 같은 야채와 당면이 얽혀 있다. 껍질은 소창을 이용한다.

『전통식품표준규격』에 순대는 "돼지의 소창 속에 육류, 곡류 및 채소 등을 넣어 삶거나 쪄서 익힌 음식"이라고 규정되어 있다. 선지

병천의 순대는 쪄내지 않고 삶아낸다. 수분이 많아 순대 껍질이 부드러워지기 때문이다.

와 내용물 사이가 헐거운 것도 병천 순대의 특징이다. 입안에 넣으면 내용물이 순식간에 산화한다. 청화집의 순댓국과 순대도 거의 같은 모습과 내용으로 만들어졌다.

전국에서 가장 큰 규모의 순대 마을을 이룬 병천 순대의 역사는 언제부터일까? 1919년 아우네장터의 만세운동과 연결 짓는 설도 있지만 병천 순대는 1960년대에 시작되었다. 병천 인근에 육류 가공공장이 생긴 후 부산물로 나온 내장을 가공한 순대를 팔기 시작한 것이 병천 순대의 기원이다. 해방 이후 대한민국에서 육류 가공공장이 처음 생긴 것은 1961년이다. 이후 1963년과 1967년에 축산공장이 다섯 군데에 세워진다. 현재 천안 축산공장은 파악되지 않았지만 길게 보아도 1961년 이후에 세워졌을 것이다.

순대 장사에 모두 뛰어든 백암 순대의 형제들

서울 남부터미널에서 용인 백암으로 가는 버스는 30분 간격으로 운행한다. 버스를 타고 한 시간을 달리면 서울에서는 볼 수 없는 오래된 풍경이 나타난다. 누런 논에서는 트랙터가 분주히 추수를 하고 있다. 그 너머로 커다란 정미소가 있다. 길을 걸을 때 자전거를 탄 아이 두 명이 낯선이에게 인사를 한다. 자전거가 지나간 길 한쪽에 붉은 맨드라미와 콩밭이 드문드문 있다. 그사이로 메뚜기가 날아다니고 귀뚜라미 소리가 들린다. 가만히 들여다보니 개똥강아지풀도 보인다. 그 주변에는 나비와 벌도 날아다닌다. 어린 시절 손톱을 물들였던 봉숭아도 있다. 짧은 시간 동안 안암동 산동네에서 살던 어린 시절의 추억이 현실이 되어 나타났다. 맑은 가을 햇살이 따스하고 바람이 시원하다.

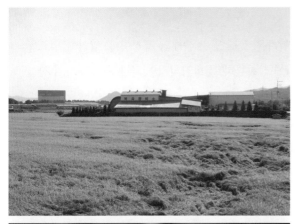

탁한 국물, 토렴한
밥과 순대가 가을
들녘처럼 순하고
정겨운 '제일식당'의
순댓국.

순대 | 고기를 담은 작은 자루의 진화

백암을 유명하게 만든 백암 5일장 근처에 자리를 잡은 '제일식당' 입구에 1등급 양배추가 제법 높게 쌓여 있다. 식당 안에는 오후 2시가 넘은 시간인데도 사람들이 가득하다. 손님들은 거의 모두 순댓국을 먹는다. 가족 단위의 손님이 많은 것도 이 집의 특징이다. 탁한 국물, 적당한 온도, 토렴한 밥과 순대가 백암의 가을 들녘처럼 순하고 정겹다.

순대 한 점을 먼저 집어 먹는다. 껍질은 쫄깃하고 속은 아삭거린다. 입구에 쌓인 질 좋은 양배추의 아삭함이 순대 속을 온전히 지배한다. 양배추의 단맛과 다진 고기, 당면의 식감이 좋다. 선지는 거의 보이지 않는다. 돼지머리를 갈아 넣은 탁한 국물에 간혹 연골이 씹히기도 하지만 깊은 맛이다. 순댓국밥에 내장은 보이지 않는다. 깔끔하고 세련된 국밥 한 그릇이 먼 곳을 찾아와서 먹는 수고를 충분히 보상한다.

백암 순대는 우시장으로 유명했던 백암장 때문에 생겨났다. 우시장 옆에는 도축장도 있었는데 소는 물론 돼지도 거래됐다. 일제강점기 말기인 1940년대에 백암 토박이인 창업주는 '중앙식당'을 열고 시장 상인들을 상대로 순댓국을 팔았다. 1970년대 들어 새마을운동의 여파로 백암에도 포장도로가 깔리면서 서울과 이천, 안성을 오가는 사람들이 많아졌다. 제일식당을 비롯한 백암 순댓집은 형제들이 창업했기에 레시피가 비슷하다. 첫째가 운영하던 중앙식당이 번성하자 형제들은 모두 순대 장사에 뛰어든다. 둘째는 '풍성옥'을 운영했고, 넷째가 창업한 식당이 지금의 제일식당이다.

초창기에는 손으로 소를 넣기 편한 커다란 대창을 주로 사용했지만 순대 속을 넣는 기계가 등장하면서 길이가 긴 소창을 더 많이 사용한다. 백암 순대의 트레이드마크인 양배추도 초창기에는 배추를 사용했다. 1970년대 이후 20여 곳이 넘는 집이 백암을 순대의 마을로 만들었지만 지금은 서너 군데 식당만이 영업을 하고 있다. 백암의 순대 문화가 축소된 것은 용인과 수원이 거대해지면서 백암이 작아진 것과 1980년대 후반에 생긴 축협의 영향이 컸다. 축협이 생기면서 전국의 우시장은 급속도로 사라졌다.

인천의 찹쌀순대는 쌀이 귀했던 시대의 산물

인천의 찹쌀순대 문화는 '이화찹쌀순대'에서 생겨났다. 1968년 영업을 시작한 이화찹쌀순대는 가평 출신의 창업주가 집안에서 먹던 순대를 상업화한 것이다. 초창기에는 경기도식 순대답게 멥쌀을 이용한 순대를 만들었다. 하지만 쌀이 부족해 분식장려운동을 한창 하던 시절에는 쌀로 만든 음식이 여러 가지 규제를 받았다. 식당들은 어디라도 수요일에는 분식을 팔아야 했다. 찹쌀은 잡곡 취급을 받아 규제를 받지 않았다.

찹쌀순대는 쌀이 귀했던 시대의 산물이다. 쫄깃한 식감의 찹쌀이 소의 중심이 된 순대와 함께 순댓국을 완성하는 국물은 돼지머리를 사용한 맑은 국물이다. 당시 넘쳐나던 돼지 부산물은 가격이 저렴했다. 돈 없는 서민이 장사를 시작하기에 돼지 부산물은 축복의 식재료였다. 초창기 부산, 대구, 진해의 돼지국밥집들이 전부 돼지머리 국물을 사용하는 것은 이 같은 이유에서였다. 이화찹쌀순대의 순댓국은 진하고 깊다. 자식들이 어머니가 전해준 기술과 정신을 잘 이어가고 있다.

돼지머리를 사용한 맑은 순댓국과 졸깃한 찹쌀순대는 인천의 대표 먹거리다.

공통점보다는 다양성이 더 많은 실향민 순대

봄비가 기분 좋게 내렸다. 봄비 소리에 묻어 전화벨이 울렸다.

"야, 백수야 뭐하냐, 봄비 맞이 낮술하자!"

언론쟁이 친구 놈은 비가 구성지게 오거나 낮술이 고프면 반백수로 지내는 내게 곧잘 전화를 한다. 점심시간 남대문은 거대한 식당이다. 갈치조림·닭곰탕 골목에 칼국수·냉면집까지 사람들이 가득한 식당을 지나 한쪽에서 홀로 좁은 골목을 지키고 있는 '철산집'에 들어선다. 몇 개 안 되는 테이블 구석에 자리 잡고 모둠순대 한 접시

두부를 넣은 '철산집' 순대는 막걸리 · 소주와 오랜 친구처럼 자연스럽다.

를 시킨다.

비는 그새 잘도 내린다. 막걸리 한 잔씩을 순대와 함께 비운다. 작은 소창에 '1^{++}' 등심 마블링처럼 하얀 두부가 검붉은 선지 사이를 가르고 나눈다. 한 점 베어 물면 두부의 고소함이 선지의 진득함과 섞여 부드럽고 고소하다. 두부와 선지 사이에 파가 조금 보이고 후추 · 고추 · 마늘 같은 양념이 두부와 선지를 결합시킨다. 두부는 선지보다 훨씬 적게 들어가지만 두부의 고소한 맛과 부드러움이 선지의 강한 맛과 식감을 넘어선다. 막걸리와 소주는 철산집 순대와 오랜 친구처럼 자연스럽다. 소창보다 서너 배는 큰 대창에 찹쌀과 선지를 넣어 만든 함경도식 순대에 비하면 평안북도식 순대는 작고 순하다.

점심시간을 한참 넘겨 순대를 두 번 더 데우고 순대와 함께한 낮술이 파했다. 식당을 나서니 비 대신 호수 같은 파란 하늘이 좁은 골목 위로 푸르다. 철산집은 비 오는 날 오랜 친구와 술 한잔하기에 좋은 곳이다. 추억이 가득했던 철산집은 2014년 문을 닫았다.

서울에는 실향민 출신들이 하는 식당이 제법 있지만 서울에 정착한 북한의 순대 문화는 공통점보다는 다양성이 더 많다. 안암동 로터리 근처에 있는 개성음식 전문점 '개성집'의 순대는 소창을 이용한 개성식 순대를 만든다. 개성은 한반도에서 세련된 육고기 문화가 가장 발달한 곳이었다. 간송가의 며느리 김은영 씨는 "개성에는 쌀겨나 밀겨만 먹인 돼지 창자로 만든 '절창'絶脹이라는 순대가 있었다. 순대는 함경도 말이라고 한다. 겨만 먹은 돼지는 지방이 적고 부드러워 입에 넣으면 살살 녹았다"『동양학을 읽는 월요일』고 증언했다.

찹쌀과 당면이 주재료인 영등포의 찹쌀순대

찹쌀을 넣은 순대는 아바이 순대, 함경도 순대, 신의주 순대 등으로 불리지만 찹쌀순대의 기원을 어디라고 단정하기는 어렵다. 영등포에는 찹쌀을 넣은 아바이 순대를 파는 가게들이 모인 순대골목이 있다.

영등포역 건너편으로 영등포시장이 있다. 시장 입구에는 오래된 순댓국밥집이 10여 군데 몰려 있다. 가장 오래된 '찹쌀아바이순대' 구 호박집는 1966년에 시작해 올해로 48년이나 된 중견 식당이다. 식당 안쪽에 「순대국밥」이라는 시가 걸려 있다.

영등포에는 찹쌀을 넣은 아바이 순대를 파는 순대골목이 있다.

영등포시장 순대국밥집에서 나는 왕후장상이나 배우가 아니라
서 너무 행복하다. 순대국밥 덕분이다. 영등포 순대국밥이 최고다.

순댓국밥처럼 투박하고 소박한 시가 음식과 잘 어울린다. 순대는
찹쌀과 당면이 주를 이루는 찹쌀아바이순대. 순댓국밥은 걸쭉하
고 진하다. 영등포시장은 찹쌀과 당면을 넣은 순대가 중심이다.
　인천의 '이화찹쌀순대'도 1960년대에 생겨난 찹쌀순대 전문점이

다. 현재 남한의 함경도식 순대아바이 순대의 가장 큰 특징은 찹쌀을 많이 넣는 것인데, 이는 함경도에서 가장 즐겨 먹던 '명태순대'가 변형됐을 가능성도 있다. 명태순대는 명태의 속을 여러 재료로 채운 것인데, 찹쌀밥이 가장 많이 들어간다. 지금 북한의 함경도 순대에는 찹쌀이 반드시 들어가지 않는다.

'순대가 빛나는 밤에', 신림동 순대타운

전국의 대중 순대를 평정한 당면순대는 도시화·산업화가 만들어 낸 노동의 음식이다. 1960년대 말부터 일본 등 외국으로 돼지고기 수출이 본격화되자 돼지 부산물이 넘쳐나기 시작했다. 주요 수입국인 일본은 돼지의 머리·다리·내장은 일절 수입하지 않았기 때문이다. 단백질이 풍부한 돼지 내장에 보관이 쉽고 가격이 싸고 양도 많고 푸짐한 식감을 주는 당면은 최고의 식재료였다. 1970년대 남대문시장, 동대문시장, 신촌시장 같은 시장에서는 당면을 넣은 순대가 사람들을 불러모았다. 도시로 모여든 노동자들과 서민들에게 당면순대는 최고의 단백질 공급원이자 만복滿腹의 근원이었다.

신림동 순대타운 주변은 식당들의 경연장이다. 온갖 식당이 한치의 틈도 없이 촘촘히 들어서 있다. 한두 식당을 제외하면 100여 개의 순댓집은 '원조민속순대타운'과 '양지민속순대촌'에 몰려 있다. 타운으로 들어서면 수십 개의 테이블에서 순대를 볶는 아주머니들이 손님을 부른다. 가게 이름은 대개 자신의 출신지를 붙였다. 어느 가게를 가도 재료와 만드는 방식은 엇비슷하다. 공장제 당면순대와 곱창·가래떡·당면·깻잎·쑥갓·양배추·대파·당근·양파·들깨·마늘·고추장 같은 것들을 철판에 올려 볶는다. 신림동 재래시장에 순대 메뉴가 등장한 것은 1967년인 것으로 알려져 있다. 하지만 1984년까지 신림시장의 순대 좌판은 다른 시장과 크게 다를 게 없었다. 1984년부터 시장에 순대를 파는 좌판들이 급속히 늘어났고 1980년대 말에는 60여 개가 넘었다.

이곳이 명소가 된 데는 몇 가지 이유가 있다. 우선 팔고 있는 순대요리가 다른 곳에서 파는 보통 순대와 다르다. 일단 삶아낸 순대를 썰어 대형 철판 위에 놓고 거기에 당면과 파·깻잎·배추·고추 등의 야채를 듬뿍 얹어 기름에다 볶는다. 이렇게 볶아낸 순대 위에 고추장으로 만든 양념을 부어 보기만 해도 먹음직스런 일품 순대요리를 내놓는 것이다.

이곳이 명소가 된 또 다른 까닭은 순댓값이 그 명성에 비해 싸다는 데 있다. 주머니에 단돈 5,000원만 있으면 서너 명이 둘러앉아 실컷 먹을 수 있다. 이밖에 대학생들의 각종 서클모임, 신입생환영회, 개강·종강 파티 장소로 이용될 만큼 장소가 넓다는 것도 이곳이 인기를 끌고 있는 이유 중 하나다. 이곳은 보통 오후 늦게까지는 한산하다가 초저녁이 되면 손님들이 모여들기 시작, 9시쯤 되면 빈자리가 없을 정도로 꽉 찬다. 노래를 부르거나 제아무리 떠들어도 이곳에서는 제약이 없다. 그만큼 자유스러운 곳이다. 손님들 중 절반 정도는 여자 손님이라는 것도 이곳의 특징이다.

근처에 있는 서울대생들 사이에 일명 신림뷔페식당으로 더 잘 통하는 이곳은 1980년대 서울대를 다닌 사람이라면 모르는 사람이 없을 정도로 '서울대 문화'의 일부이기도 했다. '신새

신림동 순대타운 주변은 식당들의 경연장이다. 보관이 쉽고
가격이 싸고 양도 많고 푸짐한 식감을 주는 당면은 최고의 식재료다.

벽' '한마당' '말뚝이' '왕창' '노다지' '순대가 빛나는 밤에' 등의 가게 이름은 즐겨 찾는 대학생 단골손님들이 붙여준 이름들이다.

• 『조선일보』 1989년 12월 12일

당면순대의 성장사는 '야키소바'가 일본의 가난한 여자 노동자들의 열렬한 지지를 받으며 성장한 것과 비슷하다. 1982년에 시작된 37년 만의 통금 해제, 1984년에 찾아온 부분적인 '학원 자유화' 같은 사회적 배경도 신림동 순대타운의 자유로움에 한몫했을 것이다. 감자탕과 막걸리로 대변되던 서울대의 또 다른 음식 문화권 '녹두거리'가 1984년 이후 급속하게 사라진 것도 무관해 보이지 않는다. 서울대생들에게 '신림뷔페'라 불리며 급격하게 성장하던 신림시장 순대타운은 1990년 재개발로 사라졌지만 1992년 신림극장 뒤 먹자골목에 '양지민속순대촌'과 '원조민속타운'이 잇달아 들어서며 다시 전성기를 맞는다.

그러나 시장 좌판에서 맛보던 개방감과 자연감은 사라졌다. 신림순대타운을 가려주던 천막은 현대식 건물로 지어졌고 순대를 볶던 연탄화덕은 가스화덕으로 바뀌었다. 지금은 상상하기 어렵지만 1980년대 대학가 술집이라면 어디든지 울려 퍼지던 수많은 노래도 사라졌다.

당면의 변신은 무죄

순대를 넘어 당면은 한국 음식에서 빠질 수 없는 식재료가 되었다. 당면이 주재료로 사용되는 잡채는 물론 아예 당면을 면으로 파는 부산의 명물, 비빔당면도 있다. 불고기·찌개·삼계탕·곰탕 등 한국 음식에 당면은 약방의 감초 같은 식재료다. 당면唐麵이라는 이름은 직역하면 '당나라 면'이지만 당唐이라는 단어는 중국을 지칭하는 일반명사로도 자주 쓰이고, 일본에서는 한국이나 중국을 뜻하는 좁은 의미의 '외국'이라는 뜻으로 사용된다. 조선 사람들은 중국에서 온 면이라는 뜻으로 당면 또는 호면胡麵이라는 이름을 붙였다.

당면의 발상지인 중국에서는 당면을 펀쓰粉絲라고 부른다. 펀쓰의 발생지는 산둥 성山東省 옌타이烟台 자오위안招遠이다. 중국 자료에는 당면이 300년 전에 만들어진 것으로 기록되어 있다. 중국에서 '펀'粉은 순수한 전분을 의미한다. 순수한 녹두전분을 작은 구멍에 밀어내어 실처럼 내려 만든 것이 펀쓰다. 당면이 음식 문화로 본격화되는 것은 산둥 성 사람들의 해외진출이 본격화되는 19세기 후반 이후다. 산둥 성의 룽커우龍口는 청나라 말기에 중국인들이 해외로 진출하는 중요 항구였다. 자오위안과 얼마 떨어져 있지 않은 룽커우 항을 통해 중국인들은 펀쓰를 홍콩이나 타이 등으로 수출했다. 19세기 말 조선에 진출한 중국인들은 산둥 성 출신이 가장 많았다. 그렇기 때문에 정확한 기록은 없지만 짜장면처럼 펀쓰와 펀쓰를 이용한 요리가 한반도에 유입됐을 것이라고 추정하는 것은 자연스러운 것이다.

수입해 먹던 당면을 제일 처음 한반도에서 만들어 먹은 것은 언제부터일까? 1920년 사리원에는 사리원의 명물이 되는 당면공장이 설립된다. 평양 출신의 경영자 양재하 씨는 사리원에 소두小豆가 많이 나는 것을 보고 당면공장을 세워 큰 성공을 거둔다. 사리원 동리에 있던 광흥공창은 중국인 직공만 20명에 달하는 큰 공장이었다. 당시 당면공장에 관한 기사에는 중국인 근로자들이 반드시 등장한

소시지로 불러도 손색없는 구운 순대는 순대의 새로운 가능성을 보여준다.

다. 중국인 직공은 단순 노동자가 아닌 당면 전문가일 확률이 높다. 1920년대에 당면은 한국 사람들이 즐겨 먹는 식재료가 된 것이 분명하다. 1924년에 간행된 방신영의 『조선요리제법』에는 당면을 이용한 잡채雜菜가 등장하고, 냉면 면발로 당면을 이용한다는 구절도 나온다.

1930년대에는 사리원과 더불어 인천에도 당면공장이 몇 군데 있었다. 당면은 보관이 용이하고 여러 재료에 두루 사용하기 좋아 인기가 높은 식재료였다. 현재 한국에 당면을 만드는 공장은 몇 군데 남아 있지 않다. 대부분의 당면은 당면의 고향인 산둥 성에서 수입해온다. 재료 자체의 맛보다는 재료의 섞임으로 새로운 맛을 만들어내는 것을 좋아하는 한국인들에게 다양하게 변신하는 당면은 적합한 식재료다. 매끄러운 식감과 무색무취한 당면은 다른 재료와 섞이면 그 재료의 속성을 그대로 받아들이는 특징 때문에 어느 음식과도 잘 어울린다.

생맥주에 구운 순대 한 접시

인도에서 태어나 영국에서 자라고 일본에서 꽃피운 카레와 같이 순대는 몽골이나 만주족의 문화적 전통에서 태어나 한국에서 만개한 음식이다. 유목민의 순대에는 곡물이 거의 들어가지 않는다. 전라도의 피순대처럼 피와 창자만을 이용하는 것을 원칙으로 한다. 곡물과 야채와 고기와 피가 뒤섞인 순대의 속을 들여다보면 한국인의 독특한 섞어먹기, 비벼먹기 문화가 보인다.

대학로에 있는 '순대실록'은 순대하면 떠오르는 서민적이고 투박한 이미지와는 사뭇 다른 순댓집이다. 저녁이면 맥줏집처럼 깔끔한 인테리어로 치장한 가게 안은 젊은이들로 바글거린다. 소시지처럼 생긴 구운 순대를 맥주와 함께 먹는 모습을 보면 이 집이 맥줏집인지 순댓집인지 구분이 잘 안 간다. 기존의 순댓집과는 다른 인테리어와 레시피로 순대의 새로운 가능성을 보여준다는 점에서 이 집은 관심을 가질 만하다. 순대를 시키면 선지가 살짝 들어간 엷은 갈색의 순대와 선지가 안 들어간 하얀 순대가 섞여 나온다. 고기와 야채의 조화 덕에 소시지로 불러도 손색없는 음식들이다. 이 집에서 개발한 구운 순대는 겉모습은 소시지 그 자체다. 다양한 견과류가 톡톡 씹힌다.

순대 구이는 순대 조리법으로 가장 오래된 것으로 여겨지는 방법이다. 기원전 7세기 이전에 씌인 『시경』詩經에는 순대를 의미하는 '갹'膊이라는 글자가 나온다. 북송北宋, 960년~1127년 때 사전인 『집운』集韻에서 갹은 돼지 창자에 소를 넣어 구운 음식으로 설명되어 있다. 서양으로 치면 소시지고 동양으로 치면 순대다. 2700년 전에 구운 순대를 먹은 것이다. 돼지 내장, 피, 허름한 중년 남자들, 독한 소주 같은 것들이 연상되는 순댓집이 이제 생맥주에 구운 순대 같은 새로움으로 변신했다.

족발

출출한 속을 채우는
야식의 제왕

"족발이 서민에게 인기를 얻은 이유는
저렴한 가격과 푸짐한 양, 그리고
가난한 사람들의 욕망을 간파한 결과다.
외환보유고와 GNP는 매년 늘어나고 있지만
돈은 물처럼 아래로 잘 흐르지 않는다.
서민들은 예나 지금이나 족발이나 순대 같은
저렴하고 맛있고 영양가 높은
음식을 먹으며 삶을 견딘다."

장충동 족발의 살아 있는 전설

족발하면 장충동을 떠올린다. 1960년대부터 시작된 장충동 족발 골목의 전설은 수십 년이 지났지만 여전하다. 장충족발타운은 대로 변에 성채처럼 밀집돼 있다. 그중 가장 오래된 집은 '평남할머니집' 과 '뚱뚱이할머니집'이다. 뚱뚱이할머니집의 전승숙 할머니와 평남 할머니집의 김정연 할머니는 이북이 고향으로 친구 사이다. 두 할머 니는 1961년 장충동에 '평안도집'이라는 족발집을 열고 6년간 동업 을 하다가 독립해 각각 지금의 족발집을 운영하고 있다. 독립 당시 전 할머니의 가게에는 '족발의 시조', 김 할머니의 가게에는 '원조족 발'이라는 부제를 붙여 자신들의 정통성을 강조했다.

최근 들어 평남할머니집은 만화 『식객』에 등장하면서 더 유명해 졌다. 여전히 현역으로 활동하는 김정연 할머니는 식당 입구 카운터 를 지킨다. 카운터 건너편의 커다란 통에 족발이 수북이 쌓여 있다. 주문과 동시에 두세 명의 아주머니가 족발을 썰어낸다. 족발을 시키 면 반찬과 함께 이 집의 인기 음식인 살얼음이 떠다니는 건건한 동 치미가 나온다. 기름진 족발맛을 다스리는 데 제격인 음식이다. 두툼 하게 썰어낸 쫄깃한 껍질과 향긋한 살코기를 동시에 푸짐하게 먹을 수 있는 이 집의 족발을 먹다보면 사람들이 왜 족발을 좋아하는지 알 수 있다.

장충동 족발이 성공한 이유로 1960~70년대까지 구름 관중을 불 러 모은 장충체육관 신화를 많이 이야기하지만 그것만이 전부는 아 니다. 이북 5도청도 잠시 있었던 장충동 일대는 실향민이 많이 정착 한 곳이다. 전 할머니와 김 할머니도 처음에는 이북 사람들을 위해 장사를 시작했다고 한다.

장충동 족발골목에 가면 두툼하게 썰어낸 쫄깃한 껍질과 향긋한
살코기를 동시에 푸짐하게 먹을 수 있다.

평안도는 일제강점기에 고기 문화가 성행한 곳이었다. 중국과 가
까운 평안도나 함경도를 제외하면 돼지고기는 한민족에게 그다지
환영받지 못한 고기였다. 돼지고기가 한국인에게 사랑받지 못한 이
유는 돼지는 농경에 잘 어울리지 않는 가축이기 때문이다. 돼지는 소
처럼 일을 할 수도 없고, 닭처럼 사람을 깨우지도 못하며, 말처럼 달
리지도 못한다. 오직 먹고 살을 찌우는 가축일 뿐이다. 그렇다고 돼
지를 완전히 없앨 수는 없었다. 돼지는 제사에 빠질 수 없는 동물이

자 중국 사신들에게 꼭 필요한 고기였기 때문이다.

도시 빈민에게 돼지고기 부산물은 최적의 음식이었다

돼지고기는 물론 육고기의 소비는 1960년대에 시작해서 국민소득이 500달러를 넘어서는 1975년을 기점으로 폭발적으로 증가한다. 1960년대 들어 고도성장기를 맞이한 일본은 고기 수요가 엄청나게 늘어났기 때문에 고기를 수입한다. 일본이 돼지의 머리·다리·내장 등을 제외한 살코기만 수입했기에 한국에는 돼지고기 부산물이 넘쳐났다. 일본으로 돼지고기를 수출한 1960년대 초창기에는 생돈生豚이나 냉동 돼지고기를 수출했다. 1968년에 들어서면서 일본으로의 돼지 수출은 생돈에서 지육으로만 바뀌었고, 1969년에는 지육과 함께 부분육部分肉, cut meat을 수출하게 된다.

1971년 하반기부터 일본에서 돼지고기가 수입 자유품목이 되면서 우리나라의 대일 수출이 활발해져 불과 몇백 톤 수준이던 물량이 1972년 3,800톤, 1976년에는 4,500여 톤으로 급증하고 수출 상태도 정육으로 고정된다. 돼지머리와 다리, 내장과 피, 돼지껍데기, 뼈 등 수출할 수 없는 돼지 부산물이 저렴한 가격에 넘쳐났다.

경제개발이 본격화되면서 서울과 대도시로 몰려든 가난한 노동자와 도시 빈민에게 저렴하고 맛있고 영양가 높은 돼지고기 부산물은 최적의 음식이었다. 근처에 마장동 도축장과 도매상이 있었기 때문에 순대와 곱창, 돼지족발을 파는 노점과 식당이 종로와 청계천, 장충동과 왕십리 중앙시장까지 노동자들이 집중적으로 근무하던 지역에 광범위하게 자리 잡게 된다. 지금까지도 마장동에서 나온 돼지고기 부산물은 왕십리의 곱창골목을 번창하게 하고 있고 중앙시장 안에는 서울의 식당, 분식집, 노점상에게 공급하는 순대·족발·돼지머리 등을 제조하는 업체가 수십여 개 있다.

1980년대 중반 청계천에서 일하던 노동자들과 어울려 청계천 주변에서 먹었던 돼지곱창은 내가 처음 맛본 고기 내장이었다. 청계천변의 내장 문화는 1950년대 중반부터 시작되었다. 사람들은 "후뚜루 마뚜루로 청계천변의 판잣집에서 (내장을) 굽고 지지고 볶고 해서 뒤범벅"『경향신문』 1965년 7월 14일으로 먹었다. 비린내 나는 돼지곱창과 막창 덕에 소주를 곁들이지 않으면 먹기가 힘들었다. 전성기만큼은 아니지만 다산교에서 중앙시장 사이에 형성된 돼지곱창골목에는 여전히 사람들이 많다.

중화요리의 영향이 짙게 밴 족발 문화

1970년대 들어 대중 외식의 총아로 떠오른 족발은 어느 음식에서 가장 많은 영향을 받았을까? 상당수의 유명 족발집은 중화요리의 영향이 강하게 남아 있다.

우선 오향장육 기원설이 가장 많이 거론된다. 오향족발을 먹어보면 상당한 개연성이 있다. 산둥 성의 명물 족발인 홍샤오주티紅燒猪蹄도 우리나라의 족발과 유사성이 많다. 홍샤오주티는 산둥 성의 루차이魯菜 요리법의 하나다. "고기나 생선 등을 기름과 설탕을 넣어 볶은 후 간장을 넣어 색을 입히고 다시 조미료를 가미하여 졸이거나 뚜껑을 닫고 익히는 조리법"으로 세 시간 정도 약한 불로 끓여내면 족발이 완성된다.

홍샤오법을 사용한 족발인 홍샤오주티는 색과 고기의 상태가 우리의 족발과 가장 많이 닮았다. 다른 점은 중간에 족발을 토막낸 후 끓여낸다는 점이다. 영등포에는 중화식 족발을 파는 식당이 몇 군데 있다.

화교의 중화식당이 영등포에 남은 이유

근대에 새롭게 탄생한 신도시는 대부분 철도역이 만들어지면서 생겼다. 곡물이 넘쳐나던 사리원, 한반도의 북쪽 끝에서 중국을 잇는 교통의 요지 신의주, 서울로 가는 길목이던 신촌과 영등포가 대표적인 예다. 영등포는 1899년 개통한 제물포~노량진 간 철도와 1900년 개통한 경인선, 1904년 개통한 경부선이 모두 통과하는 교통의 요지였다. 주로 한강의 북쪽을 서울이라 지칭하던 때 영등포는 강남의 대부분을 일컫는 광대한 땅이었다. 관악구·강서구·구로구·동작구·강남구 일부가 모두 영등포구에 속했었다.

일제강점기 영등포는 맥주공장 같은 현대식 공장들이 들어선 농업과 공업이 공존한 땅이었다. 영등포는 화교 소학교가 있었을 만큼 화교들의 집단 거주지였다. 인천을 통해 들어온 화교들은 영등포와 여의도 일대에서 자신들이 가져온 양파·대파 같은 야채를 재배해서 팔았다. 화교들이 운영하는 중화식당이 영등포에 여전히 남아 있는 이유다.

영등포역과 영등포시장 사이의 골목은 식당과 모텔로 가득하다. 커다란 붉은색 간판에 '大文店'이라는 상호가 덩그렇게 씌어 있는 가게는 겉으로는 그저 평범하고 작은 중화식당처럼 보인다. 실내도 사각링처럼 간결하기 그지없다. 메뉴도 오향장육과 족발 그리고 만두 몇 종류가 전부다. 오향족발을 시키면 걸쭉한 계란 미역국이 먼저 나온다. 물전분이 섞인 탓에 계란 미역국은 전채로 먹는 수프처

'대문점'의 주인공은
오향족발과 오향장육이다.
짠슬과 간장, 오이와 양배추가
한 몸처럼 뭉쳐 사람의
혀와 뇌에 강한 맛을 남긴다.

럼 진득하면서도 깊은 맛이 난다. 중화요리의 영향을 받은 시청역 근처에 있는 '만족오향족발'의 계란을 푼 만두탕과도 유사하다. 오향장육과 오향족발을 시키는 사람들도 대개는 만두를 주문한다. 직접 빚고 찌고 구워내는 만두는 맛있다.

그러나 이 집의 주인공은 오향족발과 오향장육이다. 주문한 오향족발이 나온다. 껍질이 검은색에 가까운 족발 밑으로 상추가 깔려 있고 족발 위로는 날렵하게 잘 썰린 오이채가 얹혀 있다. 족발 옆으로 부추를 썰어 넣은 간장과 돼지껍데기를 오향과 함께 끓여서 젤라틴처럼 만든 검은색 짠슬이 잘고 길게 썰린 하얀 양배추와 한 몸처럼 다정하게 붙어 나온다. 돼지 앞다리만을 사용해 만든 오향족발은 훈제족발처럼 단단한 살점들이 껍질에서 속살까지 한 몸으로 이어져 있다. 고기 한 점에 짠슬과 오이와 양배추를 올리고 간장에 찍어 먹는다. 여러 가지 향신료에서 밴 향이 고기 속에 잘 녹아들어 향은 은근하고 세밀하다. 식감은 졸깃함에 방점을 두었다. 고기를 씹을 때마다 다양한 향과 고기맛이 어울려 깊은 맛이 난다. 짠슬과 간장, 오이와 양배추가 조연배우의 역할을 제대로 하는 탓에 어느 것 하나 튀지 않고 조화를 이룬다. 강한 것은 하나도 없는데 여러 재료가 한 몸처럼 뭉쳐 사람의 혀와 뇌에 강한 맛을 남긴다.

우리가 즐겨 먹는 한국식 족발과는 확연하게 다르다. 1968년 화상이 세운 식당을 1980년대 초반에 주방에서 일하던 지금의 한국인 주인이 물려받았지만 맛은 변한 게 거의 없다는 게 주인과 단골들의 전언이다. 대문점 옆의 '북창원'은 나중에 생겼지만 대문점과 거의 비슷한 오향족발을 판다.

시청 앞 따뜻한 오향족발

중화식 족발의 영향은 영등포뿐만이 아니다. 시청역 주변의 만족 오향족발은 따뜻한 오향족발로 유명하다. 중국인 조리사 출신이 개발한 오향족발 덕에 번성을 거듭하고 있다. 1980년대 후반에 시작한 식당은 불과 몇 년 전까지만 해도 배달을 전문으로 하는 중국집의 상징이던 허름한 건물 2층의 좁은 가게에서 영업을 했지만 지금은 근처의 건물을 몇 채 사용할 정도로 만족오향족발의 성장은 눈으로 보면서도 믿기지가 않는다.

시청역 8번 출구에서 뒷골목으로 들어서면 이 집 족발 삶는 냄새가 요란하게 난다. 자리를 잡고 족발을 시키면 족발과 함께 만둣국이 서비스로 나온다. 이 집을 유명하게 만든 조연이다. 서비스로 나오는 만둣국은 배를 채워줄 뿐만 아니라 주전부리나 술안주로도 제격이다. 2층에서 작게 영업을 하던 시절의 가게 이름은 '오향족발만두'였다. 계란탕 같은 만둣국과 반찬으로 나온 생대파를 보면 중화요리의 영향이 확연하다.

이 집의 족발은 따뜻하다. 따뜻한 족발은 몇 가지 어려움이 있다. 우선 살이 물렁거려 반듯하게 썰기가 어렵다. 게다가 식으면 맛이 급속하게 변한다. 최근 들어 만족오향족발의 테이블에는 불판이 꺼지지 않는다. 그 위에서 족발은 식지 않고 굳지 않는다. 술꾼들에게는 단맛이 강해진 만족오향족발이 좀 부담스럽다. 그러나 단맛을 좋아하는 젊은이들은 이 맛을 찾아 모여든다. 이 집의 족발은 '성수동족발'과도 비슷하다.

돼지발을 지칭하는 족발의 유래

'족발'은 돼지발을 지칭하는 여타 단어들을 제치고 유일무이한 자리에 오른 최후의 단어다. 이제는 국어사전에도 올라 있다. 국어사전에 족발은 "각을 뜬 돼지의 발 또는 그것을 조린 음식"이라고 나와 있다. "족발은 역전앞, 처갓집 등과 같이 한자어에 우리말을 겹쳐 써서 의미를 강조한다"는 것이 일반적인 견해다. 족발이라는 말을 다리를 의미하는 한자어 '족'足과 우리말 '발'이 합쳐진 이중어로 생각하고 있다.

그런데 족발과 관련해 웃어넘기지 못할 설이 하나 있다. 일본인을 비하해서 부르는 말인 '쪽발이'가 돼지족발의 어원이라는 설이다. 부담스럽지만 그냥 넘어가기에는 상당한 자료들이 존재한다. 쪽발이는 국어사전에 나오는 단어다. 사전에는 "①한 발만 달린 물건 ②발통이 두 조각으로 된 물건 ③일본 사람을 낮잡아 이르는 말. 엄지발가락과 나머지 발가락들을 가르는 게다를 신는다는 데서 온 말"로 나와 있다.

일본인들은 전통적인 발싸개로 '다비'足袋라는 걸 버선 겸 신발로도 신었습니다. 그 '다비'란 것의 모양이 벙어리장갑처럼 엄지와 나머지 발가락으로 나뉘어 있는데, 게타下駄나 조리를 신을 때 엄지와 검지발가락 사이에 끼워 신는 구조이기 때문이지요. 그 일본 발싸개다비를 신은 모양새가 꼭 돼지족발을 닮았다네요.

• 김충수, 『뉴데일리』 「말글 갈무리」 2010년 4월 26일

모양으로 보면 위의 기사는 상당히 설득력이 있다. 그런데 '쪽발' 이나 '쪽발이'라는 단어는 일제강점기에 생긴 말이 아니다. 그 이전 부터 사전에 등재되어 있던 말이었다. 1880년에 편찬된 『한불자전』 에는 '쪽발이'라는 단어가 나온다. 한문으로는 편족片足으로 기재 되어 있고 '두 개로 갈린 발'Pied àcorne divisée en deux이라는 프랑스어 설 명이 붙어 있다. 같은 사전에는 '족편'이라는 단어도 나오는데 족편 은 소의 발을 젤라틴으로 만들어 먹는 지금의 족편 요리 그대로다. 1890년에 발간된 언더우드의 『한영자뎐』에는 '족'은 '조각'이라는 뜻으로 사용된다. 1897년에 간행된 게일의 『한영자뎐』에는 '쪽발 이'가 '족편'足片으로 표기되어 있다. 쇠고기 발 요리는 '족편'으로 구 분되어 있다. '쪽발이, 쪽, 족'이라는 단어가 '발'이라는 단어이면서 동시에 '한쪽 조각' '갈라진 발'이라는 의미를 가지고 있는 것이다. 족발이라는 단어가 발의 중첩이 아닌 갈라진 발, 즉 갈라진 돼지발의 모습을 본떠서 만들어진 말이라는 생각을 충분히 해볼 만한 것이다.

산모의 유방과 관련 있는 족발

우리나라에서 돼지발이라는 단어는 『삼국사기』「고구려지」1145에 저족현猪足縣, 지금의 인제군이라고 처음 나온다. 1970년대만 하더라도 족발과 함께 '발족'이라고도 불렀다. 북한에서는 지금도 발족이라는 단어를 사용한다. 냉면으로 유명한 평양의 '옥류관'에서는 발족찜발 쪽찜은 냉면 다음으로 유명한 음식이다. 족발을 돼지족발로 만든 요 리로 한정한다면 돼지발이라고 부르는 것이 정확하다. 족발은 다른 짐승에게도 사용할 수 있는 단어이기 때문이다.

하지만 이제 족발은 어원을 떠나 '돼지의 발'만을 지칭하는 단어로 사용된다. 실제 1970년대에는 돼지발이라는 단어가 심심찮게 사용되었다. 족발 이전에는 저제猪蹄, 돈제豚蹄, 돈족豚足, 저각猪脚 등도 큰 구분 없이 사용되었다. 돈제는 『사기』史記 126권 「골계열전」滑稽列傳에 "돼지다리 하나만 차려놓고 풍년을 빈다"는 의미로 사용된 이후에 "밑천을 적게 들이고 큰 것을 얻으려는 것을 비유한 것"으로 사용되었다. 돼지다리를 의미하는 단어로 조선 시대 내내 가장 많이 등장하지만 음식과는 상관이 없다. 돼지다리가 음식으로 등장하는 가장 오래된 한반도의 기록은 세종대의 의관 전순의가 쓴 『식료찬료』食療纂要, 1460다.

옹저가 등에 나거나 혹 유방에 나는 것을 치료하려면 어미돼지 발굽母猪蹄 2개와 으름덩굴 6분分을 자른 다음 면綿으로 같이 삶아 국으로 만들어 먹는다.

산후의 허손속이 허함과 유즙이 잘 나오지 않는 것을 치료하려면 돼지발굽 1개를 보통 요리하는 방법과 같이하고 백미 반 되를 준비한다. 돼지발굽을 물에 넣고 삶아 푹 익히고 고기를 취하여 절단하고 쌀을 넣고 삶아 죽을 만든다. 생강을 넣어 먹는다.

위의 구절은 중국 본초학의 바이블인 『본초강목』本草綱目, 1596의 영향을 받은 것이고 밑의 내용은 『의방유취』醫方類聚, 1445에 나오는 내용이다. 두 구절 모두 산모의 유방과 관계된 것으로 족발이 산모에게 좋다는 속설의 근거가 되는 내용들이다.

중국에서는 돼지발로 만드는 요리는 '주티'猪蹄라 부른다. 주티의 앞다리는 '주서우'猪手, 뒷다리는 '주자오'猪脚라고 한다. 당나라 때부터 돼지발로 만든 요리가 본격적으로 만들어졌고 돼지고기를 즐겨 먹는 민족답게 중국의 돼지발 요리는 수백 개에 이른다.

포장마차로 시작해 대를 이은 돈암동 족발

돈암시장 앞 대로변에 있는 '오백집모자족발'은 내 오랜 단골집이다. 아들이 대를 이으면서 '삼백집'에서 '오백집모자족발'로 이름을 바꿨다. 나는 1980년대부터 이 집을 드나들었다. 국산 생족으로 만든 쫄깃한 껍질에 고소한 살코기는 좋은 재료로 정직하게 만든 음식에서만 느낄 수 있는 기쁨을 준다. 싱싱한 부추와 겉절이, 쪽파를 푸짐하게 주는 것도 즐겁다.

성북구 전체에 배달을 할 만큼 식당 규모가 커졌지만 이 집 족발 맛은 변함이 없다. 이 집의 족발은 대·중·소의 구별도 없다. 족발 하나만 판다. 족발의 앞발과 뒷발의 차이는 상당한데 앞뒷발을 섞어주거나 원하는 다리만 먹을 수도 있다. 1974년 포장마차로 시작해 지금 자리에 터를 잡은 것은 1980년대 초반부터였다.

돈암시장에서 멀지 않은 창신동에도 유명한 족발집들이 있다. 남해에서 올라온 우리 집은 안암동 산동네에 터를 잡았다. 집에서 보면 멀리 창신동 산동네 마을이 안암동 산동네와 거울같이 닮아 있었다.

창신동의 매운 족발과 부드러운 족발

창신동 골목길은 여전히 급하고 좁다. 1960년대 말 청계천의 봉제공장들이 창신동으로 옮겨오면서 창신골목시장이 자연스럽게 만들어졌다. 창신동의 좁은 골목처럼 창신골목시장도 경사면을 따라

대·중·소 구별 없이
족발 하나만을 파는
'오백집모자족발'은
포장마차로 시작했다.

작은 가게들이 이어져 있다. 2000년대부터 봉제공장에서 일하던 국내 노동자들이 사라진 자리를 외국인 노동자들이 메우면서 골목에서 외국인들을 보는 것은 일상이 되었다. 봉제공장의 노동자들 덕에 창신골목시장에는 반찬가게가 많고 퇴근 후 저렴한 가격에 배를 채울 수 있는 서민형 식당들이 많다.

'창매족'으로 널리 알려진 '창신동매운족발'은 좁은 골목시장에 길을 마주하고 두 개의 매장이 있다. 입구에는 붉은 족발들이 쌓여 있다. 오후 5시 30분에도 사람들은 제법 많다. 메뉴판은 온통 매운 것들의 경연장이다. 그중 가장 인기 많은 매운미니족발을 시킨다. 번

'창매족'으로 알려진 '창신동매운족발'.
삶은 족발에 매운 양념을 구워낸 매운미니족발은 첫맛은 달고 뒷맛은 맵다.

들거리는 갈색의 족발은 먹음직스럽다. 삶은 족발에 매운 양념을 발라 구워낸 것이다. 첫맛은 달고 뒷맛은 맵다. 껍질이 중심인 족발은 보들보들하고 끈적거린다. 맥주나 반찬으로 나온 콩나물과 같이 먹어야 제맛이 난다. 콩나물 냉국에도 매운맛이 은근히 배어 있다. 자리에 앉아서 먹는 사람도 많지만 포장용으로도 많이 팔린다. 맵고 진한 음식은 육체노동 뒤의 허함을 위로해준다.

창신동매운족발과 더불어 창신동에는 부드러운 족발로 유명한 '와글와글족발'도 있다. 1975년에 문을 연 와글와글족발은 하루 100개의 족발을 세 번 삶아 약간의 온기가 남았을 때 팔고 족발이 떨어지면 문을 닫는다. 좁은 가게는 족발을 먹기 위한 사람들로 북새통을 이룬다. 얇게 썰어낸 족발은 노인들도 먹기 좋을 만큼 달달하고 부드럽다. 가난한 이들을 위로할 만큼의 편한 맛이다. 위로가 필요한 사람들은 이곳에서 족발과 소주로 밤을 보낸다. 나도 몇 번 그런 적이 있었다.

식어도 맛있는 강남의 영동족발

'영동족발'은 따뜻하다. 양재역 뒤쪽은 강남에서 가장 먼저 개발된 지역답게 오래되고 길이 좁다. 좁은 골목 사이에 있는 영동족발은 다섯 개의 점포가 인근에 자리 잡고 있어 골목을 온전히 지배하고 있는 골목대장 같다. 떨어진 듯 붙어 있는 점포마다 사람들이 넘쳐날 정도로 영동족발의 인기는 절정을 맞고 있다.

비교적 작은 2호점 구석에 앉아 족발을 시킨다. 온기가 남아 있는 족발은 부드럽다. 따뜻한 족발은 앞발이 더 맛있다. 뒷발은 껍질 부위가 많아 식으면 더 맛있다. 족발 한 점이 입에서 부드럽게 씹힌다.

앞발은 따뜻할 때 맛있고
껍질 부위가 많은 뒷발은
식으면 더 맛있는 '영동족발'.

이 집의 족발은 과하지 않다. 색도 좋고 맛도 적당히 달다. 고기맛도
향긋하다. 새우젓에 족발을 찍어 소주와 곁들이는 동안 족발이 식었
다. 조미료를 많이 넣어 만든 따뜻한 족발은 식으면 그 맛이 변하는
경우가 많다. 부드러운 식감은 이내 풀어지고 붙어버려 족발맛을 좌
우하는 졸깃한 껍질의 식감을 전혀 느낄 수 없다. 하지만 영동족발
은 식어도 식감과 맛의 변화가 없다.

　1985년에 문을 연 후 변함없는 음식맛 덕에 유명해진 이 집의 족
발은 일부러 찾아와서 먹을 만하다. 오후 6시가 좀 넘으면 시작되는
줄은 300족만 파는 전략 덕에 8시면 족발을 먹을 수도 없다. 족발 명

공덕시장은 당면순대와 순댓국이 무제한 리필되면서 가격도 저렴하다.

가의 기본 원칙은 첫째도 둘째도 "오늘 만든 족발은 오늘을 넘기지 마라"다. 서울 3대 족발을 영동족발·성수족발·만족오향족발이라고 칭하는 경우가 많다. 누가 어떻게 만든 리스트인지는 알 수 없지만 세 집의 공통된 특징은 단맛이 강하다는 것이다. 족발 자체의 맛보다는 단맛을 선호하는 젊은이들에게 인기가 높은 집이다.

치열한 경쟁보다 상생을 택한 공덕시장

공덕시장은 일반 재래시장과 닮았지만 식당의 형태는 사뭇 다르다. 전과 족발이라는 서민적인 음식이 시장 먹자골목을 완전히 장악하고 있기 때문이다. 공덕시장 족발집은 60대 아주머니 세 분이 운영하는 가게가 사이좋게 모여 영업을 하고 있다. 세 식당 모두 통일된 공간이 없다. 가게가 들쭉날쭉하다. 세 가게가 대박이 나면서 장사가 안 되는 다른 가게들을 흡수하면서 생긴 일이다.

세 군데 모두 가봤지만 맛 차이는 크게 나지 않는다. 치열한 경쟁보다 상생을 택한 결과다. 공덕 족발골목의 분위기는 원조 논쟁을 하거나 손님을 한 명이라도 더 받기 위해 살벌한 분위기를 연출하는 일반적인 먹자골목과 완전히 다르다.

제일 먼저 족발집을 시작한 '마포오향족발'의 레시피가 옆 식당으로 그대로 전해졌다. 족발 삶을 때 생강을 넣어 부드러움보다는 차짐에 방점을 둔 맛들이다. 족발을 시키면 당면순대와 순댓국이 서비스로 나온다. 무제한 리필이 된다. IMF 같은 어려운 시절을 거치면서 족발골목은 급성장했다. 무료로 주는 순대와 순댓국을 제외하더라도 족발 가격이 장충동 족발골목은 물론 다른 시장에 비해서도 저렴하기 때문이다.

공덕시장 앞에서 좌판으로 시작해서 시장에 한 평 공간을 임대한 뒤 지금은 시장 먹자골목 절반을 차지할 정도의 생존력과 전투력은 저렴한 가격과 푸짐한 양, 그리고 가난한 사람들의 욕망을 간파한 결과다. 외환보유고와 GNP는 매년 늘어나고 있지만 돈은 물처럼 아래로 잘 흐르지 않는다. 서민들은 예나 지금이나 족발이나 순대 같은 저렴하고 맛있고 영양가 높은 음식을 먹으며 삶을 견딘다. 마포가 도시형 육고기 문화의 진원지라는 말이 그냥 붙은 게 아니다.

숯불에 구워낸 전주 매운양념족발

맛의 다양성만을 놓고 보면 전주는 서울과 겨룰 만하다. 이중환은 『택리지』에서 전주를 "천 마을 만 부락에서 삶에 이용할 물건이 다

전주의 육고기 문화를 대표하는 '가운데집'의 매운양념족발.
살코기는 별로 없고 콜라겐으로만 이루어진 껍질이 주를 이룬다.

갖춰져 있고, 관아가 있는 곳에는 민가가 빽빽하고 물화가 쌓여 있어서 한양과 다름없는 큰 도회지"라고 묘사했다.

남도의 풍부한 물산이 모여들었던 탓에 다양한 음식이 발전할 수 있는 물적 토대를 바탕으로 세련된 음식과 서민적인 음식이 동시에 발전해왔다. 전주하면 비빔밥이나 콩나물해장국을 떠올리지만 전주에 며칠만 있어보면 전주 사람들의 깊은 육고기 사랑을 알 수 있다. 지금 전주의 대중적인 돼지고기 문화는 1960년대 이후에 본격화된 것들이다.

피순대와 더불어 전주의 육고기 문화를 대표하는 음식은 매운양념족발이다. 전주 시내에 넓게 퍼져 있는 양념족발을 대표하는 곳은 '가운데집'이다. 전주 시내에서 벗어난 추천대교 옆 천변에 있는 몇 개의 식당 가운데 있는 집이라는 뜻의 가운데집의 양념족발은 단족 _{앞발뼈나 뒷발뼈} 마디를 자른 것만을 사용한다. 살코기는 별로 없고 거의 콜라겐으로만 이루어진 껍질이 주를 이룬다. 단족발을 매콤한 양념에 재운 뒤 숯불에 구워내는 양념족발은 졸깃한 식감과 향긋한 숯불향, 매콤달콤한 소스가 어우러진 별미다. 1968년에 시작된 집이다.

2010년 족발 수입업자가 족발에 붙은 수입관세를 놓고 성남세관과 법정 싸움이 붙었다. 돼지족발 부위에 관해 법원은 "돼지의 족은 앞발가락뼈에서 앞발허리뼈를 거쳐 앞발목뼈에 이르는 부위로, 원고가 수입한 축산물도 여기에 해당된다"고 판결을 내렸다. 돼지족의 수입 세율은 18%고 돼지고기의 수입관세는 25%인 탓에 진행된 법정 공방이었다.

족발집에 가보면 족발을 대개 대·중·소로 구분한다. 돼지족발은 앞발과 뒷발의 차가 현저하다. 앞발은 아롱사태 같은 조각살과 껍질

기름기 없는 족발에 오이와 해파리를 넣고 양장피소스를 뿌려 먹는 '원조부산족발'.

을 함께 즐길 수 있어 족발 마니아들이 가장 좋아하는 부위다. 뒷발에 비해 크기도 커서 대개 대大자는 앞발을 사용한다. 뒷다리의 족발은 앞다리에 비해 적어 소小로 많이 팔린다. 뒷다리의 살코기는 평면적이고 상대적으로 식감이 강한 편이다.

부산 남포동 냉채족발골목

부산 남포동 주변에는 냉채족발골목이 형성돼 있다. 규모가 큰 식당에 사람들도 많다. 족발을 오이·파·겨자소스 등과 함께 먹는 중화식 요리법으로 만든 족발이다. 1991년 '원조부산족발'에서 시작한 것으로 알려져 있다. 중국집 양장피소스를 보고 만든 음식이다. 오이와 해파리가 기름기 없는 얇은 족발과 함께 나온다. 여기에 알싸한 양장피소스를 뿌려 섞어 먹는다. 일제강점기에 신문에 등장하는 '족채'라는 요리는 부산식 냉채족발과 비슷한 점이 있다.

족채는 삶은 족을 얇게얇게 점여저며 채치고 편육 · 저육 · 배 전부를 채칩니다. 미나리 숙주를 거두절미하여 삶아 노코 계란을 붗고 채칩니다. 그다음 지단만 배놋고¹빼고 전부 한데 양념에서 상에 놀 때 남비에다 얼핏 눅혀 가지고 게자겨자를 처서 섞어 가지고 요리접시에 보기 조케 담고 우에다 지단 채친 것과 실백을 언습니다. 특히 술안주에 적당합니다.

• 『동아일보』 1937년 11월 24일

부대를 벗어난 부대찌개

"한국전쟁 이후 미국산 가공 고기는 가진 자들의
식재료였다. 미군들의 커다란 체구와 힘은 고기에서
나온다는 믿음도 강했다. 부대찌개는 맛으로 먹는 음식이
아닌 생존을 위한 음식이었다. 미군부대에서 흘러나온
소시지와 햄같이 불법 유통된 물건들에서 시작되었다.
1980년대가 되면서 부대찌개의 식재료에도 변화가 온다.
부대찌개는 한국 현대사가 낳은 먹거리의 중첩이자
살아 있는 화석이 되었다."

의정부 부대찌개는 아픈 시절의 흔적이다

1970~80년대 강북에 살던 소년들에게 의정부는 시네마 파라다이스였다. 대지극장 근처에 있는 영훈고등학교를 다니던 내게도 의정부 극장들은 영화의 성전이자 금기의 도피처였다. 미성년자는 볼 수 없었던 『대부 2』 같은 영화를 보며 넋이 나갔다. 대지극장에서 의정부로 가는 길목에 있는 몇 개의 검문소는 군사도시 의정부의 성격을 그대로 보여주는 장치다. 의정부는 국도 3호선, 국도 39호선, 국도 43호선이 교차하는 서울 북부로 가는 교통의 중심지였다. 미군부대에서 흘러나온 물자들이 넘쳐나는 도시에는 시장을 통해 물건과 돈이 돌고 사람들이 모여들었다.

지금의 의정부는 크게 변했다. 미군부대가 남긴 잔상들은 많이 사라졌고 신혼부부들이 의정부에 들어선 아파트촌에 자리를 잡으면서 젊은이들이 가득한 활기찬 도시가 되었다. 그러나 자세히 들여다보면 의정부를 비대하게 만들었던 아픈 시절의 흔적들은 도시 중심에 거대한 뿌리를 내리고 남아 있다.

의정부 제일시장에는 여전히 미국의 수입 물품을 파는 가게가 빼곡하게 몰려 있다. 1950년 전쟁이 발발하자 미군기지 주변에는 자연스럽게 사람들이 모여들었다. 고향을 잃은 북한 출신의 실향민들이 모여 장사를 시작한 것이 오늘날 의정부 제일시장의 시작이다. 전쟁이 끝나고 1년 뒤인 1954년 공식적으로 시장이 개설된다. 미군부대에서 흘러나온 햄과 소시지는 사람들이 가장 좋아한 식재료였다. 2000년대 초반까지 미군부대에서 흘러나온 햄과 소시지가 시장에서 팔렸다. 당시의 흔적은 지금도 여전하다.

수입품을 파는 가게들은 의정부 제일시장의 상징이 되었다. 수입

의정부 제일시장에는 여전히 미국의 수입 물품을 파는 가게가 빼곡하게 몰려 있다.

물품 가게에서는 미국산 스팸과 프랑크소시지를 쉽게 살 수 있다. 1980년대 이후 한국산 소시지와 스팸이 생산되고 있지만 밀가루 성분이 많은 탓에 의정부 부대찌개 가게에서는 국산 제품을 잘 이용하지 않는다. 밀가루 성분 때문에 부대찌개가 텁텁해지기 때문이다. 밀반입되던 물건들이 사라지고 정식으로 통관을 거치면서 가격이 오른 탓에 의정부 제일시장에서 파는 부대찌개용 고기들은 주로 개인들이 사간다.

'오뎅식당'이라는 상호를 쓰는 이유

제일시장에서 도보로 5분을 걸으면 의정부 부대찌개골목이 있다. 길 양옆으로 부대찌개 집이 가득한 거리를 탄생시킨 주인공은 '오뎅식당'이다. 부대찌개와는 거리가 먼 가게 이름은 역설적으로 부대찌개 탄생의 비밀을 간직하고 있다.

오뎅식당은 부대찌개골목 초입에 있다. 오뎅식당 본점은 단층이다. 넘쳐나는 사람들 때문에 주변에 분점을 냈다. 점심시간이 다가오면 사람들이 줄을 서기 시작한다. 그 줄에 끼어 몇 분을 기다리다 안으로 들어서니 창가에 허영만의 『식객』에 나온 만화들이 붙어 있다. 대부분의 부대찌개 식당들과 마찬가지로 1인분은 팔지 않는다. 설렁탕이나 곰탕이 혼자서 먹는 음식이라면 부대찌개는 김치찌개처럼 같이 먹는 음식 문화의 전형이다.

기본 2인분을 시키면 커다란 솥에 부대찌개 재료가 가득 담겨 나온다. 스팸·소시지·김치·당면·두부·민찌다진 고기가 기본으로 나오고 그 위로 대파가 얹혀지고 고춧가루와 MSG가 뿌려져 있다. 다시마가 기본인 육수가 재료 사이로 부어진다. 부대찌개와 떼려야 뗄

'오뎅식당' 부대찌개.
의정부식 부대찌개는 치즈 없는 담백한 김치찌개 형태로 만든다.

수 없는 라면 사리 때문에 국물은 좀 넉넉하게 붓는다. 라면을 먹지 않는 사람에게는 국물을 적게 준다. 테이블 밑으로 부대찌개용 라면이 가득하다.

국물이 끓고 재료가 섞인다. 밀가루가 거의 안 들어간 햄은 적당히 짜고 부드럽다. 맑은 국물은 햄의 고기와 염분을 빨아당긴다. 소시지는 짜고 쫄깃하다. 국물과 건더기와 양념이 열에 의해 결합되면서 간이 맞춰진다. 밥과 함께 먹기 좋은 간이다. 오뎅식당의 부대찌개는 부대찌개하면 연상되는 치즈나 베이크드빈스강낭콩을 소스와 함께 끓인 것가 들어가지 않는다. 김치찌개에 돼지고기 대신 햄과 소시지가 들어간 김치찌개의 변형으로 봐도 이상할 게 없다.

1960년 노점에서 어묵을 팔던 허기숙 씨에게 미군부대와 관련 있는 한국인들이 미군부대에서 나온 햄이나 소시지를 가져와 요리를 부탁했다. 처음에는 햄이나 고기 혹은 소시지를 볶아서 손님들에게 내놓았다. 손님들의 반응이 좋자 1968년 지금 자리에서 오뎅식당을 개업했다. 미군부대에서 불법으로 흘러나온 햄과 소시지를 판매하는 것을 노출시키지 않기 위해 이전에 오뎅을 팔던 경험을 살려 오뎅식당이라는 이상한 이름이 만들어졌다.

초창기에는 볶음과 찌개 두 가지를 모두 팔았다. 오뎅식당이 번창하자 1970년대부터 주변에 부대찌개를 파는 식당이 하나둘씩 생겨나고 자연스럽게 부대찌개골목이 만들어졌다. 오뎅식당의 영향으로 의정부식 부대찌개는 치즈 없는 담백한 김치찌개 형태의 부대찌개를 판다. 현재까지 한국에서 가장 오래된 부대찌개 발상지의 레시피는 김치찌개와 가장 유사하다. 김치찌개에 들어가던 비계 가득한 돼지고기 대신 햄과 소시지가 그 자리를 차지했다.

부대찌개 이전의 부대찌개

현재까지 오뎅식당이 외식으로서의 부대찌개의 시작이라는 데는 별 이견이 없어 보인다. 하지만 부대찌개 같은 음식을 오뎅식당에서 만들었는지에 대해서는 의문이 간다. 신문 기사에는 부대찌개라는 단어는 직접 나오지 않지만 부대찌개와 비슷한 음식이 등장한다.

발육기에 있는 자녀들에게 손쉽게 그리고 영양가 높은 음식을 공급시켜야 할 의무가 주부들에겐 있다. 햄과 소시지를 우리 식탁에 많이 이용했으면 좋겠다. 햄을 잘게 썰어서 넣고 김치찌개를 해도 좋다. 햄과 소시지를 썰어서 프라이팬 위에 놓고 한번

볶아 내어서 도시락 반찬을 해도 좋다. 햄과 소시지에는 담백단

백질·지방·칼슘·철분 등이 포함되어 있어 칼로리가 높다.

　•『동아일보』「쓸모 많은 영양식」1962년 10월 30일

소시지와 햄은 일제강점기부터 한반도에서도 생산되고 소비된 식재료였다. 한국전쟁 이후 미국산 가공 고기는 가진 자들의 식재료였다. 미군들의 커다란 체구와 힘은 고기에서 나온다는 믿음도 강했다. 1937년 출시된 스팸은 제2차 세계대전과 한국전쟁을 거치면서 군인들의 전투식량이자 미국과 영국의 전시 국민들에게 단백질 공급원 역할을 하며 확고한 위치를 차지한다. 햄은 냉동저장이 필요 없는 단백질 공급원이었다. 하지만 정작 미군이나 영국인은 진짜 고기가 아닌 스팸을 싫어했다. 스팸은 지금도 미국에서는 정크푸드나 키치kitsch 음식으로 간주된다.

1980년대 PC 통신이 본격화하면서 영국 BBC 방송의 코미디 프로에 등장한 '스팸'이라는 대사를 인용한 메일이 대량으로 발송된 사건이 발생한다. 이후 스팸은 대량으로 발송되는 불량 메일의 대명사가 되었다. 인터넷 시대의 골칫거리인 스팸 메일의 시작에서 기원한 것에서 알 수 있듯이 스팸은 부정적인 단어로 사용되었다.

스팸SPAM은 돼지고기의 어깻살과 햄Shoulder of Pork And Ham이라는 뜻으로 단어의 첫 글자를 조합해 만든 미국의 식품회사 호멜Hormel의 상표다. 호멜은 돼지 다릿살로 만든 통조림용 햄을 만들어 팔았다. 부산물로 나온 어깻살을 처리하기 위해 고민하던 중 어깻살과 햄을 섞은 뒤 소금과 전분을 첨가한 스팸을 출시했다. 천대받던 스팸이지만 2008년 미국의 경제 위기 때 미국에서 스팸 판매량은 2007년보

다 10% 이상 늘어났다. 저렴한 가격에 먹을 수 있는 단백질의 보루이기 때문이다.

한국의 스팸 사랑은 『뉴욕타임스』2014년 1월 26일에서 특집으로 다룰 만큼 유별나다. 한국의 스팸 소비량은 미국에 이어 2위를 차지하고 있다. 한국인이 운영하는 레스토랑으로는 최초로 미슐랭가이드 별을 받은 '단지'에서는 스팸을 넣은 부대찌개를 'DMZ stew'라는 메뉴로 팔기도 한다. 1970년대 전분이 가득한 소시지에 계란을 부친 도시락 반찬은 부잣집의 상징이었다. 1980년대 들어서는 스팸도 같은 반열에 올랐다.

예전만 못하지만 지금도 명절이면 스팸은 단체 선물용으로 많이 팔린다. 스팸은 돼지와 물, 소금, 감자전분, 설탕, 질산염으로 만든다. 세련되지 못한 파란색 디자인에 노란색 사각 뚜껑을 열면 분홍색 스팸이 나타난다. 1950년대 만화 같은 촌스러운 모습이지만 아직도 우리는 이 음식에 열광하고 있다.

진하고 걸쭉한 평택식 부대찌개

대한민국에서 가장 큰 미군기지가 있는 평택에도 부대찌개 전문점이 많다. 평택 신장동은 1951년 미군 공군기지인 오산캠프가 들어서기 전에는 10여 가구가 숯을 굽던 숯골이었다. 넓고 평탄한 땅덕에 오산캠프는 확장을 거듭해 현재는 200만 평이 넘는 거대한 기지가 되었다. 전쟁 중 미군기지 옆은 가장 안전한 장소였고 먹을 것을 쉽게 구할 수 있었다. 사람들이 모여들면 장이 서고 식당이 들어서는 것은 순리다. 지금도 오산캠프 입구에는 잘 정비된 상점가에 사람들이 넘쳐난다.

상점가 뒤쪽 좁은 골목에는 오래된 2층 건물에 '김네집'이라는 부대찌개 식당이 있다. 1970년 평택에서 부대찌개 식당을 처음 시작한 '최네집'이 장사를 시작한 곳이다. 1990년대 최네집은 평택 인터체인지 근처로 자리를 옮겼다. 최네집에서 오랫동안 주방을 보던 아주머니가 이곳에 남아 가게를 맡다가 인수했다.

오산캠프 주변은 예전에 송탄으로 불렀다. 그래서 평택 부대찌개는 대개 송탄식 부대찌개로 부른다. 부대찌개를 시키면 커다란 냄비에 맑은 육수와 햄·소시지·민찌·대파·양파 그리고 송탄식 부대찌개의 상징인 커다란 슬라이스 치즈 두 장이 담겨 나온다. 반찬은 겉절이 김치 한 가지다. 부대찌개가 완성되기 직전 다진 생마늘을 넣는다. 커다랗고 넓적한 그릇에 잘 지은 고슬고슬한 밥이 담겨 나오면 식사 준비는 모두 끝난다.

치즈가 스며든 국물은 진하고 걸쭉하다. 햄과 소시지는 다른 지역에 비해 짜다. 초기 미군부대 햄의 특징이다. 부대찌개는 짜고 맵지만 치즈와 함께 고기맛이 강하게 난다. 밥이 없으면 이 음식을 먹기 힘들다. 하지만 밥과 함께라면 제법 잘 넘어간다.

최네집의 부대찌개는 김네집에 비해 순하다. 미군부대에서 근무하던 창업주인 최씨는 미군부대 파티 때 부대고기를 이용해 찌개를 만들었다. 이 음식을 먹은 사람들의 권유로 식당을 시작했다. 부대찌개는 한국인이 좋아하는 김치찌개에 미군의 전투식량이던 다양한 돼지고기 가공육이 결합돼 만들어진 음식이다. 부대찌개에는 돼지고기 어깻살스팸과 다릿살소시지, 넓적다리햄 살이 골고루 들어간다. 돼지의 중요 부위를 한꺼번에 먹을 수 있는 것이다. 짜고 맵고 자극적이지만 우리는 이런 음식을 먹으며 20세기 후반을 지내왔다.

커다란 슬라이스 치즈 두 장이 담겨 나오는 평택식 부대찌개는
찌개가 완성되기 직전 다진 생마늘을 넣는다.

꿀꿀이죽을 아십니까

부대찌개의 기원을 '꿀꿀이죽'으로 보는 사람들이 제법 있지만 꿀
꿀이죽과 부대찌개는 다른 음식이다. 1930년대부터 전쟁을 일으킨
일본에 의해 한반도는 피폐해져 갔다. 1945년 전쟁과 식민지라는
긴 고통이 끝났지만 1950년 다시 한국전쟁이 발발했다. 1953년 전
쟁이 끝나기까지 20년이 넘는 긴 시간 동안 세상은 황폐해지고 사람
들은 굶주렸다. 베이비붐이 일자 배를 곯는 사람은 더 많아졌다. 살
기 위해 뭐라도 먹어야 하는 시절에 먹을 것이 풍족한 유일한 공간
은 미군부대였다. 미군기지 옆에서 젊은 아가씨들은 몸을 담보로 생
존을 얻었다. 미군부대의 음식물 쓰레기는 구원의 먹거리였다. 음식
물 쓰레기 속에서 건진 단백질 덩어리들을 골라내 죽이나 탕으로 끓
인 '꿀꿀이죽' 'UN탕' '양탕'洋湯, '잡탕죽'은 배고픈 고아, 실향민,
부랑아, 일용직 노동자들의 일용할 양식이었다.

> 먹는 것이 죄일 수는 없다. 먹는 것이 죄라면 삶은 천벌이기
> 때문이다. (…) 이 반액체를 갈구해야만 하는 이 대열, 우리의 핏
> 줄이고 가난한 이웃일 따름이다.
> •『경향신문』 1964년 5월 20일

1960년대 신문에는 생존을 위해 사투를 벌인 사람들의 이야기가
여과 없이 나온다.

'물속의 동네'로 알려지고 있는 한강 백사장 위의 동이촌동에
는 전라도, 경상도 피란민들이 부근에 있는 미군부대에서 담배

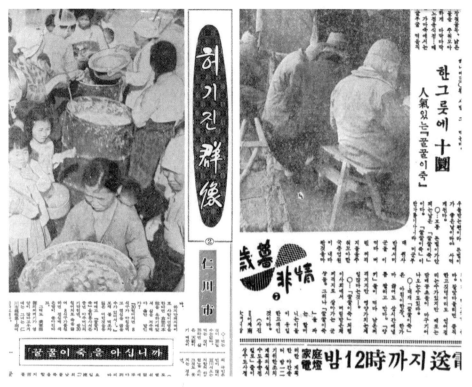

음식물 쓰레기 속에서 건진 단백질 덩어리들을 골라내 죽이나 탕으로 끓인 '꿀꿀이죽'
'UN탕' '양탕' '잡탕죽'은 고아·실향민·부랑아들의 일용할 양식이었다.

꽁초까지 들어 있는 꿀꿀이죽을 깡통으로 사다가 생활하고 있
는데 이것을 이곳 주민은 'UN탕'이라고 일컫고 있다.

　•『경향신문』1957년 7월 27일

　보통 돈벌이가 안 되는 날은 꿀꿀이죽이다. 꿀꿀이죽이란 다
름이 아니라 미군부대 취사반에서 미군들이 먹다 버린 찌꺼기
를 주워 모아 한국 종업원이 내다판 것을 마구 끓여댄 잡탕죽이

다. 단돈 십 환이면 철철 넘게 한 그릇 준다. 잘 만다들리면 큼직한 고깃덩어리도 얻어걸리는 수가 있지만 때로는 담배꽁초들이 마구 기어 나오는 수도 있다. 대개 꿀꿀이죽은 아침에 한 장, 한 가마 끓여도 삽시간에 낼름 팔리고 만다. 양키들이 먹다 남은 찌꺼지지만 영양 가치는 제일 많다는 것. 꿀꿀이죽처럼 사회에서 버림받은 채 찌꺼지로 살아가는 군상들. 그러나 꿀꿀이죽을 파는 할머니는 이들이 유일한 고객인 것이다.

• 『동아일보』 1960년 12월 22일

닉슨은 동대문시장의 꿀꿀이죽을 맛본 일도 있는 지한파로서 앞으로의 미국 대통령직에 어떤 활력을 불어넣을지 기대되는 바 크다.

• 『경향신문』 1966년 11월 7일

부대찌개는 음식물 쓰레기에서 탄생한 음식이 아니다. 부대찌개를 처음 시작한 오뎅식당이나 송탄의 최네집의 경우에서 알 수 있듯이 미군부대에서 흘러나온 소시지와 햄같이 불법 유통된 물건들에서 시작된 것이다.

동두천에는 '부대볶음'이라는 메뉴가 있다

동두천은 의정부보다 더 북쪽에 있다. 동두천시의 43%가 미군기지다. 동두천에 부대고기 문화가 등장한 것은 1970년 초반이다. 동두천에서는 부대찌개와 더불어 부대볶음을 판다. '실비집'과 '호수식당'이 유명한데 가장 오래된 집은 실비집으로 알려져 있지만 호수

식당의 역사도 35년이 훌쩍 넘었다.

중화요릿집 '진진'의 황진선 셰프의 차를 타고 호수식당을 찾았다. 호수식당 앞으로 대기 의자가 제법 많지만 점심시간이 한참 남은 터라 대기하는 사람은 없고 식당은 조금 한가하다. 부대볶음과 부대찌개를 시켰다. 부대찌개는 맑은 육수에 소시지와 햄이 가득 담겨 나온다. 다른 어느 지역, 어떤 프랜차이즈보다도 양이 많다. 두부·흰떡·당면이 쑥갓·배추와 함께 나오는 것도 독특하다. 여기에 다대기와 마늘을 맑은 국물에 넣어 끓인다. 대도시의 부대찌개에 빠지지 않는 치즈와 민찌, 베이크드빈스, 라면 사리가 없는 것도 특이하다. 부대찌개가 익어간다. 햄과 소시지에서 나오는 염분과 기름이 국물에 배어 나온다. 쑥갓과 배추, 당면은 육수를 흡수한다. 부대볶음은 소시지와 햄, 양파에 다대기를 넣어 철판에 볶는다.

부대볶음은 양파 덕에 단맛이, 다대기 덕에 매운맛이 나지만 과하지 않다. 부대찌개의 원형인 부대볶음은 생각보다 맛있다. 후배와 부대볶음과 부대찌개를 덩달아가며 3인분을 순식간에 비웠다.

음식을 먹는 사이 뒷자리에 건장한 50대 남자 네 명이 자리를 잡는다. 주변이 온통 남자들이다. 인생의 풍파를 고스란히 간직한 장년의 거친 사내들과 부대찌개가 많이 닮아 보였다.

문산식 부대찌개는 군인 덕에 번성

같은 군인의 도시이지만 문산은 동두천과 성격이 조금 다르다. 미군부대보다 한국군부대가 더 많기 때문이다. 1사단, 25사단, 30사단, 101여단 등 문산이나 파주에 있는 군인들은 문산을 거쳐 고향으로 돌아가거나 돌아온다.

소시지 · 햄 · 양파에 다대기를 넣어 철판에 볶는 부대볶음은
'호수식당'의 독특한 메뉴다.

 백반 가격이 3,000원인 시절에 부대찌개 집에서는 군인들에게는
1,000원을 받았다. 문산읍 선유리 삼거리에 있는 '원조삼거리부대
찌개'는 군인들 덕에 번성한 집이다. 1971년에 창업한 것으로 알려
진 가게는 1991년 창업주인 김옥순 할머니가 돌아가신 후 현재는
아들이 대를 잇고 있다.
 문산은 군인 도시에서 서울의 외곽도시가 되었다. 아파트 단지가
많아 주변의 신도시와 별반 다를 게 없어 보인다. 요즘은 식당에도

군인보다 일반인이 더 많다. 기본 2인분을 주문해야 하는 부대찌개의 특성 때문에 부대찌개를 취재할 때는 친한 친구들과 동행하는 게 다반사가 되었다.

파주에 사는 친구와 함께 차로 20여 분을 달려 원조삼거리부대찌개에서 저녁으로 부대찌개를 먹었다. 뚜껑 달린 냄비와 김치, 오이지국이 나온다. 짠맛이 최대한 억제된 오이지는 시원하다. 뚜껑을 열어보니 쑥갓이 가득하다. 쑥갓 위로 신김치가 몇 점 올려져 있지만 쑥갓 밑의 내용물은 보이지 않는다. 찌개가 끓어오르면서 건더기들이 모습을 드러낸다. 숨이 죽은 쑥갓 옆으로 파와 미나리 같은 채소가 모습을 드러내고 얇게 썬 햄과 소시지, 곱게 갈아 뭉친 고기도 있다. 소뼈를 기본으로 한 국물은 기름을 많이 제거하지 않아 진하고 기름기가 제법 있다. 의정부나 송탄식 부대찌개와 조리법이 상당히 다르다. 프랑크소시지는 다른 지역과 비슷하지만 햄과 베이컨은 짠맛이 거의 나지 않고 밀도도 높다. 밀가루나 전분이 많이 들어간 것들이다. 매콤한 양념과 김치, 야채가 어우러져 국물은 개운하면서도 진한 김치찌개 맛이 난다.

취재 때문에 천천히 먹는 나와 달리 친구는 공기에 꾹꾹 눌러 담은 밥에 국물을 얹어 잘도 먹는다. 시원하고 개운한 오이지와 김치는 매운맛과 고기의 느끼함을 잡아준다. 특별하지는 않지만 평범하지도 않은 부대찌개다. 부대찌개와 밥을 거의 다 먹은 친구가 한마디 던진다.

"부대찌개가 원래 너무 맛있기도 힘들고 너무 맛없기도 어려운 것 아냐?"

'원조삼거리부대찌개'는 매콤한 양념과 신김치, 쑥갓 등의
야채가 어우러져 국물은 개운하면서도 진한 김치찌개 맛이 난다.

이태원 '존슨탕' '카터찌개'를 맛보자

부대찌개는 맛으로 먹는 음식이 아닌 생존을 위한 음식이었다. 하지만 1970년대 말이 되면서 변화가 시작된다. 기초적인 생존을 위한 먹거리들이 거의 해결되면서 '맛있는 것'을 찾는 미식이 시작된 것이다. 의정부와 평택에서 흘러나온 미군부대고기는 주변 지역을 넘어 서울의 남대문, 동대문에까지 팔렸다.

용산 미군부대 주변 이태원에서 처음 부대찌개를 선보인 '바다식당'이 문을 연 것은 1970년대 말이었다. 바다식당은 부대찌개라는 이름 대신 '존슨탕' '카터찌개'라고 부른다. 창업주가 독일에서 살다 와서인지 햄과 소시지에 치즈를 넣은 스튜 같은 진한 국물의 존슨탕과 부드러운 칠면조 소시지를 판다. 한옥을 개조해 작은 간판을 건 바다식당은 1980~90년대 미식가들에게 큰 인기를 얻었다. 단맛과 치즈맛이 강한 국물과 칠면조 소시지는 밥과 함께 먹는 음식이 아니라 저녁 술안주로 제격이었다.

해밀턴 호텔 뒷길은 항상 새로운 그 무엇으로 넘쳐난다. 외국의 정통 레스토랑과 맥줏집들이 하루가 다르게 들어서고 사람들이 몰려든다. 장맛비가 내리던 저녁 6시 30분 해밀턴 호텔 뒤에 있는 '고암 식당'을 찾았다. 실내는 거의 만원이다. 2인분에 1만 5,000원하는 부대찌개가 이 집의 유일한 메뉴다. 앉아서 먹는 탁자 위로 가스불판이 하나씩 놓여 있다.

주문과 동시에 커다란 철판에 부대찌개가 나온다. 바닥에 햄과 소시지, 다진 고기와 다양한 가공 고기가 깔려 있고 그 위로 당면과 두부가 놓여 있고, 라면 사리 두 개가 네 등분되어 얹어져 있다. 이태원의 부대찌개집들은 한결같이 라면을 기본으로 넣어준다. 이 집은 육수를 별도로 가져와 부어준다. 멸치를 우려낸 맑은 육수가 건더기들을 연결한다. 육수가 다 채워지자 커다란 양은뚜껑이 용광로 덮개처럼 닫히고 불이 붙는다. 짭짤한 노란 무를 채로 썰어 고춧가루로 버무린 무채와 배추김치가 반찬으로 나온다.

몇 분이 지나자 주인이 커다란 밥을 사람 수대로 가져다준다. 양 많고 질 좋은 조밥이다. 다 익은 부대찌개의 뚜껑을 열자 맹렬하게 끓고 있는 육수가 찌개 안의 모든 것을 뒤섞어놓았다. 맑은 육수는 양념장을 흩어놓아 육수는 달궈진 철처럼 붉어졌다. 빨간색의 육수지만 멸치 육수가 기본인 탓에 매운맛은 별로 나지 않는다. 가벼운 국물에 풍성한 건더기, 잘 지은 밥이 있어 저녁식사가 즐겁다.

건더기에 맥주 한잔을 시켜 먹으며 주변 테이블을 보니 젊은이들은 소주를 시켜 먹는다. 이태원의 부대찌개집들은 밥집이자 술집인 점도 다른 지역과 다르다. 고암식당의 역사는 고작 10년이 갓 넘었지만 이태원 중심가에서 살아남았을 정도로 양이 많고 저렴하며 맛도 괜찮다.

부대찌개와 볶음식 스테이크

남영동 미군부대 옆에는 스테이크골목이 있다. 네댓 개의 스테이크집들은 부대찌개와 더불어 철판 모둠스테이크를 판다. 이 골목에서 처음 장사를 시작한 '은성집'은 1979년에 창업했다. 이곳의 스테이크는 일반 스테이크와는 조금 다르다. 미군부대에서 나온 프라임급 등심에 햄·소시지·감자·양배추 등을 구워 먹는 볶음식 스테이크다.

미군부대에서 흘러나온 미국산 등심은 2000년대 초반까지 유통

'바다식당'(위)과 '고암식당'의 부대찌개.
이태원의 부대찌개집들은 한결같이 라면을 기본으로 넣어준다.

됐다. 미국에서도 최상급에 속하는 프라임급 등심을 저렴하게 먹을 수 있던 것이 이 골목의 성공 비결이었다. 은성집의 부대찌개는 소시지와 햄, 살코기에 콩나물·김치·감자·양파·떡이 들어간다. 콩나물이 들어가기에 전반적으로 시원한 맛이 나는 개운한 부대찌개다.

남영동 스타일과 거의 비슷한 부대찌개와 스테이크 볶음 문화는 인천에도 있다. 1970년대 말 '오소래'라는 식당에서 인천 최초의 부대찌개 문화가 시작된다. 5년 뒤에 오소래 자리에 터를 잡고 지금까지 영업하고 있는 '양지부대고기'가 그 뒤를 잇고 있다.

양지부대고기는 남대문시장과 인연이 깊은 실향민이 창업한 식당이다. 남대문시장에서 미군부대고기를 사와 직접 레시피를 만들었다. 양지부대고기의 부대찌개는 사골국물에 대파·팽이버섯·콩나물이 듬뿍 들어가고 다진 마늘과 마늘 가루로 맛을 낸다. 고기는 민찌가 아닌 일반 쇠고기를 넣는다. 야채가 많이 들어간 국물은 시원한 맛이 난다. 모둠철판은 감자·양파·양송이버섯에 스팸·베이컨·소시지·등심을 구워 먹는데 마늘과 후추로 간을 해 강한 맛이 난다. 미국의 야외에서 먹는 바비큐 그릴과 내용물과 레시피가 흡사하다.

부대를 벗어난 부대찌개

1980년대가 되면서 부대찌개는 부대를 벗어나기 시작한다. 지역은 물론 식재료에도 변화가 온다. 미군부대 주변에서 성업하던 부대찌개가 본격적으로 대중음식으로 등장한 것은 1980년대 중반이었다. 수입에 의존하던 가공육 중에서 부대찌개에 반드시 들어가는 프랑크소시지를 1986년 롯데햄에서 만들면서 부대찌개는 대중화된

'양지부대고기'의 부대찌개는 다진 마늘과 마늘 가루로
맛을 내고 민찌가 아닌 일반 쇠고기를 넣는다.

부대찌개가 대중화되면서
라면 사리를 넣는 문화가
만들어졌다.

다. 부대찌개가 대중화되면서 지금은 보편화된 라면 사리를 넣는 문화도 만들어진다.

부대찌개, 곱창전골, 떡볶이, 불고기 등 각종 음식에 라면 사리를 넣어 먹는 음식 문화가 급속히 퍼지면서 남는 라면 수프가 포장째 버려지고 있다. 28일 라면 제조업체와 음식점 등에 따르면 우리나라 라면 생산량은 하루 2,000만 개가량으로 1% 정도인 20만 개 안팎의 라면이 음식점에서 사리로만 쓰이는 바람에 쓸모가 없어진 수프가 버려지고 있다는 것이다.

• 『한겨레신문』 1994년 8월 29일

1990년 생산이 중단된 삼양라면을 1994년에 다시 출시하면서 부대찌개 맛을 내는 라면을 개발하고 이어 1995년에는 수프 없는 사리용 라면을 출시한다. 겨울이 지나고 나면 시어버린 김치를 먹기 위해 만든 김치찌개에 미군들의 전투 식량인 햄과 소시지가 더해지고 한국인들의 간편식이자 대중식의 대명사인 라면이 곁들여지면서 부대찌개는 한국 현대사가 낳은 먹거리의 중첩重疊이자 살아 있는 화석이 되었다.

경상도 사람들은
돼지국밥을 먹는다

"먼 땅을 떠돌다가도 뇌 속에 새겨진 기억이
몸을 깨우면 사람들은 다시 고향을 찾아
국밥을 먹으며 세상을 살아왔다. 부산 사람들이
왜 돼지국밥을 '영혼의 음식'이라 부르는지
이곳의 소박한 돼지국밥 한 그릇이 보여준다."

가장 오래된 돼지국밥집

2013년이 저물어갈 무렵 부산에서 가장 오래된 국밥집을 취재하기 위해 영도를 찾은 날은 공교롭게도 영도다리가 47년 만에 다시 올라간 날이었다. 맑고 차가운 날씨 속에 전쟁 통에 몰려들었던 사람만큼이나 많은 사람이 영도다리 주변에 모여들었다. 버스를 타고 부산대교를 건너며 보니 대교 너머에 들어 올려진 영도다리가 보인다. 허기진 사람들의 집합소가 이제는 관광 명소가 되었다.

좁은 골목을 통째로 없애는 서울식 현대화보다 옛것을 부활시키는 부산의 복고가 더 좋다. 영도다리를 사이에 두고 뭍으로는 자갈치시장과 남포동시장, 국제시장이 있다. 그 건너편 영도는 섬이다. 영도는 주민의 절반 이상이 제주도, 거제, 통영, 호남 사람들이고 그중에서 제주 출신이 가장 많다.

1938년에 가게 문을 연 '소문난돼지국밥'은 현재까지 가장 오래된 돼지국밥집으로 알려져 있다. 점심시간을 훌쩍 지난 터라 식당에는 사람이 별로 없다. 현대식으로 바꾼 간판과 달리 식당 내부는 소박한 시골 식당처럼 단출하다. 홀로 여행하는 사람에게 국밥은 주문하기에도 부담 없고 먹기에도 좋은 음식이다. 울산 출신의 할머니가 장사를 처음 시작했는데 초창기에는 제주돼지를 가져다 도축해서 돼지국밥을 만들어 팔았다. 살코기와 뼈를 사용한 약간 맑은 국물을 낸다. 초창기에는 돼지머리와 순대를 넣었지만 현재는 사용하지 않는다.

소문난돼지국밥에서 5분을 걸으면 일직선으로 길게 이어진 남항시장 먹자골목이 나온다. 부산 토박이들은 이곳의 돼지국밥을 즐겨 먹는다. 제주 출신이 1975년에 창업한 '제주할매국밥'과 목포 출신

1938년에 가게 문을 연
'소문난돼지국밥'은 현재까지
가장 오래된 돼지국밥집으로
알려져 있다.

이 1976년에 창업한 '재기식당'이 유명하다. 두 집은 돼지 내장을
많이 이용한다. 가게 입구에 수북이 쌓인 여러 종류의 돼지 내장이
두 집의 인기를 말해준다. 재기식당의 국물은 서울의 전통적인 설렁
탕과 많이 닮은 약간 탁한 회색이다. 맛도 설렁탕처럼 담백하고 구
수하다. 다대기를 풀면 국물이 걸쭉해진다. 부산식 짠맛의 핵심 재료
인 정구지부추를 넣어야 간이 제대로 맞고 아삭한 식감이 더해진다.
반찬들은 전부 짠맛이 강하다. 옆자리의 어린 여자아이가 돼지국밥
을 잘도 먹는다. 엄마가 먹는 내장국밥이 신기했는지 가게 앞에 산
더미처럼 쌓인 내장이 궁금했는지 "내장이 맛있어?"라는 질문을 반

부산식 짠맛의 핵심 재료인
정구지를 넣어야 간이
제대로 맞고 아삭한 식감이
더해지는 부산의 돼지국밥.

복적으로 쏟아낸다.

시장 안에는 빙장水藏회라는 독특한 음식 문화도 있다. 얼음에 잰 선어를 숙성시켜 먹는 독특한 회는 호남 사람들에 의해 생긴 문화다. 돼지국밥 세 그릇을 연달아 먹고 어둠이 내린 길을 따라 남항시장에서 영도 쪽으로 걸어가니 영도다리 넘어 자갈치시장의 불빛이 가득하다.

부산 국밥 마니아들이 가장 사랑한다는 '할매국밥'

범일역 주변은 복잡하다. 범일역에서 현대백화점 건너편으로 가려면 철길을 가로지르는 긴 육교를 지나야 한다. 육교 입구에는 오래된 빵집이 있다. 직접 만드는 소박한 빵집에서 풍기는 빵 냄새의 유혹 때문에 빈손으로 육교를 건너기가 쉽지 않다. 동행한 친구와 빵을 사서 주전부리로 먹으며 육교를 건넌다. 대로변 옆으로 난 작은 언덕을 오르니 그 유명한 범일동 '할매국밥'이 나온다. 주변에 식당은 없다. 주택가에 홀로 자리 잡은 식당이지만 할매국밥은 부산의 국밥 마니아들이 가장 사랑하는 국밥집 순위에서 정상의 자리를 내준 적이 없다.

가게 안으로 들어서면 입구에 주방이 그대로 드러나 있다. 식재료와 음식 만드는 모습을 보여줄 만큼 이 집의 음식에 대한 생각은 개방적이고 자신감이 넘친다. 입구에는 광주리에 담긴 어른 팔뚝만 한 북한식 대창 순대가 유독 눈에 띈다. 아침 10시 30분, 점심 손님을 맞기 위해 두 분의 아주머니가 날렵한 솜씨로 수육을 썰고 있다. 그 뒤로 몇 개의 솥에서 돼지 육수가 끓고 있다. 동행한 친구와 국밥 한 그릇과 수백수육백반의 준말 1인분을 시켰다. 부산 돼지국밥집의 필수

주택가에 있는 식당이지만 부산의 국밥집 순위에서
정상의 자리를 내준 적이 없는 범일동 '할매국밥'.

메뉴인 수백은 저렴한 가격에 수육과 국물, 밥을 함께 먹을 수 있는 실용적인 차림이다.

할매국밥의 돼지국밥 가격은 4,500원으로 부산의 돼지국밥집 중에서도 가장 저렴한 편이다. 맑은 국 속에 토렴한 밥이 고기 몇 점과 잠자듯 숨어 있고 그 위로 정구지·파·양념장만이 얹어져 나온다. 양념장을 국물과 섞으니 국물의 색은 짙어지고 맛은 오히려 가벼워진다. 맛의 균형이 양념장에 의해 생긴다. 고기국물은 처음에는 평범한듯하지만 먹으면 먹을수록 깊은 맛이 나고 편안하다. 적당한 온도는 오랜 친구 같다.

단맛이 날 정도로 맛있고 부드러운 삼겹살 수육이 국물·밥과 함께 이 집의 돼지국밥을 완성시킨다. 등뼈와 다리뼈를 넣고 끓인 육수에 삼겹살 덩어리를 넣고 한 번 더 끓여낸 국물은 삼겹살에 초점이 맞춰 있다. 진한 고기맛이 나는 늙은 돼지고기를 섞어 끓이면 국물의 맛이 좀더 깊어지고 진해진다. 뼈를 넣고 끓이면 국물은 탁해지지만 고기를 넣고 한 번 더 끓여내면 국물은 맑아진다. 이 음식을 만들고 식당을 유명하게 만든 최순복 할머니는 2006년에 돌아가셨다.

범일동은 노동자의 '꿈의 공장' 이었다

지하철 범일역 주변에는 평화시장, 국제시장 같은 도매시장들과 현대백화점이 들어서 있다. 이 일대는 1917년에 세워진 '조선방직'이 있던 자리였다. 일제강점기부터 섬유산업의 중심지였던 조방(朝紡, 조선방직주식회사)은 1968년 역사 속으로 사라졌지만 조방이라는 이름은 거리 이름으로, '조방낙지'라는 음식 문화로 남아 있다. 철길 건

범일동의 극장들은 끼니를 걱정하는 실향민과
섬유와 고무신을 만들던 노동자의 꿈의 공장이었다.(위)
오늘날 범일동 일대의 모습.(아래)

너편에는 삼화고무1934~92가 중심에 있었다.

섬유와 신발 같은 부산을 대표하는 경공업의 중심지였던 범일동 일대에는 젊은 노동자들이 넘쳐났다. 한국전쟁 이후에는 북한 출신의 실향민들까지 터를 잡았다. 보림극장, 삼성극장, 삼일극장 같은 범일동의 극장들은 눈을 뜨면 끼니를 걱정하던 실향민과 아침부터 저녁까지 섬유와 고무신을 만들던 노동자의 '꿈의 공장'이었다.

1956년 '할매국밥'은 삼화고무 공장 담벼락 앞에서 작은 노점으로 장사를 시작한다. 가격이 저렴한 돼지머리를 고아 만든 돼지국밥은 가난한 노동자와 궁색한 실향민에게 커다란 인기를 얻었다. 평안도 실향민 출신의 창업주는 북한에서 먹던 방식인 돼지 살코기를 이용한 맑은 국물에 밥을 말아 팔았다. 살코기로 끓여낸 맑은 국물의 돼지국밥은 '이북식 돼지국밥'이라 부른다. 반대로 뼈로 끓여낸 탁한 국물의 돼지국밥은 '경상도식 돼지국밥'이라 칭한다. 할매국밥은 이북식 국밥의 전형이다.

할매국밥이라는 식당 이름은 파는 사람이 아닌 이곳을 찾는 사람들의 필요에 의해 만들어졌다. '할매'할머니가 만든 '국밥'이라는 보통명사에 다른 식당과 구별하기 위해 '교통부'라는 이름이 붙었다. 1950년부터 임시 수도의 교통부 청사가 범일동에 있었기 때문이다. 교통부는 몇 년 만에 서울로 옮겨갔지만 이름은 남았다. 현재도 사람들은 누리마트옛 보림극장 뒤쪽에 있는 할매국밥집을 '교통부할매국밥' '보림극장할매국밥' '범일동할매국밥'으로 부른다.

한 숟갈에 고기 한 점이 없다면 돼지국밥이 아니다

범일동 평화도매시장 주변은 뭔가 어색하다. 현대식 건물들과

범일동 평화도매시장 주변에 남아 있는 세 곳의
돼지국밥집 상호는 부산 주변의 도시 이름에서 따왔다.

1970년대식 상가와 그사이에 섬처럼 남은 더 낡은 식당가가 각자
따로 오랜 역사를 간직한 채 뒤섞여 있다. 이런 공간 가운데 지금까
지 남아 있는 세 곳의 돼지국밥집과 사라져버린 더 많은 돼지국밥
집이 이곳을 오가는 수많은 사람을 먹여 살렸다. 지금은 주변에 들
어선 몇 개의 도매시장 상인들이 돼지국밥집을 가장 많이 이용한다.
부산 토박이들은 오랫동안 시외버스터미널이 있던 이곳에서 돼지국
밥을 먹던 추억을 간직하고 있다. '마산식당' '합천식당' '하동식당',
세 곳의 식당 이름은 모두 부산 주변의 도시 이름에서 따왔다.

국밥을 시키면 뚝배기에 식힌 밥과 잘라놓은 고기를 넣고 솥에서
국물을 퍼서 뚝배기에 담았다 뺐다를 반복한다. 어둡고 탁한 국물은
오랫동안 끓여낸 사골에서만 나는 인고의 색감이다. 잘게 자른 고기

가 밥과 함께 국물 속에 가득하다. 국과 함께 밥만 먹거나 살코기만 먹는 것은 이 집 국밥을 제대로 먹는 방법이 아니다. 식당 한쪽 벽면에 "한 숟갈에 고기 한 점이 없으면 돼지국밥이 아니다"라는 문구가 붙어 있다. 국물 위로 붉은 양념장과 초록색 파가 고명으로 올려져 있다. 시원한 깍두기와 돼지국밥에 빠지지 않는 정구지·양파·풋고추·된장과 새우젓에 배추김치까지 단출한 국밥 한 그릇을 먹기 위한 도우미가 제법 많다. 양념장을 풀지 않고 국물을 마신다. 경쾌한 식감에 구수한 맛이 난다. 음식에서 힘을 뺀 편안함이 느껴진다.

작은 식당이지만 여섯 명이 이 음식을 24시간 만들고 판다. 식당은 1960년대 말 마산 출신의 할머니가 처음 시작했다. 40년이 넘는 세월 동안 고향을 떠나거나 돌아오는 사람들은 이 집과 주변의 돼지국밥집에서 이 음식을 먹으며 고향과 어머니와 따스한 밥 한 그릇의 기억을 문신처럼 몸에 남겼을 것이다. 먼 땅을 떠돌다가도 뇌 속에 새겨진 기억이 몸을 깨우면 사람들은 다시 고향을 찾아 국밥을 먹으며 세상을 살아왔다. 부산 사람들이 왜 돼지국밥을 '영혼의 음식'이라 부르는지 이곳의 소박한 돼지국밥 한 그릇이 보여준다.

국밥의 명가들은 토렴을 잘한다

부산 감천동 문화마을에 올라서면 가파른 언덕에 씨줄과 날줄처럼 작은 집들이 얼키설키 들어서 있다. 전쟁이 만들어낸 생존의 공간이 부산을 대표하는 관광지가 되었다. 감천동에서 자갈치시장 방면으로 내려오면 언덕 끝자락에 토성동이 있다. 국제시장이나 자갈치시장과도 그다지 멀지 않은 곳이다.

부산 사람들이 가장 사랑하는 돼지국밥 식당 중 하나인 '신창국

요즘 한국 국밥 음식의 기본에 해당되는 토렴을 제대로 하는 집이 별로 없지만
'신창국밥'은 국밥의 명가답게 토렴을 잘한다.

밥'은 토성동 대로변에 있다. 부산의 식당들은 명성에 비해 규모가
작다. 난 이런 식당들이 좋다. 자신들이 감당할 수 있는 능력만큼의
공간이라야 좋은 음식이 만들어진다. 돼지국밥을 시킨다. 연한 갈색
을 띠는 맑은 국물의 돼지국밥이 나온다. 돼지고기와 내장과 순대가
국물 밑으로 보이고 그 위에 양념장과 정구지, 약간의 깨가 뿌려져
있다. 밥은 보이지 않는다.

　신창국밥의 돼지국밥을 보는 순간 하동관의 곰탕이 떠올랐다. 겉

보기에는 맑고 가벼워 보이지만 마셔보면 진한 맛을 내는 고기국물은 좋은 음식을 만들고자 하는 사람들의 정직함과 우직함에 대한 시간의 보상이다. 국물을 숟가락으로 휘저으니 밥알이 떠오르고 고기와 순대가 모습을 내민다. 이 집 육수를 특별하게 만든 주인공이 바로 이 순대다. 돼지 앞다리와 뼈를 넣고 우린 육수에 순대를 넣으면 신창국밥 특유의 엷은 갈색 육수가 만들어진다. 잘 식힌 밥에 뜨거운 국물이 섞여 따뜻한 국밥 한 그릇이 완성된다.

한국인에게 밥은 '차가운 것'도 아니지만 '뜨거운 것'도 아니다. 사람 체온처럼 '따스한 것'이다. 뜨거운 밥을 토렴해서 식히지 않고 뜨거운 국물에 넣으면 밥의 열기와 국의 열기가 더해져 뜨거운 음식을 잘 못 먹는 사람들은 입천장을 데이기 십상이다. 요즘은 한국 국밥 음식의 기본에 해당되는 토렴을 제대로 하는 집이 별로 없다. 하지만 국밥의 명가들은 하나같이 토렴을 잘한다. 신창국밥도 그중 하나다. 깔끔하고 깊은 국물에서 따스하고 편안한 맛이 우러난다. 먹을 때마다 새롭고 좋은 맛이다.

1969년 서혜자 씨에 의해 신창동의 구호물자를 파는 케네디시장에서 테이블 두 개로 시작한 신창국밥은 가게가 네 군데로 늘어났다. 케네디시장은 국제시장의 끝자락에 있던 미국 구제 물품을 팔던 시장이었다. 해방 이후 일본에서 돌아온 귀환동포 출신의 서혜자 씨는 장사를 하기 전 케네디시장에서 돼지국밥을 팔던 '개미집' 할머니에게서 어깨 너머로 돼지국밥 만드는 법을 배웠다고 한다. 개미집은 실향민 출신이 운영하던 식당이었는데 개미집을 비롯해 두서너 개의 돼지국밥집이 케네디시장에 있었다.

북한식 돼지국밥 vs 경상도식 돼지국밥

부산의 돼지국밥은 크게 보면 맑은 육수와 탁한 육수로 나눌 수 있다. 부산대 한민족문화연구소 차철욱 교수는 맑은 육수는 이북식으로, 탁한 육수는 경남식으로 분류한다. 평안도·황해도 지역은 일제강점기에 한반도에서 돼지고기를 가장 즐겨 먹던 지역이었다. 황해도식 냉면은 맑은 돼지 육수를 주로 사용한다. 평안도와 평양에서도 맑은 고기 육수를 사용해온 것을 감안하면 맑은 육수는 북한 음식 문화의 영향을 받았을 개연성이 높다.

탈북자 출신의 젊은 요리사들과 라디오 방송에 함께 출연한 적이 있다. 북한에서 돼지국밥은 상당히 보편적인 음식이라는 것이다. 쇠고기는 일반인들은 꿈도 꾸기 힘든 음식이고 닭은 계란 생산용으로 주로 쓰이기 때문에 귀하다. 돼지는 집집마다 몇 마리씩 키울 수 있어 돼지를 이용한 돼지국밥은 시장에서 가장 인기가 높은 음식이라는 것이다. 10대 중반부터 시장에서 돼지국밥을 팔았던 여성 탈북자는 돼지국밥을 생생하게 기억하고 있었다. 이름도 남한처럼 돼지국밥이라고 부른다.

옛날 국밥의 투박함을 간직한 하동집

부산 중앙동 뒷길 좁은 골목에는 오래된 식당들이 있다. 전깃줄이 거미줄처럼 복잡하게 하늘을 덮고 있는 골목 중간쯤에 있는 일본식 적산 가옥 1층의 '하동집'으로 들어서면 오래된 식당 특유의 복작함과 퇴락감이 느껴진다. 소박한 식당 입구에 돼지고기 수육이 수북하다. 그 옆으로 사골 육수를 끓이는 솥에서 돼지 냄새와 함께 수증기가 피어오른다.

가파른 언덕에 씨줄과 날줄처럼 작은 집들이 얼기설키 들어서 있는 부산 감천동
문화마을. 전쟁이 만들어낸 생존의 공간에서 요즘은 부산을 대표하는 관광지가 되었다.

부산 중앙동 뒷길 좁은 골목에는 오래된 식당들이 있다.
하동집의 돼지국밥은 옛날 국밥의 투박함을 간직하고 있다.

하동집은 유명세에 비해 사람은 그다지 많지 않고 음식도 투박하다. 변하는 사람들의 입맛에 맞춰 음식맛을 조금씩 변형시키다 몇십 년이 흐르면 처음의 그 맛과는 전혀 다른 맛이 되는 경우가 많다. 이 집 국밥 한 그릇은 옛날 국밥의 투박함을 간직하고 있다. 1953년, 창업주는 실향민에게서 평양식 순댓국밥을 배워 가게를 열었다.

"당시엔 수육을 넣는 돼지국밥이 아니라 순대를 넣은 순댓국밥이었어요. 그러던 게 1960년대부터 돼지 순대가 귀해지면서 앞다릿살 등 편육을 넣은 현재의 돼지국밥이 생긴 겁니다." 돼지국밥에도 시대별 유행이 있었다고 한다. 1970년대 이전에는 내장·간·허파·대장 등 온갖 부산물을 넣은 모둠 시대. 이후 생활수준이 나아진 1980년대부터는 국밥에 내장은 쓰지 않게 됐단다.

• 『국제신문』 「야성의 돼지국밥」 2010년 1월 11일

서면은 경상도식 돼지국밥거리

부산에서 돼지국밥집은 편의점만큼이나 많고 흔하다. 명가들이 저마다 자신의 영역을 지키고 있는 탓에 몰려 있는 경우는 거의 없다. 서면의 돼지국밥거리가 유일한 예외다. 돼지국밥거리에 들어서면 길가에 커다란 돼지국밥집들이 사열 받는 병사들처럼 일정한 크기로 도열해 있다.

'포항돼지국밥'집 앞에는 돼지사골국물을 끓이는 커다란 솥이 있다. 가게 안쪽의 개방된 주방과 솥은 작은 선반을 놓고 연결돼 있다. 중간에 놓인 작은 선반에 빈 뚝배기 수십 그릇이 탑처럼 가지런히 쌓여 있다. 주문과 동시에 뚝배기에 밥을 담아 가게 앞의 솥을 열어

서면의 돼지국밥거리에 들어서면
돼지국밥집들이 사열 받는 병사들처럼 도열해 있다.

토렴을 한다. 솥 안의 뜨거운 기운이 바깥 공기를 만나 하얀 증기가
연막탄처럼 피어올라 토렴하는 아주머니들의 모습을 마술쇼의 한
장면처럼 몽환적으로 만든다. 그 위로 썰어낸 돼지고기와 양념장, 파
와 정구지가 기계적으로 담긴다. 부드러운 수육은 좋지만 뜨거운 밥
과 국물은 살짝 부담스럽다.

그런데 이 집 간판에 1942년 창업이라는 문구가 선명하다. 주인
에게 물어봤지만 현재의 주인은 1942년 창업에 대해 정확하게 모른
다. 부산역 앞에는 100년이 넘은 것으로 알려진 '평래옥'이라는 식
당이 있다. 부산의 술꾼들 중 이 집의 보드랍고 담백한 수육을 모르
는 사람은 거의 없다. 평래옥의 수육과 국물을 돼지국밥의 조상으로
여기는 부산의 음식 마니아들도 꽤 있다.

추정이지만 돼지 육수를 이용한 라면이 성행한 일본과 가장 가까운 부산에서 돼지 육수를 이용한 음식이 일제강점기에 존재했을 개연성은 상당히 높다. 게다가 1920년대 이후 돼지를 이용한 순댓국밥은 대한민국 장터면 어디서든지 볼 수 있는 음식이었다. 부산이라고 예외일 수가 없다. 안타까운 것은 돼지국밥이라는 단어 자체가 일제강점기는 물론 해방 이후에도 별로 발견되지 않는다는 것이다. 필자가 확인한 첫 기록은 1968년 6월 12일자 『경향신문』이다. 부산 범천시장의 돼지국밥집이 사회면에 간략하게 소개되어 있다.

돼지국밥은 경상도의 대중식

돼지국밥의 기원에 관해서는 수많은 설이 난무한다. 돼지고기 문화가 성행하던 이북 실향민이 이남에 전했다는 설북한에는 돼지고깃국·돼지갈빗국·돼지내폿국·돼지순댓국·돼지고기냄비탕 등 다양한 돼지 국물 요리가 있다에서부터 경상도 자생설, 일제강점기에 수출하고 남은 잔육殘肉 기원설, 한국전쟁 이후 미군부대 꿀꿀이죽 기원설, 밀양 발생설, 구포의 보부상 발생설 등 배경과 시기와 장소가 다른 수많은 설이 있다. 부산대 차철욱 교수나 부산의 언론들은 실향민 영향설에 상당한 무게를 두고 있다. 한국전쟁 이후 부산과 경남 지역에는 인구의 폭증 때문에 음식 분배 문제에 가장 적합한 고기국물 문화가 넓게 퍼졌다고 주장한다.

특히 돼지고기 문화에 정통했던 북한 실향민들의 대거 유입은 이런 문화가 확산되는 데 많은 기여를 했다는 것이다. 북한 실향민들이 돼지국밥을 확산시켰다는 물증이 될 만한 중요한 논문이 발표되었다. 최근 성균관대학교 안대회 교수는 「18~19세기의 음식 취향과 미각에 관한 기록」이라는 논문에서 18세기에 기록된 돼지국을 밝혀냈다. 예전의 한국인은 돼지를 거의 먹지 않은 것으로 알려졌지만 심노숭沈魯崇, 1762~1837의 문집『효전산고』孝田散稿「산해필희」山海筆戲에 "난 과연 소동파처럼 돼지고기 기벽嗜癖이 있다. 서울에 살 때에도 일찍이 미품美品을 찾아서 먹었는데 침교沈橋, 현 서울 종로구 재동에서 파는 것이 가장 맛이 좋아 서경西京, 평양의 오수집 돼지국과 같다"는 기록이 있다. 18세기에 이미 돼지로 만든 국을 파는 식당들이 한양과 평양에 성행하고 있었음을 알 수 있다. 차철욱 교수는 이후 돼지국밥의 확산 과정에도 주목한다. 시장통의 오래된 돼지국밥집들의 경우 시간이 부족해 풍부한 영양분을 빨리 섭취해야 하는 시장상인·외판원·택시기사들이 돼지국밥의 주 고객이라는 점에 주목한다.

　그러나 영도의 1930년대 돼지국밥집의 존재와 밀양의 돼지국밥 문화를 감안하면 1930년대에 이미 경상도에는 돼지국밥 문화가 존재한 것은 확실해 보인다. 다만 돼지 문화에 익숙했던 실향민들이 대거 유입됨으로써 돼지국밥 문화가 확산된 것으로 보고 있다. 대한민국에서 돼지국밥은 경상도에서 주로 먹는 대중식이다. 돼지국밥집은 2013년 4월 기준차철욱,「돼지국밥의 탄생과 소비」으로 부산 710개, 대구 324개, 경남 795개, 경북 281개 등 경상도에 압도적으로 많고 질적으로도 빼어나다.

　돼지국밥에 관해 부산토박이에게서 재미있는 이야기를 들었다. 20여 년 전만 해도 돼지국밥은 돼지 누린내가 심해서 술과 함께 먹어야 하는 남자들의 음식이었다는 것이다. 그래서 소개팅이나 미팅한 여자가 맘에 안 들면 남자는 여자를 데리고 돼지국밥집을 찾았다고 한다. 거칠고 냄새 나는 음식 때문이 아니라 미팅 나온 여자들 누구라도 돼지국밥집은 자신이 맘에 안 든다는 남자들의 메시지라고 알고 있었다. 자연스런 이별이 돼지국밥 언저리에서 이루어졌다. 하지만 십수 년 전부터 돼지고기의 처리와 보관, 육수 삶는 다양한 기술이 발전하면서 지금은 냄새가 심한 돼지국밥집은 거의 없다.

편안한 맛을 찾아오는 외국인들

서면의 돼지국밥집 중에서 가장 유명한 곳은 '송정3대돼지국밥'이다. 1946년에 고기 중매업을 하는 남편에게서 고기를 받아 부인이 식당을 시작한 것으로 알려져 있다. 한국전쟁 이전에는 연지시장에서 장사를 했고 이후에 서면시장으로 이전해왔다. 식당 입구에는 커다란 솥 안에서 돼지뼈로 끓이는 하얗고 탁한 국물이 온천수처럼 꿈틀거린다. 이 사골국물에 삼겹살·항정살 같은 비싼 고기를 넣어 고기국물을 만든다. 탁한 고기국물에 파와 양념장이 조촐하게 올려져 있다. 새우젓과 소금, 간이 된 정구지를 넣어 먹는다. 얌전하고 개성이 강하지 않은 국물과 건더기는 먹기 편하다.

튀지 않는 맛이 송정3대돼지국밥집의 특징이다. 이 편안한 맛 때문인지 외국인들도 이 집을 찾는다. 옆 테이블에 앉아 국밥을 먹던 홍콩인 부부가 사진 찍는 중년 남성에게 호기심에 말을 건넨다. 그들이 들고 있는 중국어 부산 가이드북에는 이 집이 실려 있다. 가이드북에 소개될 정도로 유명하고 외국인들이 먹어도 될 만큼 편안한 맛을 낸다.

다진 마늘로 이룬 부산 최대의 돼지국밥 신화

사상은 부산의 공업단지다. 최근에는 공업단지 주변으로 주거와

부산 서면시장 '송정3대돼지국밥'.
커다란 솥 안에서 돼지뼈로
끓이는 하얗고 탁한 국물이
온천수처럼 꿈틀거린다.

상업지역이 뒤엉켜 발전하고 있는 복잡한 곳이기도 하다. 사상역에서 멀지 않은 곳에 부산에서 가장 큰 돼지국밥집이 공장처럼 우뚝 서 있다. '사상원조합천국밥'은 신창국밥류의 맑은 국물도 아니고 송정3대돼지국밥류의 탁한 국물도 아닌 그 둘을 반씩 섞어놓은 듯한 국물에 다진 마늘 양념장을 특징으로 하는 돼지국밥을 판다.

이런 방식의 국밥집으로는 '명산집'과 하단의 '원조합천정통돼지국밥'이 있다. 다진 마늘과 양념장이 뒤엉킨 갈색 국물은 풍부한 고기맛이 느껴지면서도 결코 무겁지 않다. 부산 사람이 가장 많이 찾는 돼지국밥집답게 일정한 수준을 가진 집이다. 이 집에는 재미있는 음식이 하나 있다. 돼지우동이다. 돼지 국물에 우동을 말아내는 음식이다. 일제강점기 시절 부산의 우동 문화는 소설에 등장할 만큼 유명했다.

부산의 돼지국밥은 시대마다 빠르게 변화하고 있다. 1940~50년대에는 돼지머리, 순대 등을 이용한 돼지국밥을 주로 팔았다. 1960년대 이후에는 지금 돼지국밥집의 보편적인 고기가 된 앞다릿살과 내장, 간, 허파 등이 사용되었다. 1980년대 이후에는 내장과 돼지머리가 점차 사라지고 삼겹살을 사용하는 집이 많아지고 있다. 삼겹살보다 비싼 항정살을 이용한 돼지국밥집이 생겨날 정도로 돼지국밥의 고급화는 가속화되고 있다.

안락동 복개천변 소박한 국밥집

음식이 진화·발전하고 전국적인 유명세를 타게 되면 필연적으로 외지인이나 관광객이 찾는 식당과 토박이들만이 아는 식당으로 나뉜다. 토박이들이 이용하는 식당에는 확실히 지역 음식의 본질이 깊

부산 '사상원조합천국밥'.
다진 마늘과 양념장이 뒤엉킨 갈색 국물은
풍부한 고기맛이 느껴지면서도 결코 무겁지 않다.

돼지국밥 | 경상도 사람들은 돼지국밥을 먹는다

이 배어 있다.

안락동은 관광지가 아니다. 외지인들이 올 일이 없는 동네다. 안락동 복개천변에는 복개천 도랑 위에 있는 집이라는 뜻을 지닌 '또랑국밥'이 있다. 12시 30분, 주변에 변변한 건물 하나 없는데도 큰 식당에는 사람들이 가득하다. 한쪽 구석에 앉아 돼지국밥을 시킨다. 사람들은 국밥 먹느라 옆 사람을 신경 쓸 여유도 없다.

오전 6시에 시작해서 오후 11시 30분에 문을 닫는 이 집은 메뉴가 다양하다. 살코기만 들어간 돼지국밥과 내장만 들어간 내장국밥, 순대를 중심으로 한 순댓국밥에 따로 밥을 주는 따로국밥, 그리고 부산의 돼지국밥집에서 빼놓으면 안 될 수백과 내장수육, 순대 모둠 수육도 있다. 입구 좌측으로 길게 이어진 주방에서 아주머니 몇 분이 날랜 솜씨로 고기를 썰어 국을 말고 반찬을 담는다. 전쟁터의 취사병처럼 일사분란하고 신속하다.

5,000원짜리 돼지국밥 한 그릇을 시키자 국밥 한 그릇에 고추·마늘·양파 같은 매운 재료 삼총사가 한 접시에 가득 담겨 나오고 그 옆으로는 정구지, 배추김치, 깍두기에 된장과 새우젓이 나온다. 어떤 사람이 와도 음식맛을 탓하지 못하도록 다양한 양념이 놓인다. 반찬 사이에 소면 한 접시도 양이 부족한 사람들을 위해 나온다.

갈색 뚝배기 속에 설렁탕과 곰탕의 중간쯤 되어 보이는 국물 위로 길고 얇게 썬 파와 양념장이 엉켜 있다. 국물 밑으로 거칠게 식은 밥이 국물을 자신의 몸속으로 맹렬하게 빨아 당기고 있다. 더운 열을 차가운 자신의 몸으로 받아 열기를 식힌 탓에 더운 국은 이내 엄마 손처럼 따스해진다. 양념장을 국에 풀고 젓자 국물은 이내 육개장처럼 변한다. 아이 볼처럼 발그레해진 국물을 한 모금 마시면 진한 고기국물이 양념장과 어울려 묘한 균형을 이룬다. 밥, 국, 양념장과 고기가 따로 또 같이 적절해서 먹는 내내 편안하다. 국밥이 쉼 없이 입으로 위장으로 넘어간다. 편안하고 자연스러운 맛이다.

경주박가국밥은 매끈한 대기업 사원 같다

연산동의 울퉁불퉁한 길 한가운데 '경주박가국밥'이 깨끗한 건물에 들어서 있다. 가게에 들어서면 입구에 커다란 솥 세 개가 보인다. 솥 세 개는 직접 국물을 우려내는 국밥집의 기본 구성이다. 하나는 사골, 또 하나는 고기 삶는 물, 그리고 나머지는 반찬용 국을 끓이는 솥이다. 솥이 더 있는 경우도 있다. 시간을 달리해 사골이나 고기를 삶아내기 때문이다.

경주박가국밥은 1999년도쯤에 생긴 신생 국밥집이지만 부산시에서 향토 음식점으로 지정한 세 군데 돼지국밥집 중 하나다. 외관처럼 깨끗하게 정돈된 실내에 앉아 국밥을 시키면 깔끔한 국밥과 반찬들이 나온다. 돼지국밥을 '야성의 맛'이라고 하는데 이곳의 돼지국밥은 매끈한 대기업 사원 같다.

국물은 설렁탕 스타일의 탁한 회색 육수를 기본으로 한다. 사골이나 내장, 살코기 등 재료에 관계없이 센 불에 오래 끓이면 이런 탁한 국물이 나온다. 국물을 마셔보니 콜라겐의 진득함이 느껴진다. 국물 속에 밥과 돼지 살코기가 담겨 있다. 살코기는 얇아서 먹기 편하지만 국 속에 담긴 밥은 뜨겁다. 잘 익은 김치와 깍두기는 나쁘지 않다.

한국전쟁 중에 서면에서 국밥집을 하던 어머님을 도우며 익힌 실력으로 늦게 시작한 국밥집이지만 외지인들에게 부산의 돼지국밥집으로 소개해도 될 만큼 깔끔한 외관과 서비스 덕에 인기가 높은 집이다. '돼지국밥=시장통'의 서민 음식이라는 등식을 벗어난 반가운 집이다.

돼지국밥집에 줄을 선 여자들

10년 전 나는 '쌍둥이돼지국밥'집에서 돼지국밥을 처음 먹었다. 돼지국밥이라는 이름이 주는 낯섦과 기이함에 대한 호기심으로 먹은 국밥은 만만찮은 상대가 나타났음을 각인시켰다. 처음 쌍둥이돼지국밥집을 찾았을 때 아이들을 데려온 아주머니들과 젊은 여자들이 길게 줄을 서 있는 모습이 무척 인상적이었다. 순댓국, 돼지국밥 같은 거친 음식을 파는 식당의 손님들은 대개 40대 이상의 남자들이기 때문이다.

10년 만에 다시 찾은 쌍둥이돼지국밥은 여전히 성업 중이다. 저녁 8시 30분이 넘었지만 실내는 만원이다. 한쪽에 자리를 잡고 실내를 돌아보니 혼자 늦은 저녁을 먹는 노인과, 아이들을 데려온 아주머니들, 연인들, 50대 아저씨들과 젊은 여자와 더 젊은 남자들까지, 온갖 나이대의 사람들이 혼자이거나 여럿이 돼지국밥과 수육을 먹거나 술을 마신다. 장터같이 소란한 분위기지만 먹는 사람들의 입가에서 미소가 떠나질 않는다.

이곳의 수육은 돼지국밥만큼이나 유명하고 독특하다. 살 곳곳에 기름이 박혀 있어 천겹살이라고 부르는 항정살 수육은 부드럽다. 정통 수육을 좋아하는 사람들은 이 집의 고급스런 항정살 수육을 비판하지만 부드러운 맛을 좋아하는 사람들에게는 많은 지지를 받고 있다.

이 집의 돼지국밥은 밥과 국이 따로 나오는 따로국밥 형태다. 열

'쌍둥이돼지국밥'은 밥과 국이 따로 나오는 따로국밥 형태다.

두 시간 이상 고아낸 국물은 뽀얀 설렁탕 스타일이다. 뽀얀 국물 위로 노란 참기름이 떠다닌다. 국물을 한 모금 마시니 깊고 진한 고기 향과 조금 진득한 식감이 난다. 고기국물이 가진 원초적인 맛과 향이 나지만 튀지 않는다. 국물 속에 제법 가득한 고기는 은근한 뒷맛을 낸다. 육수와 고기를 한두 번 먹을수록 맛 속으로 깊게 끌려 들어간다.

음식을 먹고 밖으로 나와 멀리서 가게를 바라보니 유리로 된 국밥집 안이 술렁인다. 그사이로 수육과 국밥을 들고 다니는 종업원들의 모습이 간간이 보인다. 밤이 늦도록 사람들은 돼지국밥을 쫓고 있었다.

돼지국밥의 또 다른 기원지, 밀양

구포역은 부산의 관문이다. 오래전 낙동강 물줄기를 따라 경상도 물산들이 구포나루터인 감동진으로 모이고 흩어졌다. 전라도와 경상도를 잇는 기차 노선인 부전선과 서울과 부산을 연결하는 경부선도 모두 구포역을 통과할 만큼 구포역은 교통의 요충지다.

밀양으로 가는 기차표를 끊고 역 주변을 돌아보니 1960~70년대에 터를 잡았을 가게들이 역 앞에 빼곡하다. '함안돼지국밥' '부전돼지국밥' '장수돼지국밥' '구포국밥집' 등 네 곳의 돼지국밥집이 그다지 크지 않은 역 주변을 포위하듯 빙 둘러 포진하고 있다. 한결같이 부산과 인근 지역의 이름이 붙은 가게를 보면 부산과 그 일대 돼지국밥 문화의 깊은 뿌리를 느낄 수 있다. 살랑거리는 낙동강의 봄바람에 진하고 구수한 돼지국밥 냄새가 역 주변을 배회한다.

봄바람에 밀리듯 구포역을 떠난 무궁화호 기차는 40분 만에 밀양

밀양은 부산과 더불어 돼지국밥 문화가 가장 성한 곳이자 오랜 역사를 지닌 곳이다.

역에 도착했다. 밀양역 광장은 넓다. 밀양역 앞으로 두서너 개의 돼지국밥집이 있다. 밀양은 돼지국밥의 성지 또는 발상지로 사람들 입에 오르내린다. 부산과 더불어 돼지국밥 문화가 가장 성한 곳이자 오랜 역사를 지닌 곳이다.

밀양식 돼지국밥은 밀양시가 아니라 시에서 20분 정도 버스를 타야 하는 무안면에서 시작되었다. 밀양역에서 시내버스를 타고 10분을 가면 밀양시외버스터미널이 나온다. 터미널 주변으로 서너 개의 돼지국밥집이 성업 중이다. 터미널에서 도보로 몇 분 정도 떨어진 곳에 위치한 '밀양돼지국밥'은 터미널을 이용하는 사람들이 많이 찾는다. 사골을 우려낸 국물을 판다. 돼지 육수는 뼈만을 이용하거나 뼈와 살코기를 섞거나 살코기만으로 우려낸 다양한 방식의 육수를 이용한다. 뼈만 넣으면 국물이 탁해지고 살코기만 삶으면 국물이 맑아지는 게 일반적인 특징이긴 하지만 불을 때는 정도와 시간에 따라서 국물의 탁함과 맑기는 변한다.

중국에서도 돼지와 닭고기를 이용한 육수 만들기는 요리의 기본이다. 곰탕처럼 맑은 육수는 '칭탕'淸湯이라 부르고 설렁탕처럼 하얗고 탁한 국물은 '바이탕'白湯이나 '농탕'濃湯 또는 '나이탕'奶湯이라 부른다. 그런데 맑은 국물을 만들 때는 센 불에 펄펄 끓여서는 안 된다. 물거품이 올라오지 않을 정도로 은근한 불에서 오랫동안 끓여야 맑은 국물이 나온다.

돼지국밥 삼형제

밀양돼지국밥에서 국밥 한 그릇을 먹고 무안면으로 가는 버스를 탄다. 밀양시장에서 장을 보거나 일을 마친 할머니와 아주머니들 틈에 끼어 20여 분, 서부영화 세트장을 연상시키는 큰길 양옆으로 가게들이 올망졸망 들어선 무안면에 내린다. 무안면사무소로 가는 뒷길 앞쪽에 '제일식육식당'이 있다. 오래된 간판에서 세월의 무게가 느껴진다. 식당 한쪽에 '제일식육점'이 붙어 있다. 식육식당의 특징상 고기를 사갈 수도 있고 식당에서 구워 먹을 수도 있다. 평일 오후 2시, 사람은 별로 없다. 메뉴를 보니 소국밥, 소곰탕 같은 쇠고기 메뉴가 상단을 장식하고 있다. 이 집의 유명 메뉴인 돼지국밥은 맨 밑에 적혀 있다. 소국밥과 돼지국밥의 가격이 모두 6,000원이다.

돼지국밥은 맑고 진한 국물 속에 비계가 적당히 붙은 돼지 살코기가 넉넉하게 들어 있다. 부산에서는 돼지국밥에 빠지지 않던 정구지

밀양 '동부식육식당'.
밀양의 돼지국밥에는 정구지 대신
파가 듬뿍 담겨 나온다.

가 무안면의 돼지국밥집에서는 찾아볼 수 없다. 정구지 대신 파가
나온다. 기본적으로 고기의 양이나 질이 좋다. 제일식육식당과 근처
에 있는 '동부식육식당', 길 건너편의 '무안식육식당'은 모두 쇠고기
양지로 육수를 만들고 돼지고기를 꾸미로 넣는 독특한 방식의 돼지
국밥을 만들어 판다.

　제일식육식당에서 골목을 따라 조금만 걸으면 동부식육식당이 나
온다. 밀양돼지국밥을 이야기할 때 항상 먼저 거론되는 집이다. 제일
식육식당 같은 정육점 식당이다. 돼지국밥을 시키면 맑은 국물 위로
파가 둥둥 떠다닌다. 조금 과한 양의 파가 떠 있는 국물 밑을 휘젓자

동부 · 제일 · 무안식육식당은 반경 몇십 미터 안에 옹기종기 모여
큰 욕심 없이 맛과 명성을 유지한다.

암퇘지 살코기가 하얀 속살을 내비친다. 진한 육수와 적당한 온도의 밥, 깔끔한 돼지 살코기에 시원한 파가 잘 어울린다. 부드럽게 씹히는 깍두기의 단맛과 산도도 국물과 잘 맞는다.

무안면의 돼지국밥집들은 뿌리가 같다. 두 집과 길 건너편의 무안식육식당까지 포함한 무안면의 돼지국밥집들은 밀양식 돼지국밥을 완성시킨 최성달 씨의 자손들이 운영한다. 1940년 최성달 씨가 '양산식당'이라는 식당을 시작할 때부터 지금 같은 돼지국밥을 팔아온 것으로 알려져 있다. 쇠고기 육수도 초창기부터 시작된 것이라는 게 직계 후손인 식당 주인들의 이야기다. 육수가 쇠고기라서 무안면의 돼지국밥을 돼지국밥이라고 해야 하는지에 대해서는 조금 논란이 있다.

최성달 씨의 아들인 최차생의 부인 김우금 씨가 양산식당에서 분가해 '시장옥'이라는 식당을 내면서 무안면식 돼지국밥은 분화·발전한다. 양산식당은 최차생 씨의 삼남이 이어받아 동부식육식당이라는 지금의 이름으로 바꾸고 영업을 계속하고 있기 때문에 동부식육식당을 밀양·무안면식 돼지국밥의 원조로 여긴다.

시장옥은 최차생 씨의 장남인 최수도 씨가 이어받아 무안식육식당으로 그리고 최차생 씨의 차남인 최수용 씨는 제일식육식당을 창업하여 오늘에 이르고 있다. 세 집이 반경 몇십 미터 안에 옹기종기 모여 작은 면面에서 큰 욕심을 부리지 않고 맛과 명성을 유지하며 한자리에서 영업을 하는 것과 관련이 있어 보인다.

대구식 돼지국밥의 발상지 서성로

부산과 밀양은 물론 마산과 창원, 위쪽으로는 대구까지 돼지국밥은 경상도 전 지역에 광범위하게 퍼져 있다. 대구는 육고기 문화가

돼지국밥의 원형이 그대로 살아 있는 '밀양돼지고기식당'은
대구에서 가장 오래된 돼지국밥집이다.

성행하는 도시답게 돼지국밥 명가도 많다.

손님이 없는 오후 3시, '밀양돼지고기식당'의 주인 노부부에게서
오래된 이야기를 들었다. 서성로 돼지고기골목은 대구 돼지국밥의
발상지다. 1940년대에 '서성옥'이라는 원조집이 있었다. 대구역과
쌀 도매상을 오가던 짐꾼들이 주로 들락거렸고 공구상가가 옮겨오
자 노동자들이 많이 이용했다. 1950년대 중반에 영업을 시작한 돼
지고기골목의 터줏대감인 '밀양돼지고기식당'은 현재까지 확인된
가장 오래된 대구의 돼지국밥집이다. 이 집은 가게만 오래된 것이
아니다. 돼지국밥의 원형이 그대로 살아 있다.

돼지국밥 한 그릇이 나온다. 노란색이 감도는 탁한 국물에 돼지 한

마리를 고스란히 사용하기 때문에 고기는 여러 부위가 골고루 섞여 있다. 고기가 투박하게 썰려 있는 것도 이 집만의 고기 써는 법이다. 육수는 등뼈·돼지족·사골·정강이 등 머리를 제외한 돼지의 거의 모든 뼈를 넣고 끓여낸다. 고기국물은 48시간 정도 끓인 것을 사용하는데 20시간 전후의 우유같이 뽀얀 색이 감도는 구수한 고기국물이 가장 맛있다고 한다. 20시간 이전의 국물은 시원하지만 심심하고 이후의 국물은 맛이 탁해지고 국물 색이 노랗게 변한다.

창업 후 11년간 식당을 운영한 아버지에게 가게를 물려받은 현 주인이 영업을 시작한 지도 48년이 넘었다. 도합 59년이 넘는 긴 세월이다. 뼈를 기본으로 하는 국물과 여러 부위의 살코기를 섞어 국물을 내는 방법은 돼지머리를 이용한 돼지국밥과 더불어 돼지국밥의 원형에 해당한다. 반찬은 창업 때부터 지금까지 새우젓·된장·고추·마늘·김치만을 사용한다. 1960년대까지는 돼지국밥에 우동을 말아 낸 음식이 인기가 높았다. 1980년대까지는 지금은 경상도에서는 거의 사라진 대창에 선지를 넣은 피순대를 직접 만들어 팔았다. 경상도 돼지국밥집의 단골 반찬인 정구지는 1990년대까지는 대구에서는 먹지 않았다고 한다. 입맛이 바뀌면서 음식도 변한다.

창업 때부터 지금까지 변하지 않은 건 돼지를 통으로 사다가 직접 손질해서 사용한다는 것이다. 머리와 내장을 제거한 이분도체 돼지 중 가장 작은 45~55kg 사이의 암퇘지가 수육과 국물을 내는 데는 최고라고 한다. 구하기도 힘들고 가격도 비싸지만 초창기부터 거래한 경매인들을 통해 직접 구입한다. 몸집은 작지만 비계가 적고 부드러운 살코기 때문에 이런 돼지고기를 끓을 수 없다고 한다.

하지만 세월의 흐름을 이 집이라고 비껴갈 수는 없다. 10년 전부터 대구의 쇠고기따로국밥의 영향을 받아 따로 밥을 파는 '따로돼지국밥'이 유행하면서 이 집도 따로(돼지)국밥을 판매하고 있다. 1950년대 중반에 시작한 가게는 자리를 한 번도 옮기지 않았다. 가게 안에는 두 가게를 튼 자국이 그대로 남아 있다. 1950년대 가게를 시작할 무렵 주변에는 돼지국밥집이 다섯 군데 있었고 전성기 때는 10여 군데가 넘었지만 지금은 수육으로 유명한 '8번식당'과 '이모식당' 세 곳만 남아 있다. 공구상가의 저녁은 휑하다.

대구 최고의 인기 돼지국밥집

대구 비산동에 있는 '신마산식당'은 대구에서 손님이 가장 많은 돼지국밥집 중 하나다. 입구는 좁은 편이지만 안은 넓다. 점심시간이 조금 지난 시간에도 사람들이 식당에 가득하다. 4,000원의 돼지국밥 가격은 경상도에서도 가장 싼 편이다.

메뉴판 맨 위에 있는 '고기밥'을 시키면 삼겹 수육 한 접시와 국물이 밥과 함께 나온다. 부산의 수백과 같은 메뉴다. 쫀득거리는 껍질과 살코기의 조화도 비교적 좋다. 돼지국밥을 시키면 얇고 날렵한 그릇에 구수한 국밥 한 그릇이 넘치기 직전까지 담겨 나온다. 국물 위에 가득한 고기와 파, 양념장이 밥 위에서 넘실거린다. 저렴한 가격에 푸짐한 양과 깔끔한 맛이 이 집을 대구의 돼지국밥 명가로 만들었다. 비산동에는 신마산식당과 더불어 좀더 비싸고 고급스런 '시골돼지국밥'도 유명하다.

봉덕시장 돼지국밥골목과 된장 돼지국밥

대구에는 돼지국밥골목이 몇 군데 있다. 가장 대표적인 곳이 봉덕

저렴한 가격에 푸짐한 양과 깔끔한 맛이 '신마산식당'을
대구의 돼지국밥 명가로 만들었다.

봉덕시장의 돼지국밥은 국물은 매운맛과 단맛이 동시에 나지만
된장을 기본으로 하기에 된장국 같은 맛이 난다.

시장 돼지국밥골목이다. 전쟁이 끝난 직후 미군부대 주변에 자연스
럽게 만들어진 시장은 여전히 건재하다. 1970~80년대의 전성기가
지나고 지금은 재래식 시장이라는 말이 너무나 잘 어울릴 정도로 오
래된 모습을 간직하고 있지만 여전히 시장을 이용하는 사람이 많고,
구제물품이나 외국물품을 파는 가게도 있다. 시장 한쪽에는 돼지국
밥골목이 있다.

　'삼정돼지국밥'은 골목의 터줏대감이다. 가게 앞에 커다란 솥이
몇 개 있다. 솥을 여니 돼지머리 세 개가 하늘을 향해 코를 들어올리
고 있다. 돼지머리를 이용하는 것은 초창기 돼지국밥집들의 공통된
특징이다. 부산과 마찬가지로 실향민들은 살코기를 이용한 맑은 국
물을 사용했다. 저렴한 돼지머리는 서민을 위한 최적의 부위였다. 부

전쟁이 끝난 직후 미군부대 주변에 자연스럽게 만들어진 시장은 여전히 건재하다.
'삼정돼지국밥'은 시장 골목의 터줏대감이다.

산에서는 돼지머리를 이용한 돼지국밥 만들기가 사라져가고 있지만
대구에서는 성행 중이다.

　국밥이 나오기 전 다리를 없앤 꽃무늬 선명한 양은개다리소반에
반찬이 먼저 담겨 나온다. 부산을 점령하고 대구로 확장 중인 정구
지는 없다. 돼지귀가 나오는 것도 이 집만의 특징이다. 오돌거리는
졸깃한 돼지귀를 다 먹을 무렵 맑고 경쾌한 국물에 된장과 다대기가
얹혀진 돼지국밥이 나온다. 돼지머리는 다양한 식감과 맛을 볼 수

있는 부위다. 쫄깃한 볼살과 뒷머리살, 껍질을 한 번에 맛볼 수 있다. 얇게 썬 고기는 토렴한 밥과 함께 국물과 잘 섞여 있다. 구수한 된장 국물과 고춧가루와 마늘을 간 다대기 덕에 국물은 매운맛과 단맛이 동시에 나지만 된장 때문에 기본적으로 된장국 같은 맛이 난다. 봉 덕시장의 돼지국밥집들은 한결같이 된장을 기본으로 한다. 옆자리 의 아저씨 두 명이 돼지국밥에 소주를 곁들인다. 돼지국밥은 한 끼 식사이자 안주다.

1970~80년대, 미군부대에서 흘러나온 PX 물품으로 흥청거릴 때 시장 사람들과 주변 노동자들이 국밥골목의 단골손님이었다. 지금 은 택시기사나 대리기사들이 새벽에 주로 찾는다. 삼정돼지국밥 앞 에 있는 '한양집'은 24시간 운영한다. 주인 할아버지는 새벽 3시부 터 오후 1~2시까지, 할머니는 그 나머지 시간을 지킨다. 돼지국밥이 서민들을 위한 투박한 먹거리로 시작된 것임을 봉덕시장의 돼지머 리국밥이 말해준다.

그러나 된장을 기본으로 한 돼지머리국밥은 봉덕시장이 처음 시 작한 게 아니다. 대명동에 있는 '파크국밥'은 대구 토박이들이 가장 좋아하는 돼지국밥집 중 하나다. 돼지국밥 중 유일하게 영어 이름이 붙은 파크국밥의 '파크'는 40년 전 장사를 처음 시작한 식당 옆에 있던 파크맨션에서 따온 것이다.

노란 국물 위로 붉은 다대기가 올려져 있지만 된장이 기본이다. 맑 고 경쾌한 국물과 쫄깃한 고기, 토렴한 밥이 잘 어울린 돼지국밥은 처음부터 마지막까지 한결같은 맛을 낸다. 중간에 정구지를 넣으면 국밥은 시원해지고 경쾌해진다. 4년 전부터 팔기 시작한 따로돼지 국밥은 젊은 사람들 때문에 생겨난 문화다. 대구의 명물 음식인 따

'파크국밥'은 대구 토박이들이 가장 좋아하는 돼지국밥집 중 하나다.
노란 국물 위로 붉은 대대기가 올려져 있지만 된장이 기본이다.

로국밥의 영향도 어느 정도 있지만 손님이 먹다 남은 밥을 넣어주는
극소수의 불량식당들 때문에 생긴, 불신이 만들어낸 씁쓸한 음식 문
화다.

경상도 돼지국밥은 남자들만의 음식이 아니다

공업 도시가 된 창원이 빠르게 성장해 마산을 흡수하고 진해마저
통합해 통합 창원시가 탄생했다. 마산은 일제강점기 조선의 '나다'灘
로 불리던 사케의 중심지였고 몽고간장 같은 간장 명가가 여전히 자

리 잡고 있는 미식의 도시다. 오래된 가게도 많다. 마산에서 가장 큰 돼지국밥집인 '종가돼지국밥'은 24시간 영업한다.

이른 아침, 종가돼지국밥집의 손님은 나 혼자다. 사골로 끓여낸 탁한 국물은 진하고 진득하다. 얇은 고기가 제법 많이 담겨 있다. 따로국밥은 요즘 대세다. 따로국밥이 전통적 방식은 아니지만 장점도 있다. 국에 담긴 밥은 전분을 쉼 없이 뿜어낸다. 국물이 줄어들수록 전분의 단맛과 탁한 맛이 맛의 균형을 깬다. 따로 먹는 것은 그럴 염려가 없다. 부산과 대구에서는 볼 수 없었던 소금이 탁자에 놓여 있다. 마산의 유명한 돼지국밥집에서는 석쇠불고기를 파는 경우가 많다.

마산 산호동 주민센터 옆으로는 돼지국밥집이 몇 군데 있다. 30년을 넘긴 '소문난국밥수육집'의 손님은 남녀노소 고르게 분포되어 있다. 부산과 경상도의 돼지국밥은 남자들만의 음식이 아니다. 가장 일반적인 대중식이다. 돼지국밥은 뚝배기에 먹는다는 암묵적인 공식을 뒤집고 커다란 스테인리스 그릇에 고기와 국물을 가득 담아준다. 옆자리의 젊은 여자 두 명은 국물을 리필해서 먹는다. 탁하고 진한 국물에 두툼한 머릿고기와 일반 고기가 가득 담겨 있다. 된장맛이 중심이 된 양념장 덕에 국물은 구수하지만 고춧가루 때문에 매운맛이 뒷맛으로 남는다.

진해에서 찾은 돼지국밥의 가능성

진해 석동에는 돼지국밥집이 몇 군데 있다. '상남국밥'을 가는 길에 놀라운 광경에 압도되었다. 목욕탕 건물 굴뚝에 커다랗게 쓴 '소문난밀양돼지국밥'이라는 문구가 파란 하늘에 선명하다. 강력한 인상 때문에 취재 리스트에도 없던 가게로 들어선다. 아침 10시에도 사

'소문난국밥수육집'에서는 돼지국밥은 뚝배기에 먹는다는 암묵적인 공식을 뒤집고 스테인리스 그릇에 국밥을 담아준다.

람이 많다. 아주 특별한 맛은 아니지만 맛이 없는 것도 아니다. 4년 전에 목욕탕을 개조한 이 집의 성공은 외관의 영향을 많이 받은 것처럼 보인다.

　진해 중앙시장 돼지국밥골목은 가장 오래된 '가덕집'이 있는 작은 돼지국밥골목과 1980년대 초반에 형성된 시장 중앙로 돼지국밥골목으로 양분되어 있다. 시장 상인들과 군인들이 주 고객이었다. 1980년대 초에 장사를 시작한 '일미식당'은 돼지머리만을 이용한 돼지국밥을 낸다. 1924년 발간된 『조선무쌍신식요리제법』에는 "대가리가 으뜸이 되는 것은 껍질과 귀와 코가 다 각각 맛이 좋기" 때문

목욕탕 건물 굴뚝에 씌어진
'밀양국밥'이라는 문구에
이끌려 취재 리스트에도 없던
가게로 들어선다.(위)
진해 '일미식당'.
돼지머리 뒷통살의 식감은
항정살과 견줄 만하고 졸깃함은
돼지볼살과 맞먹는다.(아래)

이라고 적혀 있다.

입구에서 돼지머리를 손질하고 있다. 털을 깨끗하고 깔끔하게 제거한 덕에 돼지머리는 다른 살코기 부위보다 맛있어 보인다. 재료에 대한 이해가 깊고 하루에 100그릇만 팔겠다는 우직함은 물론 맛에 대해 자부심이 강한 식당이다. 돼지머리 뒷부분에 있는 쫄깃한 살코기인 뒷통살은 한 마리당 400g 정도밖에 안 나오는 희귀한 부위다. 쫄깃함은 돼지볼살과 맞먹고 식감은 항정살과 견줄 만하다. 돼지머리로 우려낸 국물을 식혀 12시간을 숙성시킨 후 내놓는 육수는 깔끔하면서 깊다. 쫄깃거리는 돼지머리 비계와 뒷통살의 식감이 일품이다.

돼지머리를 고르고 손질하고 요리하는 것이 모두 프로의 솜씨다. 돼지국밥의 원형에 해당되는 돼지머리를 이용한 돼지국밥이 사라져가는 와중에 진해의 작은 시장에서 새로운 가능성을 만났다. 돼지국밥의 선한 진화가 반갑다.

감자탕에 소주 한잔,
그때 그 시절

"1975년 대학로에서 관악산 중턱으로 옮겨간 서울대생들은
산 밑의 벌판을 나와 지금 봉천역 주변의 녹두거리로 몰려들었다.
당시 유일했던 술집인 '녹두집'에서는 감자탕과 함께
동동주나 소주를 팔았다. 학생들은 이곳에 모여 토론하고
학습하고 조직했다. 학생들이 몰려들자
'일미집' '청벽집' '초가집' '달구지' 같은 주점들이 들어섰고
학생들은 이곳을 녹두거리라 불렀다. 녹두거리는 학생들에게
'서울대 제2캠퍼스'라는 별칭까지 얻었다. 당시 이곳을 번질나게
드나들던 학생들의 한결같은 증언은 가난한 시절 그들의
허기를 채운 건 바로 감자탕이었다는 것이다."

감자탕의 탄생

감자탕 기원설은 설렁탕에는 못 미치지만 양에 있어서는 결코 뒤지지 않는다. 감자탕 설화는 신라 시대로 거슬러 올라간다. 당시 돼지고기를 즐겨 먹던 전라도 사람들이 돼지등뼈 속에 있는 골수를 '감자'라 부르면서 '감자탕'이라는 이름이 붙었다는 것이다. 이 정도 상상력이면 창조적인 면에서는 높이 사줄 만하다. 물론 근거가 되는 자료나 정확한 증언은 물론 전라도에서 돼지등뼈를 즐겨 먹었다는 기록은 없다. 돼지골수를 감자라고 부르는 경우도 없다. 사실 돼지고기는 한민족이 즐겨 먹던 고기가 아니었다. 20세기 초반까지 한반도의 재래 돼지는 지금 돼지와는 완전히 다르게 아주 작았다. 요즘 도축 돼지가 120kg인 데 비해 당시 돼지는 다 자라도 20~50kg 정도밖에 안 되는 미니돼지였다.

최근 감자탕 인천설이 새롭게 등장했다. '한동길 감자탕'이라는 감자탕 체인점에서 시작된 이야기다. 전라북도 순창에서 한약방을 운영하던 한의사의 아들인 한동길이라는 사람이 동학농민운동에 휘말려 인천으로 이주한 뒤 경인철도에서 일하게 된다. 끼니를 거르는 노동자들을 위해 한동길이 시래기와 감자, 돼지뼈를 이용한 탕국을 만들어 인기를 얻자 1900년 한강철교 공사가 진행 중이던 노량진 근처에 함바를 열고 운영을 시작하면서 감자탕의 역사가 본격적으로 시작되었다는 것이다. 하지만 인천의 감자탕 기원설은 증언에만 의지하고 있는 한계가 있다.

감자탕이라는 말 자체는 아무리 자료를 뒤져봐도 1970년대가 넘어가면서 나타나고 본격적으로 사용된 것은 1990년 이후부터다. 감자탕이라고 가장 많이 부르지만 감잣국, 뼈해장국, 뼈다귓국, 뼈다귀탕, 뼈다귀해장국 등으로도 쓰인다. 감잣국과 감자탕은 같은 음식이다. 감잣국이 먼저 쓰이고 감자탕이 나중에 사용됐다. '탕'湯은 '국'의 한자어 표기다. 탕은 국을 높여 부르는 말로 사용하는 경우가 많다. 감잣국보다는 감자탕이 좀더 강한 인상을 주면서 고급스러운 분위기를 풍기는 것은 사실이다. 남한에서는 탕과 국을 구별하지 않지만 북한에서 탕은 국에 비해 국물이 적고 건더기가 많은 것을 말한다.

감자탕의 조상으로 생각되는 음식은 뼈다귓국이다. 뼈다귓국에 관한 기록은 오래된 조리서에는 거의 등장하지 않는다. "변장출동 임시 OO 되여본 기"變裝出動 臨時 OO 되여본記라는 『별건곤』 1927년 10월 1일자 기사에는 추탕鰍湯집 머슴으로 이틀 동안 더부살이한 기자의 체험기가 실렸는데 거기에 "아침 해장거리의 뼈다귓국"이 등장한다. 추어탕과 제육불고기를 파는 집임을 감안하면 여기에 등장하는 뼈다귓국은 돼지뼈다귓국일 확률이 높다.

감자는 일제가 한반도에 적극적으로 농사를 권장한 작물이었다. 강원도, 함경도처럼 작물이 자라기 어려운 환경에서도 잘 자라고 쪄서 먹거나 전분으로 만들어 먹을 수도 있고 알코올로도 만들 수 있는 감자는 매력적인 작물이었다. 특히 1939년 일본이 제2차 세계대전에 참여하면서 식량 부족 현상이 발생하자 감자는 전 국민이 먹을 수 있는 최고의 식량으로 선전된다.

지금의 감자탕과 매우 흡사하게 감자와 돼지뼈를 이용한 요리는 개성 출신의 동화작가이자 당대 최고의 미식가로 유명했던 마해송 선생이 1957년에 쓴 『요설록』饒舌錄에 등장한다.

나는 가끔 견지동 따귀집에 간다. 전에는 동태 대가리집도 있었는데 없어지고 따귀집만은 여전하다. 김하등 병원 골목에 납작한 판자집이다. 돼지 뼉다귀와 무우나 감자를 푹 삶았다기보다 고왔다는 것이 좋을 만큼 삶은 국물에 약주藥酒가 좋다. 뼈를 빨면 고소한 뼈물이 이를 바 없다. 돼지족발도 있다.

뼈다귓국을 좋아했던 마해송 선생은 1958년 6월 29일자 『동아일보』 기사에 "따귀집이 더 좋다. 돼지뼉다귀 살점 다 긁어버린 뼈다귀만 여름이면 감자하고 삶는다기보다 곤 국물 한 뚝배기에 오십 환 약주가 장안 제일일 게다"라고 적고 있다. 따귀가 지금의 감자탕과 같은 음식임을 알 수 있다.

최근 감자탕에 들어가는 돼지뼈에 붙은 수북한 살은 감자탕이 대중화된 이후의 일이다. 예전에는 뼈에 붙은 살코기를 먹는 것이 아니라 뼈를 빨면 그 속에서 나오는 국물을 먹었다. 감자탕은 부자들을 위해 발라진 살코기 쓰레기로 남은 동태머리나 따귀 같은 돼지 부속물을 먹고 살아야 했던 가난한 시절의 자화상이다. 고은 선생의 자전소설인 『나의 산하 나의 삶』에는 "(전후에 문인들과 명동 등을 다니며) 안수길은 술을 별로 마시지 않지만 돼지뼉다귀 우린 감잣국 건데기는 아주 좋아하며"라는 대목도 나온다. 1950년대 중반에 감자탕은 이름은 다르게 불렸지만 적어도 대중적인 음식으로 인기를 얻었던 것이다.

감자탕도 술안주뿐만 아니라 밥반찬으로 특별한 맛이 있다. 통감자와 돼지고기뼈를 썰어 넣고 곰탕 고듯 푹 고아서 소금장이나 양념장을 곁들이면 한결 부드러운 영양식이 된다.

• 『경향신문』 1972년 11월 3일

'서울대 제2캠퍼스' 녹두거리 감자탕

싼값에 고기맛과 감자의 포만감을 동시에 맛볼 수 있는 감자탕집은 1970년대 말부터 80년대 초·중반까지 대학생들에게는 토론장이고 학습장이었다. 1970년대 말에서 80년대 중반까지의 대학가는 '조직과 이념의 시대'였다. 1975년 대학로에서 관악산 중턱으로 옮겨간 서울대생들은 산 밑의 벌판을 나와 지금 봉천역 주변의 녹두거리로 몰려들었다.

당시 유일했던 술집인 '녹두집'에서는 감자탕과 함께 동동주나 소주를 팔았다. 학생들은 이곳에 모여 토론하고 학습하고 조직했다. 학생들이 몰려들자 '일미집' '청벽집' '초가집' '달구지' 같은 주점들이 들어섰고 학생들은 이곳을 녹두거리라 불렀다. 녹두거리는 학생들에게 '서울대 제2캠퍼스'라는 별칭까지 얻었다. 당시 이곳을 번질나게 드나들던 학생들의 한결같은 증언은 가난한 시절 그들의 허기를 채운 건 바로 감자탕이었다는 것이다.

1984년 학원자율화조치 이후 대학생 과외가 허용되자 서울대생들의 지갑도 두둑해졌다. 1987년 직선제 쟁취와 민주화로 대학생들의 운동 열기는 점차 사그라들었다. 녹두거리의 대폿집들은 맥줏집이나 카페에 밀려 하나둘씩 사라졌다. 1986년 거리 이름이 됐던 녹두집도 문을 닫았다. 이후 대폿집과 감자탕 문화도 사라졌다. 녹두거리의 감자탕의 생성과 소멸은 감자탕이 가진 성격을 그대로 보여준다. 감자탕은 투박한 이름과 거친 차림새에서 보여지는 것처럼 고기 문화의 본격적인 시작과 배고픔을 해결하기 위해 마지막에 등장한 독특한 음식 체계다. 이런 과도기를 거쳐 1990년대에 보통 사람들의 가장 대중적인 음식으로 자리 잡게 된다.

감잣국의 시작점, 돈암동 감잣국골목

나는 안암동에서 초등학교를 나와 그 동네를 벗어난 적이 없다. 성년이 되면서 친구들과 돈암동 감잣국집을 자주 들락거렸다. 2014년 5월 어느 날, 초등학교 동창 넷이 오랜만에 돈암동 '태조감자국'을 찾았다. 돈암동 감잣국골목은 1980년대가 전성기였다. 대여섯 곳의 감잣국집들이 원조元祖와 태조太祖 논쟁을 벌이며 치열하게 경쟁하던 시절이었다. 시장 골목은 밤이면 허기와 취기의 욕망이 넘치는 젊은이들로 가득했다. 요즘은 깨끗하고 깔끔한 것들을 더 좋아하게 되면서 돈암동 감잣국집들도 하나둘 사라져 지금은 두 곳만 남았다. 들어가는 재료가 조금 변한 것 이외에는 당시나 지금이나 크게 달라진 것은 없다.

1958년에 창업한 '태조감자국'은 현존하는 대한민국 최고령 감자탕집이다. 외식에 대한 다양성이 존중되면서 최근 태조감자국에는 멀리서 찾아오는 젊은 미식가가 많아졌다. 그들 틈에 앉아 중년이 되어버린 남자 넷이 감잣국을 먹었다. 감잣국과 함께 소줏잔과 맥줏잔이 빠르게 비어갔다. 최근 이야기는 짧고 옛 추억은 길었다.

서울이 본격적으로 팽창할 무렵과 감자탕의 전성기는 겹친다. 1960년대 말부터 본격화된 돼지고기의 일본 수출은 감자탕 문화에도 큰 영향을 미친다. 일본 수출이 불가능한 돼지등뼈는 저렴한 가격으로 시중에 넘쳐났다. 한 점의 살코기라도 더 발라내려는 발골사

외식에 대한 다양성이 존중되면서 최근 '태조감자국'을
찾아오는 젊은 미식가가 많아졌다.

들의 피나는 노력도 뼈와 뼈 사이에 숨은 살코기는 손댈 수 없는 가난한 자들을 위한 성역이었다. 뼈 안쪽에 있는 골수는 국물맛을 깊게 만들었다.

가난한 식당 주인들은 자신들만큼 가난한 사람들의 욕망을 알고 있었다. 사람들은 뼈 사이사이에 붙은 살코기와 등뼈 안쪽에 웅크린 골수를 발라먹거나 빨아먹었다. 팽창하는 서울의 외곽 주변과 그 너머에서 서울로 진입하려는 가난한 사람들에게 싸고 푸짐한 감자탕은 매력적인 음식이었다. 하남·구리에서 서울로 오는 관문인 천호동과 파주·원당으로 넘어가는 관문인 응암동, 부천과 인천으로 가는 길목인 영등포에 감자탕골목이 번성한 것은 다 같은 이유다.

버스터미널과 재래시장이 있는 곳이면 어김없이 가난한 사람들이 운영하는 감자탕집이 있었다. 영등포가 본격 개발되면서 영등포시장의 감자탕골목은 사라졌다. 하남과 구리가 대도시처럼 커지고 서울 중심부와의 연결이 좋아지면서 천호동 감자탕골목도 잊혀가고 있다. 감자탕하면 제일 먼저 떠오르는 응암동 감잣국거리도 1990년대에 전성기를 지났다. 감자탕은 여전히 서민의 음식으로 남아 있지만 더 이상 가난한 사람들만의 음식은 아니다. 프랜차이즈들이 빠르게 그 자리를 메우면서 음식의 재료들은 풍부하고 다양해졌다.

규제를 통해 자유를 누린 응암동 감잣국거리

응암동 감잣국거리는 1980년 초에 시작됐다. 지금의 감잣국거리 뒤에 있는 대림시장에서 시작된 감잣국이 인기를 얻자 전문적으로 감잣국을 파는 가게가 잇달아 들어섰다. 응암동 감잣국집이 번성하게 된 것은 규제 때문이었다. 1980년 통금은 해제됐지만 식당들의 심야 영업은 제한을 받았다. 응암동 감잣국집들은 커튼을 치고 심야 손님들을 받았다. 통금의 해방감에 취한 사람들은 금기의 흥분이 남아 있는 감잣국집에서 밤을 새우며 통제된 자유를 누렸다. 1990년대 응암동 감잣국거리에는 열세 군데 정도의 감잣국 전문점이 불야성을 이루었다. 하지만 응암동 감잣국거리라는 간판이 무색하게 지금의 감잣국거리에는 네 곳의 가게만 남아 있다.

이곳에서 제일 처음 장사를 시작한 것으로 알려진 '대림감자국'은 여전히 영업 중이다. 쑥갓·깻잎·배추·대파 같은 생야채가 감잣국을 고봉처럼 수북하게 덮고 있다. 그 안으로 두툼한 살코기가 붙은 돼지뼈와 감자가 들어 있다. 응암동 감잣국이 유명해진 데는 다른 지역의 감자탕 돼지등뼈에 살코기가 거의 없을 때 살코기가 많이 붙은 고기를 준 것이 한몫했다. 지금은 수입산은 물론 국내산도 살코기를 듬뿍 붙여 정형을 하기 때문에 푸짐한 살코기는 상향평준화되었다.

돼지등뼈는 대개 한 시간 정도 물에 담가 핏물을 제거한다. 냄새를 제거하는 것이 감자탕 기본기의 8할을 차지한다. 응암동 감잣국거리의 가장 큰 특징은 생야채가 듬뿍 들어가 개운하고 시원한 국물이 방점을 찍는다. 뼈 사이에 든 살코기를 잘 발라먹지 못하는 내게 감자탕은 고난도에 속하는 음식이다. 뼈를 쩍쩍 뜯어내거나 능숙한 젓가락질로 뼈 사이를 분리해내는 기술은 여전히 귀찮고 어렵다. 살코기가 많이 붙었지만 그래도 감자탕의 돼지등뼈에는 뼈가 많다. 감잣국이 줄어갈수록 뼈가 탑처럼 쌓인다. 뼈의 탑을 보고 혹자는 농담삼아 공룡등뼈라고 부른다.

돼지등뼈는 돼지고기에서 가장 쓸모없는 부위지만 고기를 품고

응암동 감잣국이 유명해진 데는 다른 지역의 감자탕 돼지등뼈에
살코기가 거의 없을 때 살코기가 많이 붙은 고기를 준 것이 한몫했다.

있는 마지막 보루다. 지금은 사라진 영등포 감자탕거리의 식당들은 뼈를 특히 중요하게 여겼다. 영등포 감자탕집을 주로 이용하던 가난한 노동자들은 뼈를 좋아했다. 뼈에 붙은 살로 단백질을 보충하고 푸짐한 감자로 전분을 섭취했다.

멀고 아름다운 동네로 가는 고갯길

서울의 감자탕 문화가 절정을 지날 무렵 서울의 위성도시에서는 감자탕 문화가 꽃피우기 시작한다. 부천 원미동遠美洞은 '멀고 아름다운 동네'였다. 양귀자의 연작소설 『원미동 사람들』 때문에 많은 사람들이 원미동을 기억한다. 원미동은 주변에 있는 원미산에서 따온 이름이다. 산을 중심으로 작은 언덕들이 있는 아름다운 동네는 1980년대 서울이 본격적으로 개발되면서 서울에서 밀려난 사람들이 모여들었다. 원미산으로 가는 대표적인 고개였던 조마루에 사람들이 몰려들고 원미구청이 들어서자 상가들이 생겨났다.

원미동 조마루 사거리에서 조마루로 가는 언덕 입구에는 커다란 감자탕집이 두 군데 있다. 전국에서 가장 유명한 감자탕 체인인 '조마루해장국' 본점과 '청기와뼈다귀해장국' 본점이 길을 마주하고 서 있다. 감자탕은 감자를 넣은 감자탕과 감자가 들어가지 않은 뼈다귀해장국으로 나뉜다.

조마루해장국이 일반인에게 더 유명하지만 청기와뼈다귀해장국은 1988년에 조마루해장국보다 1년 먼저 장사를 시작했다. 가게 안에는 뼈해장국, 뼈전골 같은 메뉴가 붙어 있다. 뼈전골을 시키면 커다란 뼈 위에 들깨·다진 마늘·다대기를 얹고 다시 그 위로 깻잎과 우거지가 수북이 쌓인 전골이 나온다. 국물은 된장을 기본으로 한다.

원미동에는 '조마루해장국'과 '청기와뼈다귀해장국' 본점이 길을 마주하고 서 있다.

구수한 된장국물 속에서 뼈와 야채와 양념이 섞이지만 다른 감자탕처럼 자극적이지 않고 순하고 편하다. 소설 『원미동 사람들』의 쓸쓸한 현실은 뼈다귀해장국과 닮았다.

부드러운 시래기와 얼큰한 국물이 일품인 원당 뼈해장국

서울의 서북 끝을 지나면 드넓은 고양시가 나온다. 부천과 마찬가지로 감잣국으로 유명한 지역인 원당의 감자탕 문화도 1988년에 시작된다. 우연이 몇 번 반복되면 필연이 된다.

조선 시대 이 땅은 사냥터이자 왕릉의 집합처였다. "원당동에는 희릉·효릉·예릉의 '서삼릉'이 있고, 용두동에는 창릉·익릉·명릉·경릉·홍릉의 '서오릉'이 왕실족분을 이루고 있으며, 신원동 능골마을에 월산대군묘가 있다"는 기록이 있다.

왕릉 때문인지 원당은 발전이 더딘 땅이었다. 1980년대 들어 서울이 커지면서 고양과 원당에는 본격적으로 신도시가 들어서기 시작한다.

1980년대 중반 원당에는 택시와 버스 차고지들이 제법 있었다. 1988년 화교 출신의 창업주 마건현 씨는 택시 차고지 주변에서 '원당헌'이라는 백반집을 시작한다. 감자가 들어가지 않은 맑은 국물에 강한 맛을 내는 뼈해장국은 기사들에게 커다란 인기를 얻으며 원당식 뼈해장국 문화를 탄생시킨다. 현재는 감자탕도 팔고 있지만 이집의 중심 메뉴는 뼈해장국이다. 팔팔 끓인 뼈해장국이 뚝배기에 담겨 나온다. 뜨겁지만 맑고 얼큰한 국물은 한국인이 좋아할 만한 것들을 대부분 포함하고 있다. 국을 먹다보면 단맛과 감칠맛이 은근하게 배어 나온다. 직접 담근 된장에서 나오는 맛이다. 시래기는 부드럽다. 몇 번의 탈수를 거쳐야 만들어지는 식감이다. 뼈에 붙은 고기가 퍽퍽하지 않고 탄력감이 느껴진다.

초창기부터 10년 전까지는 국내산 돼지등뼈를 마장동에서 사다썼지만 최근에는 수입산을 사용한다. 돼지등뼈를 수입하기 시작한것은 10년 전이었다. 국내산 돼지는 삼겹살에 비육의 모든 초점이맞춰져 있다. 원당헌 대표는 몇 년 전부터 돼지등뼈의 맛이 조금 변했다고 한다. 국산뼈에서는 진한 육수가 잘 나오지 않는다는 것이다. 돼지등뼈는 위뼈와 아래뼈의 맛 차이가 좀 나는 편이다. 위뼈가 국물이 진하고 고기맛도 좋다. 원당헌은 위뼈만을 사용해 뼈해장국을 끓여낸다.

사람들의 입맛이 순해지면서 원당헌 뼈해장국의 맛도 약해졌다.

화교 출신이 운영하는 '원당헌'은 감자가 들어가지 않은
맑은 국물의 원당식 뼈해장국 문화를 탄생시켰다.

부드러운 시래기와 보들보들한 돼지등뼈살과 개운한 국물은 밥이나 술에 잘 어울린다. 설렁탕에 깍두기가 어울리는 것처럼 이 집에서는 겉절이 김치가 뼈해장국의 조연 역할을 한다. 원당헌이 성공한 후 원당과 고양에는 원당식 뼈해장국이나 감자탕집이 생겨나고 번성하고 있다.

치킨과 통닭

별에서 온 치맥

"전기구이 조리기 안에는 닭들이
도열한 채 노랗게 익어가고 있었다.
천천히 돌아가는 쇠막대에 걸린 닭들의 모습은
회전목마에 앉은 공주처럼 우아하고 아름다웠다.
익어가는 닭에서 기름이 떨어질 때마다
어린이나 어른 할 것 없이 넋이 나갔다.
전쟁이 끝나고 인구는 폭발적으로 늘어났지만
먹을 것이 없던 시대에 통닭들의
군무群舞는 영화처럼 비현실적이었다."

밀양으로 면회가는 부모님들의 필수품 '장성통닭'

밀양은 부산과 가깝고 대구와도 멀지 않다. 경상도 두 거대 도시 사이에 위치한 밀양은 인구 10만을 갓 넘은 작은 도시지만 무궁화호 열차는 물론 KTX까지 정차하는 혜택을 누리고 있다. 기와 모양의 포근한 밀양역사를 나서면 광장은 영화처럼 비현실적인 공간을 만들어낸다. 기차 시간에 맞춰 서 있던 시내버스들이 승객들을 싣고 빠르게 사라진다. 광장에 남은 몇몇 사람은 대개는 밀양을 처음 찾는 외지인들이다.

밀양역 오른쪽으로 가게들이 길게 늘어서 있다. 이 가게들은 영남루가 보이는 다리까지 이어진다. 밀양은 커다란 S자 모양의 강줄기가 땅을 두 번 가르는 물의 도시다. 영남루는 그 강 사이의 언덕에서 수백 년간 밀양을 멋과 인문의 공간으로 만들어낸 주인공이다. 역에서 나와 오른쪽으로 걸으면 두 군데 돼지국밥집이 여행자들을 맞는다. 대구에서 밀양을 거쳐 부산과 마산까지 경상도의 남쪽 땅은 돼지국밥 문화권이다. 가게에 들어서서 주문을 하면 뚝딱 한 그릇 말아주는 돼지국밥은 시간이 없는 여행객들에게 제격인 음식이다.

하지만 밀양에는 수십 개의 돼지국밥집과 겨뤄도 조금도 밀리지 않을 '장성통닭'이 있다. 돼지국밥을 서너 끼 먹은 후라 부담스러웠지만 장성통닭을 두고 밀양을 떠나기가 어려웠다. 장성통닭은 밀양 출신의 군인이라면 잊을 수 없는 추억의 음식이다. 면회 가는 부모들 손에 장성통닭은 기차표와 같은 필수품이었다.

오후 5시 30분, 가게로 들어서서 주문을 하자 통닭을 튀기기 시작한다. '치지직', 통닭이 기름에서 튀겨지는 소리가 먼 기차소리처럼 아득하게 들린다. 10여 분이 넘어서야 통닭이 나온다. 김이 모락모

'장성통닭'에서는 김이 모락모락 나는 뜨거운 통닭을
손님상에 가져와 손으로 죽죽 찢어준다.

락 나는 뜨거운 통닭을 손님상에 가져와 손으로 죽죽 찢어준다. 몸통에 가득했던 열기와 함께 고기와 기름 냄새가 퍼져 나온다. 닭다리를 들고 한 입 베어무니 겉은 바삭하고 속은 촉촉하다. 맑은 뼈는 생닭의 신선도를 웅변해주고 뼈에 붙은 살에 핏기가 없는 것은 속살까지 잘 익었음을 이야기해준다.

통으로 닭을 튀겨내는 것은 상당한 기술과 세심한 주의가 필요하다. 통닭과 찰떡궁합을 자랑하는 새콤달콤한 초무도 직접 만든 것이다. 공장제 초무와는 달리 신맛 대신 무의 단맛이 난다. 통닭의 기름기가 입에서 넘쳐날 때쯤 초무 한 점을 먹으면 입은 이내 상쾌해지고 마음은 유쾌해진다.

장성통닭의 맛은 내 추억의 맛보다 더 뛰어나다. 통닭과 초무에 생맥주 두 잔을 곁들이고 나와 밀양역의 어둑해진 선로에 들어선 기차를 타고 대구로 떠났다. 맥주의 취기 때문에 졸다 깨다를 반복했다. 꿈인지 생시인지 모를 기억 속에서 초등학교 시절 아버지가 노란 봉투에 사왔던 전기구이통닭맛의 추억이 방울방울 되살아났다.

명동 한복판에서 시작된 치킨 산업

2013년 현재 전국에는 3만 6,000개의 치킨통닭 전문점이 있다. 전체 식당의 7%가 치킨 전문점인 셈이다. 대한민국을 배회하고 있는 공룡같이 거대한 치킨 산업은 명동 한복판에서 시작되었다. 일제강점기와 한국전쟁을 거치면서 사람들이 떠났던 서울은 1950년대 말을 지나면서 활기를 되찾았다. 1959년 200만 명을 돌파한 인구는 1년 만인 1960년에 244만 명을 넘어섰다. 서울은 당시 '만원'이었다.

'부흥' '재건' '희망' 같은 단어들이 들끓던 1960년, 한성화교학교에서 남산으로 가는 길목 근처에 세상을 놀라게 한 전기구이통닭이 선보인다. 가게 앞에 자리 잡은 전기구이 조리기 안에는 닭들이 도열한 채 노랗게 익어가고 있었다. 대중적인 통닭 시대는 이렇듯 경이로움 속에서 개막되었다. 천천히 돌아가는 쇠막대에 걸린 닭들의 모습은 회전목마에 앉은 공주처럼 우아하고 아름다웠다. 익어가는 닭에서 기름이 떨어질 때마다 어린이나 어른 할 것 없이 넋이 나갔다. 전쟁이 끝나고 인구는 폭발적으로 늘어났지만 먹을 것이 없던 시대에 통닭들의 군무群舞는 영화처럼 비현실적이었다.

1960년대 중반, 명동 한성화교중학교를 다닌 왕육성 셰프는 '영양센타본점'의 전기구이통닭과 명동 주변의 먹거리를 생생하게 기억하고 있다. 화교 학교 주변에 혜성처럼 등장한 통닭은 부자들이나 먹을 수 있는 꿈의 음식이었다. 부자 친구들이 사온 통닭을 부러움과 시샘의 교차 속에서 몇 점 얻어먹었던 기억은 또렷했다.

그 당시 명동 주변에는 시장 상인들이나 배고픈 학생들을 위한 저렴한 먹거리가 많았다. 1960년대에 출시된 삼립빵은 학생들의 애용품이었고 얇게 펴서 튀겨낸 오징어 튀김과 삼양라면을 파는 포장마차들이 지금 신세계 백화점 뒤편으로 있었다. 지금도 중식당이 몰려 있는 서울중앙우체국 건너편의 좁은 골목에는 간장과 대파로 기본 간을 하고 고추장을 살짝 넣은 달달한 떡볶이를 길가에 늘어놓고 판다.

당시 중국집들은 야유회나 소풍철에 '싸박이'八鷄를 엄청나게 팔았다. 닭을 여덟 개로 조각내 밀가루를 묻혀 돼지기름이나 쇼팅동물성 지방에 튀겨낸 싸박이는 지금의 프라이드치킨과 비슷한 음식이었다. 개성 출신의 동화작가이자 미식가였던 마해송 선생이 쓴 『요설록』에는 "통닭은 백숙白熟, 찌기보다도 보일삶기보다도 나는 후라이튀기기가 좋다. 한 마리는 좀 벅차지만 둘이서 먹으면 마춤일 게다. 요놈을 나이푸와 포오크로 살점을 살살이 먹으면 마춤일 게다"라는 구절이 나온다. 같은 책에는 또 "돈까스 전문, 비후텍 전문, 치킨 전문, 튀김이라는 뎀뿌라 전문의 소식관小食館이 없는 것이 섭섭하다"라는 구절이 나온다. 서울에는 1950년대 당시에 양식洋食 식당이 제법 있었다. 프라이드치킨은 이런 양식당에서나 먹을 수 있는 귀한 음식이었다.

아버지가 사오신 눈물의 전기구이통닭

1890년에 발간된 언더우드의 『한영자뎐』에 '통닭'이라는 단어가 등재돼 있을 정도로 오래전부터 한국인에게 닭고기는 통으로 삶거나 쪄먹는 음식이었다. 전기구이통닭은 통으로 닭을 먹는 한국인의 식습관과 잘 맞는 먹거리였다. 전기구이통닭은 등장하자마자 영양과 맛을 두루 갖춘 부자들의 최고의 외식이 된다. 1960년 문을 열 당시 영양센타본점은 전기구이통닭 기계 하나를 놓고 영업을 했다. 창업 전 주인은 외국의 통닭을 보며 아이디어를 얻었다고 한다. 전기로 통닭을 구워 먹는 방식인 로스트치킨Roast Chicken, 구운 치킨은 서양이면 어디든지 있었다. 1970년대 전기구이통닭집 간판에는 로스트치킨이라는 문구도 적혀 있었다.

전기구이통닭은 가게에서 먹는 것이기도 했지만 포장으로도 많이 팔렸다. 40대 이상이라면 아버지가 사온 포장지에 담긴 통닭에 대한 추억을 누구나 가지고 있을 것이다. 전기구이통닭은 물론 통닭 포장지도 영양센타본점에서 처음 개발했다. 지금도 영양센타본점에 가면 통닭을 포장해준다. 통닭 포장지에는 실용신안등록 1754호, 1828호 번호가 적혀 있다. 실용신안등록 1754호는 1962년 6월 12일 출원을 신청한다. 하지만 처음에는 "구조상으로 보아 재래식 수회동手廻動, 손으로 회전시키는으로 각종 육류를 조리하던 것을 전기 동력을 이용하여 복잡한 구조로 조립한 것인데 그 효과에는 재래 수회동과 차별이 없는 것이며 오히려 조리에 조정이 불능할뿐더러 닉크롬선에 붙은 지방질의 청소 등 여러 면으로 보아 실용신안법 제2조의 규정에 의한 신규 유용한 고안이라 인정할 수 없음"이라는 이유로 거절된다. 하지만 이의신청 끝에 1963년 3월 25일 정식으로 등록된다. 실용신안의 명칭은 '영양보존조리기'營養保存調理器였다. 실용신안에 대한 상세한 설명에 당시 닭 조리에 관한 일반적인 상황이 고스란히 들어 있다.

소육燒肉, 고기굽기의 조리열원은 대개 목탄, 두탄석탄 등을 사용하고 있는데 이러한 열원은 항상 연소에 필요한 적절한 공기산소를 공급할 때 연료 점화의 번잡성도 있고 때로는 불완전연소로 인하여 유독 일산화탄소도 발생하고 탄분 기타 발분의 기산흩어짐 등으로 불결함은 말할 것도 없고 육류 본래의 맛을 갖기는 용이치 않고 필요한 온도 조절이나 열원의 취급 곤란성 등은 물론 감각적인 미를 도구는돋우는 통닭의 소육은 조리하기 곤란하였다. (…) 본 고안은 이러한 결점의 개선과 종래 통닭의 증자찌고 삶는 시는 소육의 건열과 달리 자즙삶은 국물 속에는 육성분의 일부가 용출되어 통닭 증자육육즙의 저작씹는의 미각이 거의 없었던 것을 간단하고 편리한 구조로서 단시간 내에 조리하고 본래

전기구이통닭은 물론 통닭 포장지도 '영양센타본점'에서 개발했다.
통닭은 부자들이나 먹을 수 있는 꿈의 음식이었다.

의 영양분의 분해와 손실이 없도록 적절한 급속고온완만 가열의 온도조절로서 통고기의 진미를 감미할 수 있는 고안을 구성했다.

삶아 먹는 닭의 영양 손실을 막아 영양을 최대한 보존한 통닭이라는 의미로 영양이란 이름이 붙은 것을 알 수 있다. 당시 전기구이통닭의 인기를 실감할 수 있는 기사가 있다.

전기구이통닭, 군침부터 삼키고 한 집 문을 열었을 때 그야말로 입추의 여지도 없이 초만원이라 다른 집엘 갔다. 역시 만원이다.
• 『신동아』 1965년 9월호

전기구이통닭의 인기는 1960~70년대 절정기를 맞는다. 전성기 시절 영양센타본점은 '사보이호텔' 옆으로 자리를 옮기고 2000년 대 말 다시 한 번 사보이호텔에서 멀지 않은 지금의 자리로 옮겼다. 영양센타는 현재 매장이 아홉 군데 있지만 프랜차이즈 방식이 아닌 창업자와 인척 관계에 있는 사람들이다. 영양센타본점은 생닭을 한시간 정도 쪄낸 뒤 구워내는 방식으로 통닭을 만든다. 껍질에 지방이 몰려 있는 닭은 속까지 익히기가 어려운 식재료다. 전기구이 방식이나 프라이드치킨은 닭을 쪄낸 뒤 굽거나 튀겨내는 방식을 이용한다. 프라이드치킨은 닭의 속까지 양념을 배게 하기 위해서 염지라는 방식을 사용한다. 소금물을 기본으로 각종 조미료를 섞은 용액에 닭을 담그는 기술은 가장 기본에 속하는 방식이다.

1970년대에 초등학교를 다닌 내게도 통닭에 관한 기억은 강렬하게 남아 있다. 남해 촌놈이던 나는 서울의 초등학교 소풍날 통닭을 처음 봤다. 반장이나 부반장같이 공부 잘하고 집도 잘사는 아이들의 부모님들은 선생님들과 함께 전기구이통닭을 나눠 먹었다. 당시 내게 전기구이통닭은 부자들이나 힘센 사람들의 음식으로 보였다. 집에 가서 그날의 이야기를 했다. 다음 날 저녁, 아버지는 전기구이통닭을 몇 마리 사오셨다. 시골에서 갓 올라온 가난한 집에 부자들의 성찬이 베풀어졌지만 처음 먹어본 음식은 먹기에 부담스러웠다. 그날 나는 바삭한 껍질만 몇 점 먹었다. 이미 친구들과 몇 번 맛을 봤던 형과 누나들은 전기구이통닭을 빠르게 먹어치웠다. 그 후로도 아버지는 몇 년 동안 1년에 몇 번쯤은 전기구이통닭을 사오셨다. 1970~80년대가 되면서 전기구이통닭값은 서민들도 먹을 수 있는 가격으로 떨어졌고 전기구이통닭은 신문 광고 지면에 자주 등장한다.

전기구이통닭은 '영양센타'라는 간판을 달고 서울을 넘어 전국에 유행한다. 1977년 전기구이통닭에 마늘을 발라 파는 마늘치킨이 '반포치킨'에서 탄생한다. 1970년대에는 전기구이통닭과 튀김용 닭의 공존기였다.

치킨의 춘추전국시대가 도래하다

구운 닭 요리법은 중세 시대부터 잉글랜드에서 먹던 방식이었다. 잉글랜드는 닭을 굽거나 삶아먹는 반면 스코틀랜드에서는 닭을 튀겨 먹었다. 잉글랜드의 구운 닭은 유럽과 미국에까지 영향을 미친다. 잘게 자른 닭을 기름에 튀겨 먹는 스코틀랜드 방식과 18세기 서아프리카에서 먹던 튀김닭 문화는 미국으로 옮겨와 꽃을 피운다. 잉글랜드인과 서아프리카 노예들의 음식이 결합된 프라이드치킨은 1930년대까지는 미국 남부에서 흑인들이 주로 먹던 '영혼의 음식'이었다. 먹을 살코기가 없다고 백인이 버린 닭다리를 흑인들은 밀가루를 입혀 튀겨 먹었다. 1930년 켄터키프라이드치킨KFC이 쪄낸 뒤 튀긴 닭을 팔면서 프라이드치킨은 미국인의 국민 음식이 된다.

1971년 일본에 상륙한 KFC의 인기는 상상 이상이었다. 눈치 빠른 기계 수입업자들이 프라이드치킨 기계를 일본에서 수입해 팔았다. 닭에 밀가루와 양념을 입혀 튀겨낸 프라이드치킨은 켄터키치킨이라고 불렀다.

서울 시내에서 폭발적으로 늘고 있으며 특히 대학가에서 성황을 이루고 있다. 닭을 6조각으로 나누어 한 조각에 600원씩 받고 있어 통닭 한 마리는 비싸나 고객들이 원하는 양만큼을 주고 먹을 수 있어 잘 팔리고 있다. 신촌 주변 대학가에는 이 집들이 10미터 간격으로 생겨나 일반 유흥업소까지도 이 가짜 켄터키치킨을 팔겠다고 나서고 있다.
• 『매일경제』 1980년 10월 28일

소비자들의 구매욕이 강하자 적은 돈으로 창업해 이익이 나는 조각 닭의 시대가 본격적으로 열린다.

장사를 하는 입장에선 점포 임대료를 합쳐 1,000만 원 내외의 소자본으로 가능하고 비교적 수익성이 높기 때문에 우후죽순 격으로 생겨나 몇 집 건너 한 군데씩은 켄터키치킨집이 퍼져 있다.

• 『매일경제』1981년 2월 4일

1986년 아시안게임과 1988년 올림픽을 앞두고 1984년 KFC가 정식으로 문을 연다. 수많은 가짜 켄터키치킨집은 간판을 바꿔야 했다.

닭을 한 번 찐 뒤 튀겨내는 켄터키프라이드치킨은 속까지 간이 잘 배고 촉촉함을 유지하면서도 겉은 바삭했다. 때마침 불어닥친 맥주 문화는 프라이드치킨과 찰떡궁합이었다. OB가 1980년에 시작한 생맥주전문점 'OB베어'는 열풍이라는 말이 어울릴 정도로 젊은이와 직장인의 일상적인 저녁 문화가 된다. OB베어는 유흥과 상업지역을 넘어 본격적으로 주택가로 입지를 넓힌다. 1981년 당시 OB베어는 전국 600여 곳에 매장을 가지고 있었고 경쟁사로 후발로 참여한 크라운비어의 '크라운 시음장' 등을 합치면 1,000여 곳으로 추산될 정도였다. 을지로 3가의 '만선호프' 주변 맥줏집들은 지금도 여전히 'OB베어' 마크를 달고 그 당시 그 분위기로 영업을 하고 있다.

1980년대 초반 서울에는 KFC식의 '켄터키치킨'이 전기구이통닭을 밀어낸다. 1984년 KFC가 정식으로 등장하고 전국에서 성공한 지역의 강자들이 서울로 속속 입성하면서 서울의 통닭과 치킨은 춘추전국시대에 돌입한다. 1982년 대전에서 창업한 '페리카나'는 매콤달콤한 '양념치킨'을 내놓아 '반반'프라이드 반, 양념 반이라는 새로운 치킨 문화를 만들어낸다. 1980년대 중반 '금강치킨'에서 바비큐치킨이 나와 인기를 얻는다. 반포 금강치킨 주변에 치킨집들이 들어서고 이곳 출신들이 수많은 분점을 내면서 이 일대는 '치킨 사관학교'라는 별칭을 얻는다. 마늘치킨, 바비큐치킨과 더불어 카레치킨과 장작구이통닭이 한때 유행했고 이어 간장치킨, 구운치킨 등 새로운 조리법들이 속속 등장하고 최근에는 닭과 감자튀김을 같이 먹는 치킨이 젊은이들 사이에서 인기몰이 중이다.

한국에서 2006년 월드컵을 전후해 알려진 '치맥'이라는 단어가 드라마 「별에서 온 그대」 열풍을 타고 중국을 강타했다. 위키피디아에는 '코리안 스타일 치킨'Korean-style chicken이라는 항목도 등장했다. 비빔밥, 김치, 불고기를 한식 세계화의 주역으로 밀었지만 결과는 한국식 치킨의 승리로 보인다.

창업자들의 필수 코스 수원 통닭거리

전성기를 구가하던 전기구이통닭 시대가 막을 내린 것은 1971년 국내 최초로 선보인 해표식용유의 등장과 켄터키프라이드치킨 때문이었다. 1970년대 초반부터 시장에 식용유로 닭을 튀겨주는 시장닭튀김이 등장한다. 치킨집은 1년에 7,400여 곳이 생기고 5,000여 곳이 망한다. 치킨집은 퇴직자들의 꿈이자 무덤이 되었다. 수많은 치킨집 창업자들이 반드시 둘러보는 곳은 수원의 통닭거리다.

수원 팔달문 근처에는 열한 군데 닭집이 옹기종기 모여 통닭거리를 이루고 있다. 하루에 만 명의 사람이 오가는 이곳에서 평균 1만 5,000마리의 닭이 팔려나간다. '매향통닭'은 1971년에 장사를 시작할 때부터 지금까지 가마솥에서 식용유로 튀겨낸 통닭을 팔고 있다. 수원통닭 원조집이지만 매향통닭은 통닭거리와 조금 떨어져 있다. 가게 입구에는 가게의 상징이 된 커다란 검은 솥이 있다. 솥 안에는 맑고 하얀 기름이 지하수처럼 용솟음친다. 화성 봉담도계장에서 가져오는 닭을 솥 안에 넣어 통째로 튀긴다. 통닭을 튀기는 일은 창업자인 어머니와 후계자인 아들만이 할 수 있는 전문 영역이자 자존감의 일이다. 튀기는 내내 닭의 다리와 몸통을 집게로 마디를 꺾거나 살집을 갈라내어 기름이 속살 안으로 스며들도록 한다.

지금도 현역으로 일하고 계신 창업주인 어머니의 수십 년간의 노하우가 만든 독특한 조리법이다. 단골 중에는 아들이 튀긴 통닭과 어머니의 통닭 맛을 구분해내는 신의 입을 가진 사람들도 있다. 명품의 차이는 언제나 작은 몇 %에서 오는 법이다. 그날 들어온 신선하고 쫄깃한 닭똥집도 통닭과 함께 튀겨져 손님상에 서비스로 오른다. 수원 사는 후배와 노릇하게 구워진 닭에 생맥주를 곁들여 먹는다. 덕지덕지 붙은 밀가루 튀김옷이 없는 순수한 닭은 달고 고소하다. 닭을 먹고 후배는 중학생 아이를 위해 닭을 포장해 갔다.

매향통닭에서 수원천을 따라 팔달문 방면으로 5분 정도 걸으면 본격적인 수원 통닭거리가 나온다. 1978년에 창업한 '용성통닭'과 1981년에 창업한 '진미통닭'이 거리의 양대 산맥이다. 진미통닭은 조각 치킨을 주로 팔고 용성통닭은 가마솥 통닭부터 조각닭까지 다양한 방식으로 닭을 팔고 있다. 매향통닭을 제외한 집들은 두 집처럼 튀김통닭과 양념통닭, 이 둘을 섞어내는 '반반'이 주로 팔린다. 닭은 1.1~1.2kg 정도의 큰 것을 사용한다. 수원통닭을 전국적으로 유명하게 만든 것도 두 집의 인기 영향이 크다.

저녁식사 시간에 가보면 거리는 닭을 먹으려는 사람들로 인산인해를 이룬다. 가게 안에 들어서면 커다란 건물에 남녀노소가 사이좋게 섞여 앉아 통닭을 먹는다. 통닭이 국민 먹거리임을 단박에 확인할 수 있다. 이 거리를 지나가다 호기심에 줄을 서는 사람도 있다. 골목이 본격적으로 형성된 것은 2000년대 중반부터다. 수원 통닭거리는 가게마다 영업시간이 다르고 휴일이 다르다. 손님들은 반강제적으로 여러 집을 골고루 갈 수밖에 없는 구조 덕에 여러 가게가 공생하게 되었다. 음식거리를 형성하는 데 본보기가 될 만하다.

주문과 동시에 생닭을 튀겨낸다

광주의 양동시장은 1910년에 생겼다. 광주교 아래 백사장에 있던 자리에 일제가 신사를 세우면서 지금의 자리로 1940년에 옮겨왔다. 한때 호남 최대의 시장이던 양동시장은 도시형 재래시장의 모습을 잘 간직하고 있다. 목포와 더불어 홍어 유통의 중심지답게 시장 안에는 홍어 가게가 줄지어 있다.

지린 홍어 냄새를 뒤로하고 복개천 쪽으로 걸으면 닭전거리가 나온다. 길 양편으로 닭과 오리가 산 채로 거래된다. 닭전거리의 끝자락이자 복개천 앞 시장 입구에는 광주를 넘어 호남을 대표하는 '수일통닭'과 '양동통닭'이 마주하고 영업을 하고 있다. 1972년에 지금 자리에서 영업을 시작한 수일통닭 입구에는 가마솥이 다섯 개 놓여 있다. 평일 오후, 종업원이 손님보다 많다. 이곳의 북적거림을 종업원의 수에서 알 수 있다. 혼자 온 손님에게는 닭을 팔지 않을까봐 걱정했는데 다행히 수일통닭에서는 반 마리를 판다.

반 마리 주문이 들어가자 생닭에 날계란과 밀가루 반죽을 섞은 튀김옷을 입혀 기름에 튀긴다. 국내산 생닭을 주문과 동시에 튀겨내니 맛이 없을 리 없다. 10분이 지나 반 마리가 나왔다. 작게 조각낸 반 마리가 스무 조각이나 된다. 대도시 프라이드치킨 양의 배 정도다. 맑은 기름 냄새가 먼저 올라온다. 바삭한 튀김옷에 단맛이 도는 촉촉한 닭. 맛있다. 달콤하고 매콤한 양념맛이 먼저 나고 감칠맛이 뒤를 잇는다. 살 사이로 생닭 고유의 하얀 뼈가 드러난다.

1970년대 본격화된 식용유를 활용한 가마솥통닭과 시장통닭은 전국에서 동시 다발적으로 생겨난 문화다. 켄터키프라이드치킨과 국내 프랜차이즈 치킨집들과의 공세 속에서도 살아남을 만큼 양동시장의 수일통닭과 양동통닭은 맛이 좋다. 기름 냄새에 끌려 통닭집으로 들어온 사람들은 저렴한 가격에 엄청난 양의 단백질과 기름맛을 본 뒤 남은 것은 포장해서 집으로 가져갔다.

닭이 식으면서 감칠맛이 강해지고 튀김 껍데기는 바삭함에서 졸깃함으로 바뀐다. 배달이 많은 것을 감안한 세심한 노력이 엿보인다. 추억의 맛이 현재도 여전히 경쟁력을 가진 드문 경우를 양동시장에서 보았다.

부산 시장통닭의 달인들

동래시장의 끝자락에 1983년에 생긴 '희망통닭'이 있다. 입구의 커다란 가마솥 기름 속에 닭들이 끊임없이 익어간다. 1,200g쯤 되는 커다란 생닭을 조각내 반죽해서 튀겨낸다. 가마솥 기름 위아래로 조각 닭들이 요동친다. 기름 냄새를 맡으며 실내로 들어서면 통닭을 기다리는 사람들로 만원이다. 부산의 통닭 문화는 주로 가마솥 시장통닭을 중심으로 형성돼 있다.

몇 년 전 어느 잡지의 부산 음식 취재에 동행했다. 자갈치시장과 국제시장 주변 식당 아홉 곳을 취재한 후 배가 남산만해졌지만 희망통닭에 가고 싶었다. 기자와 카메라맨을 설득해 희망통닭을 찾았다. 젊은이들로 가득한 공간에 자리를 잡고 그들처럼 양념반 프라이드반을 시켰다. 잠시 후에 나온 통닭 양에 동행한 두 사람은 입을 다물

부산의 통닭 문화는 주로 가마솥 시장통닭을 중심으로 형성되어 있다.
가마솥 기름 위아래로 조각 닭들이 요동친다.

지 못했다. 반인분의 양이 서울의 1인분보다 많았기 때문이다. 겉은
바삭하고 속은 촉촉한 치킨계의 불문율을 잘 지키고 있는 희망통닭
의 프라이드치킨은 탄산의 청량감으로 마시는 한국의 맥주와 잘 어
울린다. 배가 불렀지만 우리는 치킨을 거의 먹었고 맥주도 꽤 많이
비웠다.

 부산을 대표하는 3대 통닭으로 보통 동래시장 '희망통닭', 부평동
시장 '거인통닭'혹은 부평동시장 '오복통닭', 초량시장 '초량통닭'을 꼽는
다. 부평동 깡통시장 초입에 있는 거인통닭은 혼자서는 가게에서 치
킨을 먹을 수 없고 다섯 명 이상도 들어갈 수 없다. 포장도 상당한 시간
을 기다려야 받을 수 있다. 가게 입구에서 닭을 만들고 튀기는 과정을
고스란히 볼 수 있다. 닭은 커다란 생닭 한 마리를 기준으로 판매한다.
그래서 프라이드반 양념반은 가능하지만 반 마리는 먹을 수 없다.

치댄 반죽에 자른 닭을 넣어 한 번 튀기고 다시 한 번 반죽 옷을 입혀 두 번 튀겨내는 것이 거인통닭의 가장 큰 특징이다. 반죽과 닭고기 사이가 찰떡처럼 붙어 있어 겉은 바삭하고 속은 육즙이 살아 있는 닭튀김이 완성된다. 초창기에는 마늘소스를 많이 사용했지만 최근에는 카레소스를 사용해 매콤달콤하면서도 감칠맛이 많이 나는 것이 특징이다. 거인이라는 뜻처럼 보통 닭의 1.5배는 되는 엄청난 양도 시장통닭의 미덕이다. 부산의 시장통닭은 양으로 승부하던 시절에 생겨난 시장통닭을 맛으로 먹는 음식으로 승화시킨 생활의 달인들의 경연장이다.

치맥페스티벌이 열리는 대구로 가자

대구역에 저녁 8시경에 도착했다. 늦은 시간이었지만 대구에서 사업하는 후배를 불러 대구의 3대 치킨집 중 하나인 '전주통닭'으로 향한다. 시장통 같은 분위기의 오래된 식당 입구에는 노란 튀김옷을 입은 통닭들이 전구 밑에서 황금색 유물처럼 빛난다. 전주통닭과 함께 대구의 시장통닭 문화를 이끌고 있는 '뉴욕통닭'도 건재하다. 좁은 가게에는 사람들이 언제나 많다.

대구 사람들은 통닭에 대해 자부심이 강하다. 2013년 전국에서 처음으로 '치맥페스티벌'이 대구에서 열렸을 정도로 대구의 치킨 문화는 깊고 넓다. 대구 닭요리 문화의 전통은 오래된 것이다.

1907년 제작된 『대구시가전도』가 실려 있고, 이 지도에는 조선 3대 시장으로 불리던 서문시장이 나와 있다. 지도에는 '계전곡'鷄廛谷, 닭가게 골목으로 표시된 닭 시장이 있는데 규모가 시장

대구의 3대 치킨집 중 하나인 '전주통닭'.
노란 튀김옷을 입은 통닭들이 전구 밑에서 황금색 유물처럼 빛난다.

전체의 30% 이상을 차지할 정도로 어마어마했다.

• 『대구신택리지』 2007년 3월

1950년대 경상도는 물론 전국에 닭을 공급하는 도계장이 대구와 그 주변에 몰려 있었다. 1960년대에는 '백마강전기오븐통닭'이 유명했다. 1978년 창업한 '대구통닭'은 간장치킨의 원조집이다.

대구통닭의 창업주인 아버지는 대구통닭 프랜차이즈에 공급하는 양념 만드는 공장을 운영하고 둘째 아들은 프랜차이즈를 진행한다. 첫째 아들은 아버지가 세운 대구통닭 본점만을 운영한다. 아름다운 사업 승계다. 수성구에 있는 대구통닭 본점은 생각보다 크고 깔끔하다. 지금 자리에서 멀지 않은 곳에서 오랫동안 장사하다 몇 년 전에 옮겨왔다.

대구통닭을 유명하게 만든 건 간장마늘치킨이라는 조각닭이다. 간장과 마늘을 기본으로 한 간장치킨은 달콤하고 새콤하다. 대구통닭은 염지를 하지 않는다. 15년 전에는 간장마늘치킨에 이어 빨간 양념치킨을 개발했고, 요즘 가장 인기 많은 날개봉도 이 집에서 만들었다. 날개봉은 몸통에서 닭 날개를 이어주는 부위다. 밀가루 반죽을 살짝만 입힌 날개봉은 첫맛은 달달하고 끝맛은 알싸하다.

대구에서는 통닭을 '온마리'로 부른다. 대구의 제사에는 이 온마리통닭이 오르기도 한다. 단골들은 이 집에서 온마리통닭을 튀겨간다. 이 집은 3개월 정도 키운 12호1,200g 닭을 쓴다. 닭은 작은 조각으로 나뉘어 간이 잘 배고 먹기 편하다. 그런데 간장치킨과 유사한 닭 조리법은 한민족 최초의 조리서인 『산가요록』에 나오는 포계炮鷄, 닭고기 구이 조리법과 너무나 닮아 있다.

'대구통닭'을 유명하게 만든 건 간장마늘치킨이라는 조각닭이다.
간장과 마늘을 기본으로 한 간장치킨은 달콤하고 새콤하다.

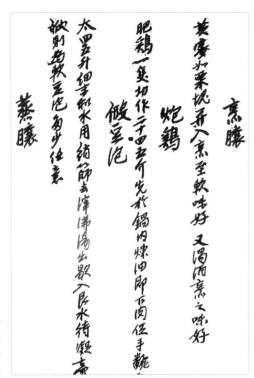

간장치킨과 유사한 닭 조리법은
한민족 최초의 조리서인
『산가요록』에 나오는
닭고기 구이 조리법과 비슷하다.

　　살찐 닭 한 쌍을 24~25개로 잘라서 먼저 노구솥 속에 기름을
넣고 달군 뒤에 솥 안에 있는 고기를 빨리 뒤집는다. 청장淸醬, 간
장과 참기름을 붓고 가루즙을 넣어 익힌 후 식초를 넣어 먹는다.

　　『산가요록』에는 삶은 닭 조리법인 '팽계법'烹鷄法도 나온다.
　　대구는 시장통닭으로 유명한 식당도 많고 간장마늘치킨 같은 창
의적인 조리법이 탄생한 곳이자 전국을 강타한 치킨 프랜차이즈가
유난히 많은 곳이다. 1991년 경북 구미에서 시작한 뒤 닭날개 같은
부분육 시대를 연 교촌치킨과 2007년 뼈를 제거한 닭을 구워 팔면

서 구운치킨 시대를 연 땅땅치킨, 13등급의 치킨용 닭 중에서 6~7
호처럼 작은 닭을 이용해 한 마리 가격에 두 마리 치킨을 주면서 성
공을 거둔 호식이치킨 같은 신흥강자들은 물론 초기 치킨 프랜차이
즈 시장을 이끌었던 멕시칸, 멕시카나, 페리카나, 처갓집, 이서방 같
은 프랜차이즈도 모두 대구를 기반으로 한 브랜드들이다. 대구에 닭
프랜차이즈가 많은 이유로 교동의 기계 산업을 거론하는 분들도 있
다. 새로운 치킨 메뉴가 개발되면 프랜차이즈를 위해서는 치킨을 만
들 도구가 필요하다. 통닭을 튀기는 기계도 대부분 대구에서 만들
었다.

삼계탕

여름의 절정에서
닭과 인삼을 만나다

"삼계탕의 주인공은 닭일까 인삼일까?
오랫동안 조선 인삼은 선망의 약재였다.
인삼과 닭이라는 보신에 좋은 식재료들의
이상적인 결합은 신의 한 수라
불러도 좋을 만큼 궁합이 잘 맞는다."

한약방 부부의 노하우를 담아내다

삼계탕은 외국인이 가장 사랑하는 대한민국 국가대표 음식이다. 약으로 시작해 여름철 최고의 보양식으로 등극한 뒤 미식의 차원으로 진화하고 있는 삼계탕의 발전을 보는 것은 행복하다.

작은 동네시장이던 서울 종로의 금천교시장은 몇 년 사이에 식당들의 경연장이 되었다. 금천교시장에서 길을 따라 늘어선 식당마다 사람들이 북적거린다. 식당들을 지나 통인시장 방면으로 조금 더 오르면 삼계탕 전문점 '토속촌삼계탕'에 자리를 잡으려는 사람들의 긴 행렬이 나타난다. 가게 안으로 들어서면 입구에 있는 주방에서 나오는 수많은 삼계탕을 볼 수 있다. 한·중·일 삼국 언어로 적힌 메뉴판에는 삼계탕은 기본이고 산삼배양근 삼계탕, 산삼배양근 오골계탕도 있다.

검은 뚝배기에 닭의 몸통이 섬처럼 솟아오른 삼계탕 한 그릇이 나온다. 걸쭉하고 진한 국물 속에 담긴 닭은 향기롭고 부드럽다. 일반적인 사육 닭이 아닌 직영 농장에서 키운 50일된 닭을 사용한다. 국물맛이 진하고 고소하다. 30가지 잡곡과 4년생 인삼·찹쌀·호박씨·검정깨·호두·잣·토종밤·약대추·은행·마늘·해바라기씨 등이 얽히고설켜 내는 현란한 맛이다. 한약방을 하던 부부의 노하우가 삼계탕 한 그릇에 고스란히 담겨 있다. 약재와 곡물로 국물을 만들어 뚝배기에 담고 거기에 닭을 넣고 40~50분을 끓여낸다.

말은 쉽지만 재료의 비율, 닭을 넣는 타이밍, 불 조절 등 세심한 기술이 있어야 제맛을 낼 수 있다. 토속촌삼계탕과 그 일대가 일반인에게 널리 알려진 것은 1999년에 단행된 청와대 앞길을 개방하고 인왕산 등반을 허용한 영향이 컸다. '청와대 특수바람'을 타고 등산

통인시장 주변에 있는 삼계탕 전문점
'토속촌삼계탕' 앞에서는 사람들의 긴 행렬을 볼 수 있다.

객들과 청와대를 보려는 관광객들 덕에 주변 식당은 호황을 누리기 시작했다. 토속촌은 2003년에 고 노무현 대통령이 재계 인사들과 이곳에서 점심 식사를 하면서 더욱 유명해졌다.

닭과 한약재로 만드는 최고의 복달임 음식

삼계탕은 일본인과 중국인이 특히 좋아한다. 오랫동안 조선 인삼은 선망의 약재였다. 인삼과 닭이라는 보신에 좋은 식재료들의 이상적인 결합은 신의 한 수라 불러도 좋을 만큼 궁합이 잘 맞는다. 삼계탕은 어린 닭인 연계軟鷄와 한약재를 넣고 고아 국물을 먹는 보양식이었다. 삼계탕의 조상에 해당하는 것이 연계탕이다.

18세기 『승정원일기』의 연계탕 기록에서부터 시작해서 대부분의 닭 요리에 들어가는 닭은 알을 낳지 않은 연계다. 연계를 이용한 '연계백숙'軟鷄白熟은 삼계탕이 대중화되기 전부터 복날에 먹는 복달임 음식 중 하나였다. 복달임은 한문 '복'伏과 순수한 우리말 '달임'의 합성어다.

연계를 영계嬰鷄라고도 부르는데 연계백숙이나 영계백숙이라는 말의 '백숙'은 간을 하지 않고 닭을 끓인 것을 말한다. 백숙을 끓일 때는 보통 맹물에 마늘을 집어넣는 것이 일반적인 조리법이었다. 백숙에 마늘 대신 인삼이 들어간 것이 삼계탕이 되었다는 주장도 있다. 『조선무쌍신식요리제법』의 연계백숙 조리법에는 "혹 인삼 먹는 이는 삼을 넣어"라는 구절이 나온다. 인삼가루가 아닌 인삼을 직접 넣어 요리를 해먹었다는 최초의 기록이다.

20세기 초반의 신문기사들에는 북쪽 지역의 복날 음식으로 '연계찜'이 등장한다. 연계찜은 연계의 배 속에 찹쌀과 여러 가지 고명, 향료를 넣고 쪄낸 것으로 함경도 사람들은 삼복에 연계찜을 반드시 먹었다. 1929년 8월 1일에 발간된 『별건곤』 제22호에는 황해도 안주를 돌아본 뒤 쓴 기행문이 실리는데 "영남지방에서는 삼복 중에 개 죽음이 굉장하다. 하지만 안주의 명물로 삼복 중의 닭천렵이 대단하다"고 나온다. 경상도나 전라도 같은 남도가 복날에 개를 복달임 음식으로 먹은 것에 비해 함경도에서 황해도에 이르는 북한 지역에서는 닭을 복달임 음식으로 먹어왔음을 알 수 있다.

1948년 7월 10일자 『자유신문』에 실린 조선요리점 '춘경원'의 광고.

1948년 7월 10일에 발간된 『자유신문』에는 조선요리점 '춘경원' 광고가 실린다. 식당 광고의 전면에 등장하는 메뉴는 황률栗과 대추를 넣은 '인삼영계백숙'이다. 영계백숙이 삼계탕이나 계삼탕 같은 음식임을 알 수 있는 명확한 증거다. 영계백숙은 초창기에 계삼탕으로 불리다 이후에는 삼계탕으로 이름이 바뀐다. 하지만 닭과 한약재를 기본으로 한 여름에 먹는 보신 음식이라는 본질은 변한 것이 없다.

삼계탕은 국물을 마시는 보약이다

서소문 중앙일보 건너편에 있는 '고려삼계탕' 앞에는 중국인 관광객을 태운 대형 버스들이 통근버스처럼 들락거린다. 고려삼계탕은 현존하는 가장 오래된 삼계탕 전문점이다. 이 집의 삼계탕은 국물을

서울 '고려삼계탕'.
삼계탕은 1970년대
중반 이후 여름철 외식으로
확고하게 자리 잡는다.

보양식으로 먹는 삼계탕과는 목표가 다르다. 50일 정도 기른 장닭을
사용하기 때문에 살코기가 제법 많다. 삼계탕과 더불어 전기구이통
닭을 판매하고 있는 것도 오래된 삼계탕 전문점들의 공통된 특징이
다. 인삼은 금산의 4년근 인삼을 사용한다.

고려삼계탕은 근처 남대문시장에서 닭 도매를 하던 창업주가
1960년에 명동에 가게를 내면서 시작됐다. 1960년은 대한민국의
양계 역사가 본격적으로 시작된 해였다. 명동 파출소 뒤편에 있는
'백제삼계탕'은 1966년에 고려삼계탕 창업주의 동생이 시작했다.
닭이나 인삼 같은 기본 재료를 초창기부터 고려삼계탕과 같이 썼기

때문에 고려삼계탕과 판박이처럼 닮아 있다.

삼계탕이 복날 먹는 복달임 음식의 승자가 된 것은 1960년대 이후였다. 이전의 최강자는 보신탕, 즉 개고기탕이었다. 삼계탕이 본격 외식으로 등장한 것은 1960년대다. 1960년대부터 계삼탕 또는 삼계탕으로 불리던 삼계탕은 1970년대 중반 이후 여름철 외식으로 확고하게 자리 잡게 된다. 그런데 과연 삼계탕은 1960년대에 만들어진 음식일까? 결코 그렇지 않다. '삼계'蔘鷄라는 이름은 19세기부터 등장하고 삼계탕이라는 이름은 붙어 있지 않지만 삼계탕과 비슷한 음식들은 여러 기록으로 남아 있다.

삼계탕의 조상쯤으로 생각되는 음식은 조선 시대에 여럿 등장한다. 조선 중기의 문신 박정현이 1609년부터 1635년까지 기록한 일기인 『응천일록』凝川日錄에는 황계탕黃鷄湯이 등장한다. 1773년 『승정원일기』에는 연계탕軟鷄湯이 기록되어 있다. 이 당시 등장하는 '계탕'은 건더기 중심이 아니라 국물 중심이었다. 닭을 달여서 국물을 약으로 먹었다.

이처럼 닭을 푹 고아 국물을 마신 기록은 이외에도 여럿 남아 있다. 17세기 중반에 씌어진 조리서 『음식디미방』에는 '수중계'가 나오고 1766년에 편찬된 『증보산림경제』에는 '총계탕'이 있다. 그 밖에도 '용봉탕'농가월령, '금중탕', '고제탕'진찬의궤·진작의궤, '도리탕'해동죽지, '백숙'원행을묘정리의궤 등이 삼계탕과 비슷한 음식으로 추정되고 있는 음식들이다.

'삼계'蔘鷄라는 이름은 개화파 김윤식의 일기인 『속음청사』續陰晴史 1886년 9월 16일자에 인삼과 닭을 넣고 푹 곤 '삼계고'蔘鷄膏라는 이름으로 처음 등장한다. 위에 열거한 음식들과 거의 비슷한 방

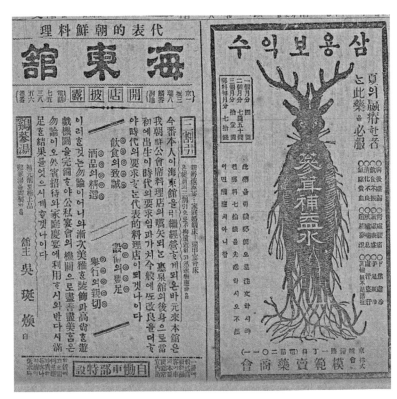

1921년 9월 11일 『매일신보』에 실린 조선요리점 '해동관' 광고에 계삼탕이라는 문구가 등장한다. 그 옆에는 인삼과 녹용을 달인 삼용보익수 광고가 실려 있다.

식인 '고아낸'곰.膏 국물을 마시는 보약이다. 1894년 이제마가 쓴 사상의학서 『동의수세보원』東醫壽世保元에도 삼계고가 설사병 치료제로 등장한다. 1921년 9월 11일자 『매일신보』에 실린 조선요리점 '해동관' 개점 광고 말미에 "계삼탕鷄蔘湯-보원제로 극상품"이라는 문구가 등장한다. 필자가 현재까지 확인한 계삼탕, 즉 삼계탕에 관한 최초의 기록이다. 공교롭게도 바로 옆에는 인삼과 녹용을 달인 "삼용보익수"蔘茸補益水 광고가 실려 있다. 일제강점기에는 인삼가루와 인삼정 같은 제품과 인삼을 이용한 식품이 많이 개발되었다.

삼계탕이라는 단어는 1923년에 일본인들이 작성한 『중추원조사자료』에 처음 등장한다. 이 자료에는 "여름 3개월간 매일 삼계탕蔘鷄湯, 즉 암탉의 배에 인삼을 넣어 우려낸 액을 정력精力 약으로 마시는데, 중류 이상에서 마시는 사람이 많다"라고 씌어 있다. 보약이 아닌 요리로서 삼계탕과 가장 유사한 기록은 1917년판 『조선요리제법』이라는 조리서에 '닭국'이라는 이름으로 등장한다. "닭을 잡아 내장을 빼고 발과 날개 끝과 대가리를 잘라버리고 뱃속에 찹쌀 세 숟가락과 인삼가루 한 숟가락을 넣고 쏟아지지 않게 잡아맨 후에 물을 열 보시기쯤 붓고 끓이나리라"라고 기록되어 있다. 1924년에 발간된 『조선무쌍신식요리제법』에서는 같은 조리법의 요리가 한자로 '계탕'鷄湯이라는 이름으로 소개되어 있다. 북한에는 통닭의 배 속에 인삼을 넣고 곤 '인삼닭곰'과 인삼을 넣고 찐 '닭인삼찜'도 있다.

삼계탕의 대중화

양반이나 부자들의 약선藥膳 음식이었던 삼계탕이 대중화된 것은 1960년대 이후의 일이다. 닭고기보다 인삼이 더 비싸기 때문에 삼계탕이 대중화되기에는 어려웠다. 1910년대부터 인삼가루가 부자들에게 인기를 모으자 약으로 먹던 삼계고, 삼계음을 벗어나 요리에서 인삼가루가 등장한다.

1950년대 인삼가루를 넣은 닭 국물이 등장하면서 식당에서는 '계삼탕'이라는 이름을 붙이고 영업을 시작한다. 신문기사에는 지금 먹는 삼계탕과 거의 흡사한 계삼탕 조리법이 등장한다.

삼복 더위에는 계삼탕을 먹으면 원기가 있고 또 연중에 질병에 걸리지 않는다 하여 사람들은 많이들 먹는다. 계삼탕이란 닭을 잡아 털을 뽑고 배를 따서 창자를 낸 뒤 그 속에 인삼과 찹쌀한 홉, 대추 4~5개를 넣어서 푹 고아서 그 국물을 먹는 것이다.

• 『동아일보』 1956년 12월 28일

그러나 대중화되기에는 좀더 시간이 걸린다. 1960년대 이후 인삼가루가 아닌 생인삼인 수삼水蔘이 정부 규제 완화와 냉장시설의 발달로 대중화의 길을 걷게 되자 상인들은 계삼탕보다 인삼에 중점을 둔 삼계탕이라는 이름을 내걸고 영업을 한다. 1960년대의 과도기를 거쳐 육류 소비가 급증하게 되는 1975년 이후에 닭 한 마리와 인삼을 같이 먹을 수 있는 삼계탕은 여름 최고의 보양식으로 등극하게 된다. 약에서 시작해 부자들의 식탁을 거쳐 대중들의 여름철 최고의 보양음식이 탄생되기까지는 긴 과정이 필요했지만 음식이 완성되자 한국인은 물론 동북아인들의 열렬한 지지를 받는 음식이 되었다.

서울 곳곳의 삼계탕집들

냉면과 물회, 막국수가 이냉치열以冷治熱의 대명사라면 삼계탕과 보신탕은 이열치열以熱治熱의 간판선수다. 강남 닭의 대부분을 소비한다는 농담까지 듣고 있는 관세청 사거리의 '논현삼계탕'은 1990년대 초반에 문을 연 집이지만 오래전 먹던 국물 중심의 단아한 삼계탕을 낸다. 논현삼계탕의 삼계탕을 먹다보면 한국인의 탕에 대한 사랑과 높은 수준을 가늠할 수 있다.

논현삼계탕에서 삼계탕을 먹은 후 7호선 지하철을 타고 30분을

강남 닭의 대부분을 소비한다는 농담을 듣는 '논현삼계탕'은
국물 중심의 단아한 삼계탕을 낸다.(왼쪽)
들깨를 기본으로 땅콩가루 섞인 '호수삼계탕'의 국물은
삼계탕이라기보다는 삼계죽이라는 표현이 더 알맞다.(오른쪽)

가서 신풍역에 내려 길을 걷는다. 10분을 걸어가니 '호수삼계탕'이 모습을 드러낸다. 길 한쪽에 호수삼계탕이라는 간판을 내건 가게가 네 군데다. 홀로 삼계탕거리를 이루고 있는 진기한 풍경이다. '원조 호수삼계탕'이 본점이다. 넓은 방에 앉아 메뉴판을 보니 음식은 삼계탕 하나뿐이다. 주문하고 기다리는 사이에 길게 썬 오이와 고추, 마늘 같은 반찬이 먼저 깔리고 삼계탕이 나온다. 뚝배기에 용암처럼 끓어오르는 걸쭉한 국물 속에 하얀 몸통을 드러낸 작은 닭이 고명으로 올려진 대파 밑에 놓여 있다. 들깨를 기본으로 땅콩가루 섞인 국물은 삼계탕이라기보다는 삼계죽이라는 표현이 더 알맞다. 작은 닭은 살도 별로 없고 푹 삶아져 산화한다. 보드라운 수프는 고소하고 진하다. 이 진기한 삼계탕을 먹기 위해 여름이면 하루에 4,000명의 사람이 이 집을 찾는다. 1990년에 시작했지만 벌써 2대 승계가 된 집이다.

남영동 용산경찰서 뒤쪽 주택가에 있는 '강원정삼계탕'은 들깨를 갈아 넣은 진한 국물과 해바라기씨에서 나오는 견과류 특유의 고소함이 곁들여진 독특한 맛이다. 1978년에 한옥집을 개조해 영업을 시작한 식당은 손님이 넘쳐나도 음식맛을 위해 확장을 하지 않는다. 점심과 저녁 시간에 정해진 양만 팔 정도로 음식에 대한 자기 통제가 엄격하다. 한옥을 개조한 가게에 들어서니 입구에 삶아낸 닭이 수북하다. 그 옆으로 뚝배기가 탑처럼 쌓여 있다. 닭과 재료가 뚝배기에 담기고 국물에 고명이 얹혀지면 삼계탕 한 그릇이 완성된다. 닭을 국물 속에 풀어헤치고 살과 국물을 함께 먹는다. 견과류의 고소함이 고기 국물의 진함과 잘 어우러진다. 보양식에서 출발했지만 미식의 차원에 도달한 삼계탕 한 그릇에 한식韓食의 정수가 고스란히 담겨 있다.

철학적 복날, 과학적 삼계탕

닭은 여름 음식이다. 닭찜 · 연계찜 · 닭죽 · 닭백숙 · 초계탕 같은 닭 요리는 대개 여름에 먹는다. 여름의 절정에 복날이 있고 복날 먹는 복달임 음식의 중심에 삼계탕이 있다. 에어컨도 선풍기도 없던 시절, 여름은 견디기 힘든 시기였다. 보양식을 먹고 몸이 건강해야 버틸 수 있었던 것이 가장 큰 이유지만 여름철 특히 복날에 보양식을 먹는 철학적 배경도 컸다.

'삼복더위'라는 말은 더위의 절정을 연상시키는 관용어가 되었다. '삼복'三伏은 초복初伏, 중복中伏, 말복末伏을 합쳐 부르는 말이다. 이 말이 생겨난 것은 2000년 전 중국 진나라 시대BC 221~BC 206부터다. 사마천의 『사기』에는 진나라 덕공德公이라는 사람이 사대문 밖에 개고기를 걸어두고 복사伏祠를 처음 시작했다고 기록되어 있다. 왜 이런 이상한 날이 생겨났을까?

동아시아인이 세상을 보는 기준은 음陰과 양陽을 기본으로 한다. 음과 양에 오행五行이 더해지고 간지干支가 생겨나고 24절기節氣가 붙여져 세상은 커다란 질서 속에서 움직인다. 봄이 오면 여름이 이어지고 여름이 성하면 가을이 뒤따르고 모든 것을 정리하는 겨울이 나타난다. 그리고 다시 봄이 시작된다.

양의 기운이 충만한 여름에는 항상 가을 기운이 살며시 스며 있다. 초복은 24절기 중 지구가 태양과 가장 가까워지는 하지夏至의 세 번째 경일庚日이다. 하지는 양의 기운이 절정에 달하는 날이다. 이에 반해 경庚은 가을의 기운을 가진 날이다. 여름의 절정에 가을 기운이 여름 기운을 한 번 건드려 보는 날이다.

그러나 강력한 여름 기운에 가을의 서늘한 기운은 맥을 못 추고 쓰러져 엎드려 있게 된다. '복'伏이라는 말은 이런 뜻이다. 가을 기운이 엎드린 탓에 여름 기운은 더욱 거세진다. 복날이 더운 이유다. 경일은 열흘에 한 번씩 돌아온다. 초복 다음 열흘 후에 오는 경일은 중복이 된다. 그리고 다시 열흘 뒤에 말복이 오는 것이다. 하지만 말복은 15일에 한 번씩 돌아오는 24절기 입추立秋가 중간에 끼어 있기 때문에 10일 뒤나 20일 뒤에 온다. 20일 만에 돌아오는 말복은 월복越伏이라 부른다. 옛사람들은 여름 기운이 변하기 시작하는 복날에는 가을 기운을 가진 음식을 먹어야 몸이 온전하게 보전된다고 믿었다. 가을 기운을 가장 많이 지닌 개고기를 중국과 한국에서 복날에 먹어온 것은 이런 이유다.

복날 음식은 이런 기본 철학을 바탕으로 하지만 실상은 더위에 지친 몸을 보충하는 실용적인 측면이 더욱 강하다. 더워지면 수분은 땀으로 배출되고 차가운 음식을 먹은 속은 더욱 차가워져 배탈이 나거나 서중暑中 같은 병이 생긴다. 더위는 더위로 다스린다는 이열치열의 원리는 우리 몸의 기본 구조에 대한 이해에서 나온 과학이다. 몸을 덥게 해줄 따스한 개장국이나 고깃국이나 고기 음식이 복날 음식으로 빠짐없이 등장하는 것은 철학과 과학이 만들어낸 결과물이다. 한국인은 복날에 먹는 이런 음식을 '복달임'이라 불렀다.

지금은 복달임 음식의 중심에 삼계탕이 있지만 20세기 중반까지도 삼계탕은 부자들이나 먹던 귀한 음식이었다. 그 이전에는 개장狗醬, 즉 개고깃국이 중심에 있었다. 19세기에 집중적으로 발간된『동국세시기』『열양세시기』『경도잡지』에는 하나같이 개장국에 관한 기록이 자세하게 나온다. 파와 개고기를 넣고 푹 고아낸 뒤 고춧가루 등을 넣고 얼큰하게 끓여낸 개장국은 복날 최고의 음식이었다.

그런데 지금만큼은 아니지만 당시에도 개고기를 싫어하는 사람들이 제법 있었던 탓에 개장국과 거의 비슷한 모양과 맛을 내는 육개장肉狗醬이 만들어진다.

한민족에게 '육'肉은 쇠고기를 말한다. 19세기 말에 만들어졌을 것으로 추정되는 육개장은 대한민국에서 가장 더운 대구에서 꽃을 피운다. 19세기 말에서 20세기 초에 육개장은 '육개장' '대구탕반'으로 불리며 전국적인 음식이 된다. 1921년에 씌어진 『조선요리제법』에는 육개장이 복중伏中 음식으로 나온다. 한국전쟁 이후에는 밥과 국을 따로 내면서 따로국밥이라는 말이 더해졌다.

그 밖에도 복달임 음식은 다양하게 있었다. 더위를 몰고 오는 악귀를 물리치는 팥죽과 궁중에서 먹던 깨죽, 여름철에 제맛이 나는 호박에 민어를 넣고 끓인 민어탕이 삼복더위를 물리치는 대표적인 복달임 음식이었다.

금산인삼과 충청도 삼계탕

대전역 주변에는 오래된 것이 많이 남아 있다. 대전의 중앙시장에는 헌책방과 군용품 판매점, 의류가게와 실향민 출신들이 운영하는 순댓국밥집이 많다. 대로 건너편에는 정동 한약거리, 인쇄소거리가 형성되어 있다. 한약재 냄새를 맡으며 거리를 돌아다녀 보면 대전의 명물 두루치기집과 설렁탕집, 칼국수집이 오랜 역사를 자랑하며 골목을 지키고 있다. 가게 사이사이에는 일제강점기 유곽부터 이어온 오래된 여인숙과 여관이 여전히 영업을 하고 있다.

복잡하고 오래된 골목을 지나면 비교적 넓은 동구 공영주차장이 나온다. 그 앞에 하얀 석조로 지은 '금성삼계탕'이 있다. 대전에서

대전을 대표하는 '금성삼계탕'의 독특한 육수는
대전과 충청도 일대에 많은 영향을 미쳤다.

가장 오래된 삼계탕집이자 여전히 대전을 대표하는 삼계탕 전문점이다. 이런 자신감 때문인지 이 집에서는 사시사철 삼계탕 하나만을 판다. 1993년에 지은 지금의 건물 외관만큼 음식도 깔끔하다.

점심시간이 훨씬 지난 시간에도 사람들이 제법 많다. 뚝배기에 펄펄 끓는 삼계탕 한 그릇이 나온다. 작고 통통한 닭이 국물에 담겨 있다. 금성삼계탕은 다른 지역과 달리 쌀을 닭 몸통 속에 넣지 않고 국에다 끓인다. 몸에는 대추와 밤만 들어 있다. 국물에 당근이 들어 있어 서양식 스튜 같은 모양과 맛을 낸다. 맛은 강하지도 않고 걸쭉하지도 않다. 죽처럼 보이는 금성삼계탕의 독특한 육수 방식은 대전과 충청도 일대에 많은 영향을 미쳤다. 인삼은 당연히 근처의 금산인삼을 사용한다. 삼계탕과 단짝인 인삼주 대신 산삼주를 파는 것도 인상적이다. 금성삼계탕은 1970년대 말에 대전역 앞 '대흥삼계탕'에서 출발했다.

2000년대 들어 대전시에서는 향토음식에 대한 선호도를 몇 번 조사했다. 삼계탕은 거의 매번 1위 자리를 내놓지 않은 대전 최고의 향토음식으로 선정되었다. 금산인삼, 연산의 닭과 대추같이 주변에서 흔하게 나는 질 좋은 재료가 대전 삼계탕 문화 발전에 가장 큰 영향을 미친 것으로 평가된다. 대전에는 금성삼계탕 뒤에 탄생한 명가가 많다.

금산은 남한 인삼의 본향이다

대전역에서 차로 10여 분을 가면 대형 쇼핑몰과 영화관 같은 현대적인 시설이 가득한 대전복합터미널이 있다. 이곳에서 금산으로 가는 버스는 수시로 운행한다. 터미널과는 대조적으로 좀 낡은 시외버

굵기가 작다고 해서
삼계탕용 인삼의 연수가
짧은 것은 아니다.
금산 인삼은 4년근이 되어야
판매를 시작한다.

스를 타고 금산으로 가는 길, 중간쯤 되는 마전을 지나자 지대가 높아지면서 인삼밭들이 모습을 보이기 시작한다. 인삼밭 옆으로 인삼 가공공장들도 제법 규모를 갖춘 채 모습을 드러낸다.

　금산에 들어서니 온통 인삼 관련 문구와 간판들이다. 인삼은 금산 그 자체다. 사전 정보 없이 방문했는데 마침 금산인삼축제가 열리고 있다. 금산 수삼시장은 금산인삼 유통의 근거지이자 축제의 본무대가 열리는 곳이다. 시골 축제답게 공연장에는 할머니·할아버지가 삼삼오오 모여 가수들의 노래에 몸을 흔들며 즐거워하신다.

　금산 수삼시장 안에는 93번까지 번호를 매긴 수삼 가게가 열 지어 늘어서 있다. 번호 하나에 가게가 하나에서 세 개까지 같이 영업을 하기도 하는 탓에 가게는 100여 개가 훌쩍 넘는다. 인삼은 크기별로 모아 진열되어 팔린다. 인삼의 판매 단위는 750g을 한 채로 판매한다. 삼계탕용 인삼은 한 채에 100~120다마개를 기준으로 한 가장 작은 인삼들이다. 삼계탕 1인분에 한 개가 들어가는 것이 기본이다.

삼계탕용 삼이 이렇듯 작은 것은 먹기에 좋고 경제적이기 때문이다. 굵기가 작다고 해서 삼계탕용 인삼의 연수가 짧은 것은 아니다. 금산인삼은 4년근이 되어야 판매를 시작한다. 같이 4년을 자라도 어느 것은 오이만큼 굵게 자라고 그 옆에 있는 것들은 영양분을 빼앗겨 몸통이 아이 손가락만 한 삼계탕용 인삼이 된다. 삼계탕용 인삼은 수요가 폭증하는 여름에 가격이 가장 높다. 인삼은 인삼 줄기가 올라오는 시기에는 채종하지 않는다. 인삼의 영양분이 줄기로 간 탓에 인삼이 무르기 때문이다. 인삼채줄기가 나기 전의 2~3월이나 인삼채가 줄어드는 9월에서 11월 사이의 인삼이 가장 좋다. 인삼축제가 9월에 열리는 것은 인삼 수확시기가 본격적으로 시작되기 때문이다.

금산인삼의 역사를 한국전쟁 이후 개성 출신들이 시작한 것으로 아는 사람이 많지만 금산인삼의 역사는 조선 시대부터 시작됐을 정도로 오래되었다. 18세기 이전에 인삼이라는 단어는 산삼山蔘을 의미했다. 산삼이 급속도로 사라지자 인공적인 산삼 재배법이 성행하면서 본격적인 재배 인삼이 시작된다. 중심지는 개성이었다. 그러나 개성과 더불어 금산과 풍기에도 인삼 재배가 제법 성행했다. 18세기 말에 씌인 『금산군읍지』 물산 조항에는 인삼이 기재되어 있다.

개성의 인삼은 백삼白蔘을 찐 뒤 말린 홍삼紅蔘이 중심이었지만 금산의 인삼은 수삼을 씻은 뒤 자연 그대로 말린 백삼이 주종이었다. 개성이 홍삼을 대표한다면 금산은 오래전부터 백삼을 대표했다. 특히 금산의 인삼은 구부러뜨려 만든 곡삼曲蔘으로 유명했다. 일제강점기에 금산인삼의 약효는 가짜가 성행할 정도로 전국적으로 유명했고 가격도 비쌌다. 한국전쟁 이후 개성이 북한 땅으로 남자 금산은 대한민국 제일의 인삼 산지가 된다.

우연하게도 나는 인삼과 관련된 친구가 둘이나 있었다. 금산에서 꽤 큰 인삼밭을 하던 대학 친구 덕에 나는 대학 때부터 금산인삼을 자주 먹었다. 또 다른 친구는 개성 출신 실향민 2세로 강화에서 인삼밭을 운영했다. 개성인삼 관계자들은 대개 강화에서 인삼밭을 했다. 인삼 채종기에는 도둑이 많았다. 대학 친구들은 가을이면 인삼밭에 가서 인삼 지킴이 아르바이트를 했다. 밭을 지키면서 개성의 6년근이 지력 때문에 생긴 것이라는 것도 알았다. 금산이나 풍기는 주로 4~5년 사이의 인삼이 나온다. 한 번 인삼을 재배한 밭은 그 기간만큼 인삼 농사를 지을 수 없다. 인삼은 땅의 영양분을 노란 몸통 속에 응축시켜 보관하는 캡슐인 것이다.

인삼수삼시장 건너편 상가 2층에는 '원조삼계탕본점'이 있다. 가게 입구에는 미스코리아 선발대회의 주인공들처럼 미끈하고 우아한 인삼이 진열되어 있다. 1994년에 시작한 집이지만 금산인삼의 명성 덕에 유명해졌다. 원조삼계탕과 더불어 전복삼계탕, 동충하초삼계탕이 메뉴에 올라 있다.

원조삼계탕은 끓는 국물 속에 닭이 인삼과 대추를 품은 채 잠겨 있고 그 위로 인삼가루와 콩가루가 섞인 황금색 고명이 뿌려져 나온다. 닭은 푹 고았기 때문에 국물에 쉽게 녹아든다. 국물에는 찹쌀이

'원조삼계탕본점'에서는
인삼가루의 쌉싸름한 맛과
콩가루의 고소함으로
국물 맛에 포인트를 준다.

대전의 삼계탕같이 죽처럼 담겨 있다. 인삼가루의 쌉싸름한 맛과 콩
가루의 고소함이 국물맛에 포인트를 준다.

삼계탕의 주인공은 닭일까 인삼일까

경상북도 풍기도 남한의 인삼 문화를 대표한다. 풍기와 한 몸처럼
붙은 영주에는 '풍기삼계탕'이 있다. 영주시장에서 5분을 걸으면 나
오는 풍기삼계탕 입구에는 덩치는 산만하고 성격은 아이 같은 커다
란 개가 있다. 1980년에 영주동에서 시작한 가게는 1986년 지금의
아늑한 한옥 건물로 옮겼다.

풍기삼계탕 부엌에는 닭을 90마리까지 삶을 수 있는 대형 가마솥이 있다. 오가피와 엄나무 다린 물에 50호^{500g}나 55호^{550g} 닭에 인삼·대추·마늘·찹쌀을 넣어 끓여낸다. 이 집의 삼계탕은 맑고 깨끗하다. 다른 지역에서 많이 사용하는 밤도 음식맛을 탁하게 한다고 넣지 않는다. 초창기에는 직접 기른 토종닭을 잡아 사용했지만 가게를 옮긴 이후 늘어나는 손님들과 도축법 때문에 닭은 대형업체에서 공급받는다. 2002년까지는 가마솥에 지피는 연료로 장작을 사용했지만 주위의 민원으로 가스불로 바꿨다. 장작불로 끓이면 국물과 닭맛이 더 깊어진다는 게 이 집의 설명이다. 다른 지역에 비해 단단하고 향이 강한 풍기인삼은 다른 재료가 거의 없는 이 집 삼계탕에서 더욱 도드라진다. 인삼 향은 강하고 국물은 깔끔하고 개운하다.

삼계탕의 주인공은 닭일까 인삼일까? 인삼이 귀한 시절에 단연 인삼이 주인공이었기에 계삼탕이라 불렀다는 이야기는 많은 사람이 공감한다. 거의 대부분의 식당이 닭 공급업체에서 대량으로 사육된 닭을 공급받는 다는 점에서 삼계탕의 개성은 인삼과 그 부속물들에 따라 좌지우지되는 시대가 되었다. 약용으로 먼저 출발한 삼계탕의 탄생 덕에 삼계탕은 몸에 좋은 것들의 경연장이 되었다. 인삼·대추·밤·마늘은 기본적으로 거의 다 들어가고 산삼·동충하초·전복 같은 비싸고 몸에 좋은 재료들이 더해져 삼계탕은 자고 일어나면 새로운 레시피가 생겨나고 화려해져간다. 삼계탕에 넣는 기본 재료들이 멋이나 맛을 위해서만 넣는 것은 아니다.

닭고기는 쇠고기나 돼지고기보다 불포화지방산이 다량 함유되어 지방의 산화가 쉽게 일어난다. 수삼은 항산화 효과가 높다. 대추는 총균수를 억제하고 마늘은 대장균군을 억제하는 역할을 한다. 박옥주

· 한명주, 「대추·마늘·수삼이 냉장 저장한 삼계탕의 산패와 미생물증식에 미치는 영향」,
2003 삼계탕의 좋은 기능에 대해서 의사들이 쓴 글은 넘쳐난다. 한국인들이 삼계탕을 사랑하는 이유는 몸에 좋다는 근거와 소문이 일치하는 드문 음식이자 한 그릇으로 해결할 수 있는 편리성에 더해 결정적으로 맛이 좋기 때문이다.

서민적인 고기 문화의
진원지 마포

"마포의 고기 문화는 삼겹살을 선호하는
대한민국 고기 문화와 많이 다르다.
삼겹살은 마포에서는 별로 인기가 없다.
돼지갈비, 돼지껍데기, 돼지목살을
양념해서 먹는 문화가 삼겹살을 밀어냈다.
다양한 고기 음식 문화가 마포에서
시작되어 전국으로 퍼져나갔다."

대한민국 도시형 육식 문화의 시작점, 마포

해방 이후 북한에서 넘어온 사람들은 주로 남산 일대에 몰려 살았지만 마포의 공덕동·만리동·염리동에도 터를 잡았다. 전쟁이 끝나자 더 많은 사람이 공덕동 주변으로 몰려들었고 사창가가 형성되자 시장이 자연스럽게 들어섰다. 전쟁 이후 공덕동에 들어선 한흥시장은 1958년에 점포가 600여 개에 이를 정도로 크게 성장한다.

한흥시장에는 돼지갈비를 파는 식당들이 생겨났다. 돼지갈비를 구워서 파는 최초의 상업적 식당들이 등장한 것이다. 돼지갈비를 시작으로 돼지껍데기, 주물럭 같은 고기 음식 문화들이 마포에서 시작되어 전국으로 퍼져나갔다. 도축장이 있었던 것도 아니고 조선 시대부터 일제강점기를 거쳐 고기 문화가 깊고 넓게 퍼진 전통이 이어져 내려온 것도 아닌데 어떻게 된 일일까?

마포의 고기 문화는 전쟁 이후 본격화된 대한민국 도시형 육식 문화 성장의 압축적 모델을 보여주는 거대한 불판 같은 곳이다. 그 시작에 돼지갈비가 있다. 1950년대는 살기 위해서는 누구든 무엇이라도 해야 될 시절이었다. 한흥시장에는 한국의 전통 음식과는 조금 다른 돼지갈비를 파는 식당들이 자리를 잡는다. '최대포'라는 이름을 붙인 '마포진짜원조최대포'와 '본점최대포' 모두 돼지갈비의 원조임을 자처하지만 한흥시장에는 두 집 이전에 '유대포'라는 돼지갈비 전문점과 '광천옥'이라는 소갈비와 돼지갈비를 구워 파는 전문점이 있었다. 옛집들은 오래전에 사라졌다.

공덕동을 지키는 '마포진짜원조최대포'

마포원조최대포의 창업자 최한채 씨는 1954년 서울로 상경한 뒤

식당 등에서 일을 배워 1956년에 '경일옥'이라는 이름으로 식당을 차린다. 얼마 뒤에는 '최대포'로 식당 이름을 바꾼다. 이후 몇 번의 곡절 끝에 1971년 지금의 자리에 터를 잡고 영업을 하고 있다. 본점 최대포 역시 1950년대에 창업한 것으로 알려져 있다.

1960년대 말 린든 존슨 대통령의 한국 방문은 공덕동 고기촌에 커다란 변화를 준다. 미국에서 고국의 방문을 TV로 보던 재미한인들은 시청 주변의 사창가를 보고 분노한다. 시내 사창가를 없애달라는 수많은 청원이 한국으로 전달된다. 이 여파로 종로 3가, 시청, 공덕동 주변의 사창가와 재래시장들이 철거된다. 공덕시장에 가득했던 고깃집들은 주변으로 흩어진다.^{이지혜, 「도시 향토음식의 형성과 변화」 2011}

마포진짜원조최대포도 이때 자리를 옮기지만 공덕동을 떠나지는 않았다. 공덕역 5번 출구 뒤쪽으로 마포진짜원조최대포가 있다. 몇 개의 식당을 연결한 탓에 구조는 복잡하지만 넓은 공간에 사람들은 여전히 가득하다. 간을 한 두툼한 목살과 양념갈비는 대중의 인기를 끌기에 충분한 양과 맛을 낸다. 고기는 크게 달라지지 않았지만 고기를 파는 방식은 변했다. 옛날에는 고기가 중심이 아니라 술이 중심이었다. '술집은 술에서 이익을 남긴다'는 식당 방침이 있었다. 고기는 되도록 싸게 팔아야 했기 때문에 한 점 단위^{100g}로 팔았다. 1970년대에는 근^{600g} 단위로 팔았다. 하지만 1970년대 중반이 넘어가면서 고기는 술안주를 넘어 한 끼 식사로 전환되기 시작한다. 가족 단위의 외식에 고기는 가장 인기가 높은 음식이었다. 고기는 1인분의 단위로 바뀌고 가격이 상승하기 시작한다.

'마포진짜원조최대포'는 자리를 옮기긴 했지만 공덕동을 떠나지는 않았다.
넓은 공간에 사람들은 여전히 가득하다.

가든호텔 방면 갈매깃살골목

굴다리가 있던 자리 뒷길을 따라 가든호텔 방면은 아직 재개발이 안 된 좁은 골목이 남아 있다. 이 일대를 갈매깃살골목이라 부른다.

'마포갈매기' '장수갈매기' '부산갈매기' '미소갈매기' '부자갈매기' '원조갈매기' 같은 집들이 갈매깃살골목에 가득하다. 그 많은 집에 손님들도 그득하다. 마포에 갈매깃살 전문점이 생겨난 것은 1970년대 말경이다.

갈매깃살은 졸깃한 식감으로 먹는다. 돼지 한 마리당 300~500g 정도만 나오는 희귀 부위다. 오랫동안 갈매깃살은 얇은 근육질의 고기와 질긴 껍질로 뒤덮여 있고 양도 얼마 되지 않아 상업성이 없어서 버리던 부위였다. 그러나 이런 단점은 장점이 되었다. 가격이 저렴했고 근육은 졸깃한 맛으로 변했다.

1970년대부터 영업을 시작한 장수갈매기는 양념갈매깃살과 불판에 계란물을 부어 일종의 계란찜을 먹을 수 있는 방식을 개발한 집으로 알려져 있다. 마포 갈매깃집들의 모습은 대개 장수갈매기집과 비슷하다. 마포식 갈매깃살은 양념을 한 뒤 숙성해서 졸깃한 갈매깃살 특유의 식감으로 부드럽고 씹기에 편하다. 내장을 싸고 있는 살인 '횡격막'橫膈膜에 붙어 있는 고기를 우리말로는 가로막고 있는 살이라는 뜻으로 간막이살 혹은 가로막살이라고 부른다. 가로막살이 음운 변화를 거쳐 갈매깃살이 됐다는 것은 국어 학자들의 한결같은 주장이다.

손맛으로 대를 이은 돼지고기 김치찌개

100년간 공덕을 지나던 용산선이 2005년 역사 속으로 사라졌다.

철길 때문에 생겼던 굴다리도 사라졌다. 하지만 굴다리 밑에서 영업하던 갈매깃살집과 김치찌개집은 살아남았다. 1980년대 초반에 굴다리 밑에서 장사를 하던 김치찌개 전문점 '굴다리식당'은 2000년대에 부모님 가게와 아들이 운영하는 가게로 분가를 했다. 어머니의 손끝과 아들의 손맛은 조금 다르다. 어머니의 손맛이 강하고 거세다면 아들의 손끝은 섬세하고 부드럽다. 뭔가 바뀐 것 같지만 외식 초창기에 세상에 나온 어머님은 손님들의 요구에 맞춰 맵고 짜고 조미료가 듬뿍 들어간 음식을 만들었다. 1990년대를 넘어가면서 건강에 대한 인식이 높아지자 소금·고춧가루·조미료 사용이 줄면서 간은 점차 약해졌다.

한국인들은 돼지고기 편식자들이다. 구워 먹는 삼겹살에 대한 집착이 워낙 강해 삼겹살은 비싸고 다른 부위는 상대적으로 저렴하다. 기름기 가득한 삼겹살보다 고기 본연의 맛을 느낄 수 있는 다리나 엉덩이 부위는 가격이 반도 안 된다. 고기가 귀했던 시절의 음식 문화는 김치찌개에 고스란히 남아 있다.

김치찌개는 김치냉장고는 물론 냉장 시설이 부족했던 시절의 산물이다. 김치는 겨우내 먹는 필수 음식이었다. 11월경 김장을 담그면서 남은 시래기를 모아 김치찌개를 끓이기도 했지만 기본적으로 겨울을 넘기면서 시어버린 신김치를 먹기 위한 음식이었다. 신김치는 만두의 속으로, 김치전으로, 김치찌개로 다양하게 먹었다.

돼지고기의 비계는 기름진 국물을 만들고 살코기는 감칠맛을 더하고 신김치의 맛을 중화시킨다. 돼지고기가 본격적으로 식탁에 등장하는 1970년대에 김치찌개의 중심은 비계가 많은 돼지고기였다. 1980년대에는 꽁치와 참치 같은 생선이 통조림으로 본격 등장하면

돼지고기의 비계는 기름진 국물을 만들고 살코기는 감칠맛을 더하고 신김치의 맛을 중화시킨다.

서 김치찌개는 다양한 형태로 변화·발전해 나갔다. 하지만 여전히 김치찌개에는 돼지목살이나 전지앞다리, 후지뒷다리 부위가 주로 사용된다.

굴다리식당은 독산동 정육점에서 가져온 생돼지고기만을 사용한다. 돼지 후지를 살코기와 비계를 반 정도의 비율로 두툼하게 썰어 내고 액젓과 소금으로 간을 한 김치와 함께 육수를 사용하지 않고 끓여낸다. 붉은 색감 때문에 매운맛이 연상되지만 먹어보면 단맛·감칠맛·신맛이 은근한 매운맛과 잘 어울린다. 부드러운 김치와 살캉거리는 돼지고기는 잘 지은 밥과 천생연분이다. 김치찌개와 쌍벽을 이루며 이 집의 유명세를 지탱해온 제육볶음도 맛있다. 밥과 잘 어울리는 친구이자 술과도 찰떡궁합을 자랑한다. 반찬으로 나오는 계란말이는 김치찌개의 강한 맛을 순화시키는 데 적합하다. 순한 것들은 어디서나 환영받는 법이다. 아들이 운영하는 굴다리식당의 비교적 순한 맛도 사람들의 발길을 끄는 데 성공했다.

마포의 상징 용강동의 고기 문화

공덕동이 새로운 마포를 대표한다면 용강동은 오래된 마포의 상징이었다.

강가 각처에서 장사하는 사람들은 술을 많이 담그면 거의 수백 석이었고, 3강마포·서강·용산의 술집들은 600~700곳에 이르니 전체를 합치면 1년에 소비하는 양이 거의 수만 석에 이릅니다.

• 이희섭 소회, 『정조병오소회등록』 1786년

삼개라 불린 마포나루에는 "강원도의 장작배, 전라·충청도의 소금배와 곡식배, 황해도의 조깃배, 강화도의 새우젓배가 모두 몰려들었다." 조선 시대 이후에도 마포나루와 마포종점같이 오랫동안 마포를 유명하게 만든 것은 모두 용강동에 있었다. 1·4후퇴 이전까지도 마포에는 배가 들락거렸다. 하지만 1·4후퇴 이후에 차가 늘어나면서 마포는 급속하게 쇠락한다. 휴전선이 생기면서 임진강을 따라 올라오던 배들은 자취를 감췄다. 마포 일대에 가득하던 음식점과 색주가와 술집이 사라졌다. 한국전쟁 이후 용강동은 제재소와 작은 공장들이 가득했다. 거상들과 커다란 목돈을 쥔 사람들을 대상으로 한 기생집이 번성하던 용강동에는 서민적인 식당들이 들어서기 시작했다.

마포에서는 삼겹살보다 돼지껍데기를 먹자

마포 용강동은 변신 중이다. 대로변을 따라 양옆으로 식당들이 질서 정연하게 들어서고 대로변 뒤로는 대형 건물들이 들어서면서 좁은 골목이 사라지고 있다. 작고 좁은 용강동 골목 사이에 빼곡하게 들어서 있던 오래된 식당들이 대로변으로 나오지 못하고 사라져간다.

서울에서 돼지껍데기를 최초로 상업화시킨 '원조할머니껍데기'도 2012년 재개발에 밀려 문을 닫았다. 아쉬움을 달래려 근처의 '서강껍데기'로 발길을 돌렸다. IMF 이후 생계형 창업의 전형을 보여준 서강껍데기는 널찍한 실내를 지닌 맛집으로 성장했다. 돼지껍데기가 살짝 언 진한 갈색 소스 속에서 숙성되어 나온다. 꼭지가 보이는 암퇘지의 가슴살은 두텁고 부드럽다.

돼지껍데기는 뱃살 부위가 아니면 먹기 힘들고 암퇘지가 아니면 쫄깃하고 고소한 식감을 제대로 느끼기 어렵다. 요즘에 사육되는 수퇘지는 아주 어릴 때부터 거세를 하는 탓에 수퇘지의 특징이 많이 사라졌지만 암퇘지에 비하면 수퇘지의 껍데기는 거세고 얇고 진득하다.

친구 두 명과 돼지껍데기에 맥주와 소주를 섞어 마셨다. 2013년 양념돼지껍데기의 가격이 6,000원밖에 안 한다. '탁, 탁' 숯불 위에서 돼지껍데기가 소리를 내면 다 익은 것이다. 양념 때문에 짙은 갈색으로 변한 돼지껍데기 한 점에 소주 한잔은 도시 서민들의 영혼의

돼지껍데기 한 점에 소주 한잔은 도시 서민들의
영혼의 음식이라 불러도 손색이 없다.

음식이라 불러도 손색이 없다.

예전의 영화를 잃어버린 시절, 1960년대 용강동 일대에는 변변한 식당이 거의 없었다. 1966년 용강동에 삼겹살, 갈비, 닭발 같은 술안주를 파는 선술집 형태의 식당이 문을 연다. 돼지갈비와 생돼지껍데기 등이 유명했던 공덕동과 달리 원조할머니돼지껍데기의 창업주 서영기 할머니는 양념돼지껍데기를 안주로 만들어 팔았다. 처음에 서비스로 나가던 양념돼지껍데기는 독특한 식감과 양념 맛 덕에 이 집의 메인 안주가 되었다. 마포의 고깃집에서는 상당히 유명했지만 이름과 모습에서 오는 혐오감 때문에 양념돼지껍데기는 다른 고깃집에서는 찾아보기 힘든 음식이었다.

IMF를 거치면서 사람들의 주머니가 가벼워지자 돼지껍데기같이 저렴하면서도 지방이 많은 음식이 보통 메뉴가 되었다. 마포의 고기 문화는 삼겹살을 선호하는 대한민국의 고기 문화와 많이 다르다. 한국인들이 돼지고기하면 떠올리는 삼겹살은 마포에서는 별로 인기가 없다. 돼지갈비, 돼지껍데기, 돼지목살을 양념해서 먹는 문화가 삼겹살을 밀어냈다. 거기에 드럼통 속에 연탄을 넣고 구워 먹는 형태 역시 다른 지역과 많이 다르다.

마포의 고기 문화는 도시 속에서 살아가는 평범한 서민들이 만들어낸 도시 고기 문화의 전형을 보여준다. 원조할머니껍데기는 그 전형을 만들고 전국에 수많은 껍데기 문화를 퍼뜨리고 사라졌다. 2014년 서강껍데기도 문을 닫았다.

원초적인 이름, 주물럭

주물럭은 비싼 음식이다. 큰 맘 먹고 가야 하는 주물럭을 편하게 먹은 적이 별로 없다. 취재를 핑계 삼아 오랜 친구에게 생색을 내며 '마포원조주물럭'을 찾았다. 먹자골목을 따라 용강동 쪽으로 걸으면 마포원조주물럭이 나온다. 가랑비가 내리는 봄날이라 손님이 많을 것 같았지만 의외로 한가한다. 구석에 자리를 잡고 주물럭을 시킨다. 동행한 친구는 손님이 없는 것이 아니라 우리가 너무 일찍 왔다고 한다. 내 스마트폰 시계가 한 시간 빠르게 설정돼 있다. 본의 아니게 이른 저녁에 주물럭에 소주를 곁들여 먹는다.

주문을 하면 두툼한 등심이 깍두기처럼 잘게 썰려 나온다. 평균 1.5~2cm 정도의 등심을 냉동 숙성한 후 해동해 양념하는 방식인데 주변의 어느 주물럭집도 이 집처럼 두툼한 등심을 팔지 않는다. 양념은 거의 안 되어 있다. 잘게 썰린 고기는 쉽게 익는다. 소리와 연기가 피어나는가 싶더니 이내 고기가 익는다. 부드럽고 식감이 좋다. 순식간에 소주 세 병과 3인분의 주물럭이 사라졌다.

주물럭이라는 원초적인 이름의 요리는 마포 용강동에서 탄생했다. 음식의 이름과 기원에 대한 유래는 거의 밝혀진 것이 없지만 주물럭만은 예외에 속한다. 1971년 용강동 고기골목이 한창 생겨날 무렵 '실비집'이라는 대폿집도 자리를 잡는다.

인천 태생의 고씨 형제는 식당에서 쇠고기나 돼지고기를 양념간장에 재워서 불판에 올렸다. 어느 날 양념고기가 떨어지자 즉석에서 고기에 후추·조미료·소금을 참기름에 부어 손으로 주물러 간이 배도록 한 뒤 손님상에 내놓았다. 예상치 못한 상황이었지만 손맛을 중요시하는 한국인들에게 그 모습은 오히려 맛있는 음식으로 비추어졌다. 고기를 즉석에서 주물럭거리는 모습을 보고 손님들이 그 음식에 주물럭이라는 이름을 붙였다.

음식이 인기를 얻자 1975년부터 아예 가게 이름에 주물럭을 붙여 본격적인 영업을 하게 된다. 후추·조미료·소금에 참기름을 섞어 즉석에서 버무리는 주물럭은 1980년대부터는 쇠고기 등심만을 사용하고 있다. 한국인에게 고기는 양념을 해서 먹는 음식이었다. 20세기 초반 이익환이라는 궁중 요리사는 서양식 스테이크를 보고 상놈들이나 먹는 방자구이 음식이라며 공개적으로 비난을 할 정도였다. 『동아일보』 「자랑의 조선 양념」 1923년 1월 2일

1970년대 중반 실비집현 마포원조주물럭을 중심으로 '부산집' '돌판집' '두꺼비집' '동산집' '태순집' '마포집' '대감집' 같은 가게들이 잇달아 생겨나면서 주물럭골목이 만들어졌다. 이지혜, 「도시 향토음식의 형성과 변화」 2011 마포원조주물럭도 초창기에는 돼지양념갈비를 팔았지만 등심 주물럭이 인기를 얻자 판매를 중단했다. 하지만 쇠고기 등심 가격이 1980년대 들어서면서 돼지고기와 격차를 벌리며 계속해서 올랐다. 마포원조주물럭 주변의 주물럭집들은 대안으로 초창기 주요 메뉴였던 가격이 저렴한 돼지양념갈비를 팔면서 큰 성공을 거둔다. '조박집'은 돼지양념갈비로 용강동의 강자로 등극한 집이다.

용강동 고기 문화의 성공은 서울의 확장과 떼려야 뗄 수 없는 동전의 양면이다. 1960년대 말부터 여의도가 본격적으로 개발되면서 여의도와 가장 가까운 용강동에 공사장 인부들이 몰려들었다. 용강동에 인쇄소, 바늘공장 등이 기존의 제재소와 같이 성업하면서 용강동 고기골목은 1970년대 본격적인 영광의 시대를 맞는다. 1970년 중반 대한민국의 평균 소득은 낮았지만 여의도와 마포 일대에서 일하는 노동자들은 현금이 넘쳐났다. 1980년대 들어서면서 신촌 일대의 대학생들이 급격하게 늘어난 것도 용강동 고기골목이 번성하게

된 한 요인이었다.

1980년대에는 잇달아 들어선 방송국과 오피스타운의 직장인들이 가세했다. 용강동 주변에도 사무실이 빠르게 들어서고 86아시안게임과 88올림픽으로 중산층이 외식 대열에 합류했다. 1980년 도시근로자의 외식 비율은 식료품비 대비 4.1%였지만 1987년 9.6%, 1988년 14.6%, 1989년에는 20.2%로 급신장한다._{농림수산식품주요통계} 1982년부터 1990년까지 육류 소비량 증가율은 7.3%였다.

용강동의 치열한 고기전쟁은 쇠고기와 돼지고기라는 기본적인 선택을 넘어 고기 굽는 방식의 변화로도 찾아온다. 1970년대 대세였던 연탄구이가 고급스런 숯불로 대체되었다. 1980년대 이후 소금이 참기름을 첨가한 소금장으로 바뀌었고 양념한 채소를 제공하기 시작한다. 주변의 탄탄한 수요를 바탕으로 치열한 경쟁은 도시형 고기 문화의 새로운 진화를 낳았다. 경쟁과 진화는 여전히 현재형이다.

대한민국 회식 문화의 중심 육고기

맺는말

『음식강산』1·2권이 나오고 2년이 지났다. 3권을 '육고기편'으로 정한 후 고민이 많아졌다. 육고기의 특성상 혼자서 취재하기가 만만 치 않기 때문이다. 홀로 온 사람에게는 고기를 팔지 않는 집도 제법 있다. 먼 길을 돌아 고기를 못 먹고 올 수는 없는 일, 전화로 미리 확 인하는 일이 자주 있었다. 친구와 선후배, 현지 지인들이 고기 취재 에 동행이 된 것은 그들에게 미안하지만 취재를 위한 고육지책이었 다. 그런 사정을 알 리 없는 동행자들은 갑자기 친절해지고 부드러 워진데다 비싼 고깃값까지 내는 나를 좀 이상하게 보았을 것이다.

생각해보면 고기를 혼자 먹는 것처럼 처량한 일도 없다. 고기를 구 우며 술을 곁들이는 문화는 대한민국 회식의 중심 문화다. 하지만 조선 시대는 물론 1970년대 이전까지 고기는 비싼 음식이고 귀한 먹 거리였다. 쇠고기는 구워 먹기보다는 많은 사람이 귀한 고기를 같이 먹기 위해 탕으로 끓여 먹었다. 설렁탕과 곰탕 같은 쇠고기를 이용 한 탕은 물론이고 돼지를 이용한 순댓국과 돼지국밥 같은 다양한 탕 반 문화는 한국인들의 고기에 대한 태도를 단적으로 보여준다.

육고기는 재료가 다양해지면서 대중화되기 시작했다. 일제강점기 에 일본군의 군용 통조림으로 쇠고기가 이용되면서 통조림으로 사용할 수 없는 갈비를 이용한 음식들이 본격화된다. 1960년대 말 일본으로 돼지고기 정육을 수출하고 남은 돼지머리·등뼈·다리·내장 같은 부산물이 넘쳐나자 족발과 감자탕, 곱창이 도시로 모여든 도시빈민과 노동자의 단백질 공급원이 되면서 대중적인 음식이 된다. 돼지국밥과 삼겹살, 치킨 같은 대부분의 육고기도 과정은 다르지만 사회적 배경을 가지고 발달한 음식들이다.

2년을 취재했지만 육고기편에 아쉽게도 넣지 못한 내용이 많다. 그중에서도 대한민국의 국민 고기인 삼겹살과 가장 오래된 육고기 문화의 중심에 있던 개고기, 최근에 유행하는 드라이에이징 비프 문화는 아까운 주제이지만 이러저런 사정으로 넣을 수 없었다.

한국인의 육고기, 특히 소에 대한 애착은 생각 이상으로 대단하다. 후기의 마지막은 한국인의 쇠고기 사랑을 알 수 있는 쇠고기 부위를 게재한다. 쇠고기 부위가 130여 개 있다고 하지만 쓰이는 단어는 훨씬 많다. 『우리말 분류사전』에 쇠고기 부위에 관한 단어가 105개 올라 있다. 아름답고 다양한 쇠고기 부위를 읽으면서 판소리 한 가락이 떠올랐다.

2015년 5월
박정배

쇠고기 부위 관련 단어

부록

가리 갈비

가리새김 갈비새김

개썹옹두리 소의 옹두리뼈의 하나

거라진뼈 소의 꽁무니뼈

걸랑 소의 갈비를 싸고 있는 고기

고거리 소의 앞다리에 붙은 살

고들개 소녀 처녑에 붙은 너털너털한 고기. 회에 쓴다.

고들개머리 처녑의 고들개에 붙은 두툼한 부분

곤자소니 소의 똥구멍 속에 있는 창자의 한 부분

곱창 소의 작은 창자

광대머리 소의 처녑에 얼러 붙은 고기

구녕살 소의 볼기에 붙은 기름기 많은 살. 전골에 쓴다.

국거리 곰국의 재료가 될 소의 내장과 잡살뱅이 고기

잡살뱅이

긴살 볼기긴살

깃머리 소의 양에 붙은 좁고 두꺼운 고기

넓은다대 걸랑에 붙은 쇠고기 하나

다대 양지머리의 배꼽 위에 붙은 고기. 편육에 쓴다.

달기살 소의 죽바디에 붙은 살. 찌개 거리로 쓴다.

대접 소의 사타구니에 붙은 고기

대접살

대접자루 대접에 붙은 쇠고기의 하나

대창 소처럼 큰 짐승의 큰창자

도가니 무릎도가니

도래목정 소의 목덜미 위쪽에 붙은 고기

둥덩이 소의 앞다리에 붙어 있는 고기의 한 가지

등심 소의 등골뼈에 붙은 고기

등심머리 방아살 위에 붙은 쇠고기. 구이나 전골에 쓴다.

똥창 소의 창자 가운데 새창의 한 부분

만하바탕 소의 지라에 붙은 고기의 하나

먹미레 소의 턱 밑에 달린 고기

목정 소의 목덜이에 붙은 고기

목정골 소의 목덜미를 이루고 있는 뼈

목젖살 소의 목젖을 이루는 살

못박이 소의 간에 붙은 염통 줄기나 그 간

무릎도가니 소의 무릎의 종지뼈와 거기에 붙은 고깃 덩이

뭉치 소의 뒷다리 윗볼기 아래 붙어 있는 고깃 덩이

뭉치사태 소의 뭉치에 붙은 고기의 하나. 곰국 거리로 쓴다.

미절 국거리로 쓰는 쇠고기의 잡살뱅이

방아살 쇠고기의 등심 복판에 있는 고기

배꼽 소의 양지머리에 붙은 살

벌집 소의 양볆에 벌의 집처럼 생긴 고기

별박이 살치 끝에 붙은 고기

복판 소의 갈비, 대접 또는 도가니의 중간에 붙은 고기

볼기긴살 소 볼기살에 붙은 긴 고깃덩이

볼기살 소나 돼지의 볼기 부분 살

뼈도가니 소의 무릎 종지뼈에 붙은 질긴 고기

뼈뜯이 뼈에서 뜯어낸 질긴 쇠고기

뻴기살 소의 죽바디와 쥐머리에 붙은 쇠고기

사태 소의 무릎 뒤쪽에 붙은 고기

살치 소의 갈비 웃머리에 붙은 고기

새머리 소의 갈비와 물렁뼈 사이에 붙은 고기

새창 소의 창자의 한 가지

서대 소의 앞다리에 붙은 고기

서푼목정 소의 목덜미 아래 붙은 고기

선지

설낏 소의 볼기짝에 붙은 고기의 한 가지

소심 쇠심

소심더깨 쇠심떠깨

소옹두리 쇠옹두리

속살 소의 입안에 붙은 고기

쇠뼈

쇠서 고기로서의 소의 혀

쇠심 소의 심줄

쇠심떠깨 심줄이 섞인 매우 질긴 쇠고기

쇠옹두리 소의 옹두리뼈

수구레 소의 가죽에서 벗긴 질긴 고기

심 소의 심줄

심떠깨 쇠심떠깨

쓸개머리 소의 쓸개에 붙은 고기

아롱사태 뭉치사태의 한가운데 붙은 고기

안심살 안심쥐

안심쥐 소의 안심에 붙은 고기의 한 가지

안음 소의 뺨살을 싸고 있는 고기

안찝 소나 돼지의 내장

양지머리 소의 가슴에 붙은 뼈와 살

양지머리뼈

업진 소의 가슴에 붙은 고기

연엽 소의 볼기에 붙은 고기

연엽 연엽살

연엽살 소의 도가니에 붙은 고기의 한 가지

유창 소의 창자 가운데 가장 긴 것. 국거리로 쓴다.

잎사귀머리 소의 처녑에 붙은 얇고 넓은 고기

작은꾸리 소의 앞다리 안쪽에 붙은 살

잡차래 삶은 잡살뱅이 쇠고기

잡찰 잡차래

제복살 소의 갈비에 붙은 고기

제비추리 소의 안심에 붙은 고기의 하나

조름 소의 염통에 붙은 고기의 하나

죽바디 소의 다리 안쪽에 붙은 고기

쥐머리 걸랑에 붙은 쇠고기의 한 가지

쥐살 소의 앞다리에 붙은 고기

차돌박이 양지머리뼈의 한복판에 붙은 기름진 고기의 부분

채끝 방아살 아래에 붙은 쇠고기

처녑 소의 되씹는 위. 술안주로 쓰인다.

초맛살 쇠고기의 대접에 붙은 고기의 한 가지

큰꾸리 앞다리 바깥쪽에 붙은 쇠고기

토시살 소의 만화에 붙은 고기

푿소고기 푿소의 고기

합살머리 소의 양의 벌집 위에 붙은 고기

항정 1. 양지머리 위에 붙은 쇠고기. 편육에 쓴다.

      2. 개나 돼지의 목덜미

혹살 소의 볼기 복판에 붙은 기름기 많은 살

홍두깨 소의 볼기에 붙은 고기의 하나

홀떼기 심줄이나 살과 살 사이의 얇은 껍질 모양의 질긴 고기

홈지러기 살코기에 달린 잡살뱅이 주저리 고기